2025 개정판 **박문각 자격증**

전산회계 2급

독공 독하게 공부하자

제4판

이론편

실무편

기출문제

- **NCS** 국가직무능력표준 National Competency Standards **기준안 적용**
- **KcLep 최신 프로그램 및 개정세법 적용**
- **최신 기출문제 (104회~115회) 및 해설 수록**

공경태, 정혜숙, 김현상, 박병규, 강만성, 이동하 편저

박문각

이 책의 **머리말**

기다렸습니다!

당신에게 행복을 주고 싶어 기다렸습니다.

언제부터인가 나는 당신이 의지할 수 있는 지팡이가 되기를 바라고 있었던 것 같습니다. 마주 앉아 커피 한 잔을 함께 나누면서 미소지을 수 있는 좋은 사람이 되고 싶었습니다. 말하지 않 아도 눈빛만으로 마음이 전해지고 도움이 되는 버팀목이 되고 기쁨과 행복감이 넘쳐나는 웃 음을 드리고 싶었습니다. 이 책이 당신 인생의 전환점이 되어 머지않은 가까운 날에 고맙다는 말을 건네주기를 진심으로 기다려봅니다.

▌ 본서의 특징

> 본서는 2025년 일반기업회계기준과 개정세법을 반영하고 있습니다.

첫째, 30점의 이론시험 철저 대비!!!

핵심 이론을 빠짐없이 완벽하게 정리하였습니다.

따라서 혼자서도 교재순서에 따라 단원이론 정리, 관련 사례문제 풀이, 분개연습, 복습을 위 한 이론문제 풀이를 통해 학습하면서 완벽하게 이론을 정립하고 체계를 잡을 수 있도록 집필 하였습니다. 이론시험에서 매번 시험에 출제되는 <u>빈출문제에 대한 이론을 단원별로 정리</u>해 두었 습니다.

둘째, 시험에 출제되는 계정과목별 분개연습!!!

전산세무회계 자격시험을 포함하여 각종 회계시험에서 <u>합격의 핵심 포인트는 전표처리</u>입니다. 따라서 전산회계 2급 시험에 출제되는 계정과목별로 분개연습문제를 풀어보면서 이해력을 높일 수 있도록 구성하였습니다.

셋째, 독학으로 70점의 실무시험 완벽 대비!!!
본서만으로 실무시험을 대비하기 위한 독학이 가능합니다. 합격선이 되는 전산실무편은 전산세무회계 자격시험 프로그램을 활용하여 실무시험문제 순서[기초정보관리, 일반전표입력, 전표 오류수정, 결산, 회계정보분석]대로 집필하였습니다. 따라서 혼자서도 충분히 실무시험을 완벽하게 준비하기 위한 연습이 가능합니다.

넷째, 최신 기출문제 풀이로 실전 대비!!!
2년간의 최신 기출문제 12회분을 수록하여 반복적이고 종합적인 문제풀이를 통해 마지막까지 확실한 적응력을 갖출 수 있도록 체계적으로 구성하였습니다.

전산회계자격시험을 준비하는 수험생 여러분들을 위한 최적의 교재를 만들기 위해 최선을 다했지만 다소 부족한 부분은 앞으로 계속 보완해 나갈 것을 약속드립니다.

끝으로 본 교재의 출간을 위해 물심양면으로 지원해주시고 기나긴 집필기간 동안 인내심을 갖고 적극 후원해주신 ㈜박문각 대표님께 머리 숙여 감사드립니다. 또한 교재 출간을 위해 헌신적으로 조언을 아끼지 않으시고 교재편집을 위해 고생하신 ㈜박문각 편집부 직원들께도 감사의 마음을 전합니다.

저자 공경태, 김현상, 박병규, 정혜숙, 강만성, 이동하
감수위원 박은정, 김보미, 김영석

이 책의 **학습안내**

📻 **학습준비**

[수험용 프로그램(케이렙) 다운로드]

① 한국세무사회 전산세무회계자격증 사이트(https://license.kacpta.or.kr)에 접속한다.
② 홈페이지 하단의 [케이렙(수험용) 다운로드]를 클릭하여 [KcLep 수험용 프로그램]을 클릭한다.

③ 아래 화면이 나타나면 다운로드를 선택하여 바탕화면에 옮긴다.

④ 바탕화면에 있는 아이콘[KcLep Setup 수험용 프로그램]을 더블클릭하여 실행시켜 [사용권 계약의 조항에 동의합니다]를 체크하여 "다음" 버튼을 누른다.

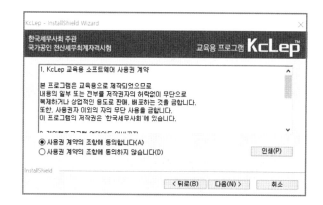

⑤ 시스템 최적화모드를 거쳐서 최종 프로그램 설치가 완료된 화면이 나타난다.

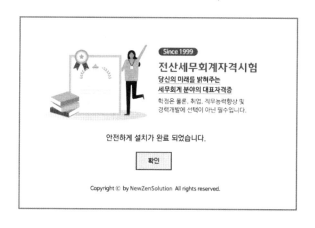

이 책의 **학습안내**

[실무수행 및 기출문제 백데이터 다운로드]

① 박문각 출판사 홈페이지(https://www.pmgbooks.co.kr)에 접속한다.

② 화면 상단의 [학습자료실]을 클릭하고, 좌측 화면의 [학습자료실] – [전산세무회계]를 클릭한다.

③ 자료실 리스트 중 [2025 독공 전산회계 2급 백데이터]를 클릭하여 자료를 바탕화면에 다운로드한다.

④ 다운로드한 백데이터 파일을 더블클릭하여 설치한다.

[실무수행 및 기출문제 백데이터 불러오기]

① 케이렙 프로그램 아이콘 을 더블클릭하여 실행한다.

② 케이렙 화면에서 [회사등록]을 선택한다.

③ [회사등록] 화면에서 [회사코드재생성]을 선택하고 [예]를 클릭한다.

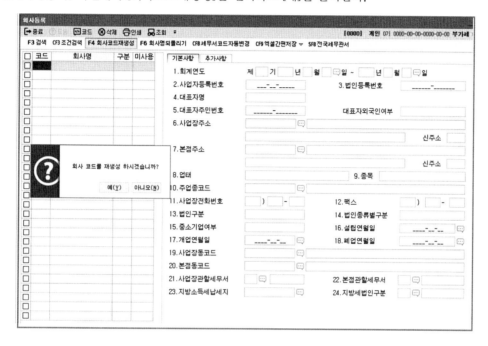

④ 이후, 풀고자 하는 회사코드를 이용하여 실습하면 된다.

[백데이터 삭제하기]

① C:₩KcLepDB₩KcLep 폴더로 이동한다.

② 언더바(_)가 표시된 파일을 제외한 모든 폴더를 선택한 후 삭제한다.

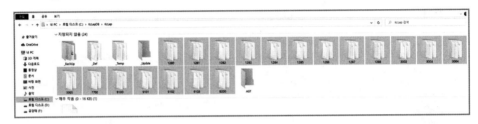

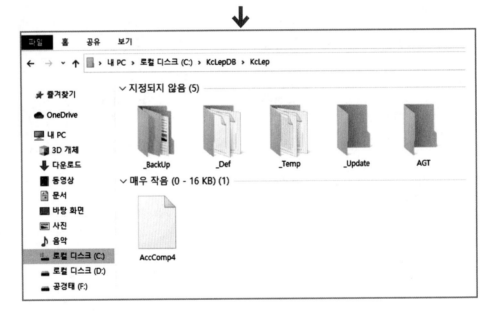

③ 이후에 본 교재에 있는 [실무수행 및 기출문제 백데이터 불러오기] 화면을 보고 재설치한다.

PART
03

전산회계 2급
기출문제(이론 + 실무)

PART
04

전산회계 2급
기출문제 정답 및 해설

PART

01

전산회계 2급
이론

01 회계원리 초보자 입문

1. 회계의 기본 개념

◢01 회계의 정의

정보이용자들이 합리적인 의사결정을 할 수 있도록 기업의 경영활동을 화폐단위로 파악하여 기록·계산·정리하여 그 결과를 전달하는 활동과정을 말한다.

> 📖 **예제 1**
>
> **회계의 목적을 설명한 것으로 바르지 않은 것은?**
>
> ① 회사의 일정시점의 재무상태를 파악한다.
> ② 회사의 일정기간 동안의 경영성과를 측정한다.
> ③ 종업원을 관리하기 위해 인식한다.
> ④ 다양한 이해관계자들이 합리적인 의사결정을 할 수 있도록 유용한 정보를 제공한다.
>
> [해설] --
> ③ 종업원을 관리하기 위한 것은 회계의 목적이 아니다.

◢02 회계의 구분

구분	정보이용자	작성기준	보고서류
재무회계	외부(주주, 채권자, 소비자, 금융기관 등)	일반기업회계기준	재무제표(과거지향)
관리회계	내부(경영자, 종업원)	일정한 기준 없음	원가보고서(미래지향)
세무회계	외부(국세청 등)	세법 적용	세무서식

> 📖 **예제 2**
>
> **재무회계와 관리회계의 설명으로 옳지 않은 것은?**
>
> | | 재무회계 | 관리회계 | | 재무회계 | 관리회계 |
> |---|---------|---------|---|---------|---------|
> | ① | 외부보고 목적 | 내부보고 목적 | ② | 일정한 기준 없음 | 기업회계기준 |
> | ③ | 재무제표 작성 | 특정양식 없음 | ④ | 과거지향 | 미래지향 |
>
> [해설] --
> ② 재무회계는 기업회계기준에 의하며, 관리회계는 일정한 기준 없이 기록·계산·정리하여 기장하는 방법이다.

03 회계범위

1) 회계단위

기업이 경제적으로 변화된 사실을 기록·계산하기 위한 장소적 범위를 말한다.
(예 본점과 지점, 본사와 공장)

2) 회계연도(회계기간)

인위적으로 정해진 1년 이내의 기간적 범위를 말한다.
(단, 현행 상법에서는 회계연도를 1년을 초과하지 못하도록 규정하고 있다.)

2. 자산 · 부채 · 자본 및 재무상태표

01 재무상태표의 정의와 양식

1) 정의

기업에 있어 일정시점의 재무상태에 관한 정보를 제공하는 정태적 보고서를 말하며, 자산, 부채, 자본을 구성요소로 한다.

자산 = 부채 + 자본	재무상태표 등식
부채 = 자산 - 자본	
자본 = 자산 - 부채	자본 등식

2) 개인회사가 작성하는 재무상태표 양식

(1/1)기초재무상태표		(12/31)기말재무상태표	
기초자산 2,500,000	기초부채 2,000,000	기말자산 3,000,000	기말부채 2,200,000
	기초자본 500,000		기초자본 500,000 / 당기순이익 300,000 → 기말자본 800,000

기말자본 - 기초자본 = 당기순이익
기초자본 - 기말자본 = 당기순손실

재산법 등식

📖 **예제 3**

재무상태표의 작성에 관한 내용 중 틀린 것은?

① 재무상태표 등식은 [자산 = 부채 + 자본]이다.
② 일정기간의 기업의 재무상태를 나타내는 회계보고서이다.
③ 비유동자산에는 투자자산, 유형자산, 무형자산, 기타비유동자산이 포함된다.
④ 재무상태표에는 표제, 상호, 작성연월일, 금액의 단위를 표시하여야 한다.

[해설] --
② 재무상태표는 일정시점의 기업의 재무상태를 나타내는 회계보고서이다.

◢ 02 자산

1) 정의

과거의 거래나 사건의 결과로서 현재 기업실체에 의해 지배되고 미래 경제적 효익을 창출할 것으로 기대되는 자원을 말한다.

2) 자산에 속하는 계정과목 분류

① 유동자산의 분류

당좌자산	• 정의 : 판매과정을 통하지 않고 즉시 현금화되는 자산 • 계정과목 : 현금 및 현금성자산(현금 + 당좌예금 + 보통예금 + 현금성자산), 단기매매증권, 매출채권(외상매출금 + 받을어음), 단기대여금, 미수금, 미수수익, 선급금, 선급비용 등
재고자산	• 정의 : 생산·판매를 목적으로 보유하는 자산 • 계정과목 : 상품, 소모품, 원재료, 재공품, 제품 등

② 비유동자산의 분류

보고기간 종료일로부터 1년 이후에 현금화할 수 있는 자산을 말한다.

투자자산	• 정의 : 장기간에 걸쳐 이득을 도모할 목적 또는 타 회사를 지배·통제할 목적으로 보유하는 자산 • 계정과목 : 매도가능증권, 만기보유증권, 장기대여금, 투자부동산 등
유형자산	• 정의 : 업무용으로 사용하며, 미래 경제적 효익의 유입 가능성이 높고, 취득원가를 신뢰성 있게 측정 가능하며, 물리적 실체가 있는 자산 • 계정과목 : 토지, 건물, 기계장치, 차량운반구, 비품, 구축물, 건설중인자산 등
무형자산	• 정의 : 용역의 제공이나 타인에 대한 임대 또는 관리에 사용할 목적으로 기업이 보유하고 있고 장기간에 걸쳐 경제적 효익을 가져올 것으로 예상되는 자산으로 물리적 실체가 없는 자산 • 계정과목 : 영업권, 산업재산권, 광업권, 개발비 등

기타 비유동자산	• 정의 : 투자·유형·무형자산에 속하지 않는 비유동자산 • 계정과목 : 임차보증금, 장기성매출채권, 장기미수금 등

03 부채

1) 정의

과거의 거래나 사건의 결과로서 현재 기업실체가 부담하고 미래에 자원의 유출 또는 사용이 예상되는 의무를 말한다.

2) 부채에 속하는 계정과목의 분류

유동부채	• 정의 : 보고기간 종료일로부터 1년 이내에 만기가 도래하는 부채 • 계정과목 : 매입채무(외상매입금 + 지급어음), 단기차입금, 미지급금, 미지급비용, 선수금, 선수수익, 예수금 등
비유동부채	• 정의 : 보고기간 종료일로부터 1년 이후에 만기가 도래하는 부채 • 계정과목 : 사채, 장기차입금, 퇴직급여충당부채 등

04 자본

1) 정의

기업실체의 자산총액에서 부채총액을 차감한 잔여액, 순자산으로서 기업실체의 자산에 대한 소유주 잔여청구권, 소유주 지분, 순자산이라고도 한다(단, 개인회사는 자본금만 사용한다).

2) 자본에 속하는 계정과목의 분류

자본금, 인출금 등

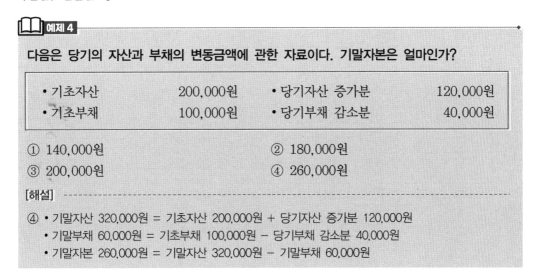

예제 4

다음은 당기의 자산과 부채의 변동금액에 관한 자료이다. 기말자본은 얼마인가?

• 기초자산	200,000원	• 당기자산 증가분	120,000원
• 기초부채	100,000원	• 당기부채 감소분	40,000원

① 140,000원　　　　　　　　② 180,000원
③ 200,000원　　　　　　　　④ 260,000원

[해설]

④ • 기말자산 320,000원 = 기초자산 200,000원 + 당기자산 증가분 120,000원
　• 기말부채 60,000원 = 기초부채 100,000원 − 당기부채 감소분 40,000원
　• 기말자본 260,000원 = 기말자산 320,000원 − 기말부채 60,000원

05 재산법에 의한 순손익 계산

1) 재산법을 적용한 당기순손익 계산 공식

> 기말자본 − 기초자본 = 당기순이익
> 기초자본 − 기말자본 = 당기순손실

2) 자산, 부채, 자본 분류

📖 **예제 5**

계정과목의 분류란에 자산계정은 "자산", 부채계정은 "부채", 자본계정은 "자본"이라 기입하시오.

No	계정과목	분류	No	계정과목	분류
보기	기계장치	자산	(16)	받을어음	
(1)	현금		(17)	미지급금	
(2)	예수금		(18)	토지	
(3)	임직원등단기채권		(19)	소모품	
(4)	단기매매증권		(20)	미수금	
(5)	외상매출금		(21)	외상매입금	
(6)	단기차입금		(22)	단기대여금	
(7)	선급금		(23)	미지급비용	
(8)	건물		(24)	보통예금	
(9)	선수금		(25)	제품	
(10)	당좌예금		(26)	미수수익	
(11)	자본금		(27)	선급비용	
(12)	차량운반구		(28)	선수수익	
(13)	지급어음		(29)	유동성장기부채	
(14)	비품		(30)	퇴직급여충당부채	
(15)	상품				

[해설]

(1)	(2)	(3)	(4)	(5)	(6)	(7)	(8)	(9)	(10)
자산	부채	자산	자산	자산	부채	자산	자산	부채	자산
(11)	(12)	(13)	(14)	(15)	(16)	(17)	(18)	(19)	(20)
자본	자산	부채	자산	자산	자산	부채	자산	자산	자산
(21)	(22)	(23)	(24)	(25)	(26)	(27)	(28)	(29)	(30)
부채	자산	부채	자산	자산	자산	자산	부채	부채	부채

📖 **예제 6**

다음 빈칸을 채우시오.

기초			기말			순손익
자산	부채	자본	자산	부채	자본	(-는 손실)
550,000	(1)	450,000	850,000	(2)	(3)	150,000
950,000	(4)	(5)	(6)	230,000	770,000	70,000
830,000	330,000	(7)	770,000	310,000	(8)	-40,000

[해설]

(1)	(2)	(3)	(4)
100,000	250,000	600,000	250,000
(5)	(6)	(7)	(8)
700,000	1,000,000	500,000	460,000

3. 수익 · 비용 및 손익계산서

◢ 01 손익계산서의 정의와 양식

1) 정의

일정기간 동안 기업의 경영성과를 보고하기 위하여 수익과 비용을 적정하게 표시하여 당기순손익을 산출하는 표를 말한다.

2) 계정식 손익계산서 양식

손익계산서

박문각   20××년 1월 1일부터 ~ 20××년 12월 31일까지   (단위 : 원)

비용	금액	수익	금액
급 여	300,000	매 출 액	500,000
임 차 료	100,000	임 대 료	100,000
세 금 과 공 과 금	80,000	이 자 수 익	120,000
이 자 비 용	40,000		
당 기 순 이 익	200,000		
	720,000		720,000

3) 일반기업회계기준에 의한 보고식 손익계산서

손익계산서

박문각   20××년 1월 1일부터 ~ 20××년 12월 31일까지   (단위 : 원)

과목		금액
Ⅰ. 매 출 액		×××
Ⅱ. 매 출 원 가		×××
Ⅲ. 매 출 총 이 익		×××
Ⅳ. 판 매 비 와 관 리 비		×××
Ⅴ. 영 업 이 익		×××
Ⅵ. 영 업 외 수 익		×××
Ⅶ. 영 업 외 비 용		×××
Ⅷ. 소득세차감전순이익		×××
Ⅸ. 소 득 세 비 용		×××
Ⅹ. 당 기 순 이 익		×××

예제 7

손익계산서에 대한 설명이다. 잘못된 것은?

① 손익계산서는 기업의 경영성과를 나타내는 동태적 보고서이다.
② 손익계산서는 일정시점의 수익과 비용을 나타낸다.
③ 수익은 실현주의에 따라 계상한다.
④ 비용은 발생주의에 따라 계상한다.

[해설] --

② 손익계산서는 일정기간의 수익과 비용을 나타내며, 재무상태표는 일정시점의 재무상태를 나타낸다.

02 수익

1) 정의

기업실체의 경영활동과 관련된 재화의 판매, 용역의 제공 등의 대가로 발생하는 자산의 유입 또는 부채의 감소를 의미한다.

2) 손익계산서 수익 계정과목 분류

영업수익	• 정의 : 총매출액 – 매출에누리 및 환입, 매출할인 • 계정과목 : 상품매출 등
영업외수익	• 정의 : 영업활동 외에 발생하는 수익과 차익 • 계정과목 : 이자수익, 배당금수익, 임대료, 유형자산처분이익, 단기매매증권평가이익, 단기매매증권처분이익, 잡이익, 채무면제이익, 자산수증이익 등

◢ 03 비용

1) 정의

기업실체의 경영활동과 관련된 재화의 판매, 용역의 제공 등의 대가로 발생하는 자산의 유출 또는 부채의 증가를 의미한다.

2) 손익계산서 비용 계정과목 분류

매출원가	• 상품매출원가 = 기초상품재고액 + 당기순매입액 – 기말상품재고액
판매비와 관리비	• 정의 : 영업활동에서 발생하는 비용 • 계정과목 : 급여, 퇴직급여, 복리후생비, 감가상각비, 기업업무추진비, 대손상각비, 잡비, 운반비, 수선비, 보험료 등
영업외비용	• 정의 : 영업활동 외에 발생하는 비용 • 계정과목 : 이자비용, 임차료, 유형자산처분손실, 단기매매증권평가손실, 단기매매증권처분손실, 잡손실, 외환차손, 외화환산손실 등
소득세비용	• 정의 : 회계기간에 납부해야 할 소득세액

3) 손익법에 의한 순손익 계산

① 손익법을 적용한 당기순손익 계산 공식

> 총수익 – 총비용 = 당기순이익
> 총비용 – 총수익 = 당기순손실

② 수익과 비용의 분류

📖 **예제 8**

계정과목의 분류란에 수익계정은 "수익", 비용계정은 "비용"이라 기입하시오.

No	계정과목	분류	No	계정과목	분류
보기	매출액	수익	(16)	유형자산처분손실	
(1)	수수료비용		(17)	수수료수익	
(2)	단기매매증권평가손실		(18)	단기매매증권처분손실	
(3)	보험료		(19)	임차료	
(4)	잡손실		(20)	퇴직급여	
(5)	여비교통비		(21)	외화환산손실	
(6)	외화환산이익		(22)	외환차손	
(7)	잡이익		(23)	소득세비용	
(8)	이자비용		(24)	기타의대손상각비	
(9)	통신비		(25)	재해손실	
(10)	이자수익		(26)	소모품비	
(11)	세금과공과금		(27)	감가상각비	
(12)	수도광열비		(28)	기부금	
(13)	급여		(29)	수선비	
(14)	광고선전비		(30)	복리후생비	
(15)	임대료				

[해설]

(1)	(2)	(3)	(4)	(5)	(6)	(7)	(8)	(9)	(10)
비용	비용	비용	비용	비용	수익	수익	비용	비용	수익
(11)	(12)	(13)	(14)	(15)	(16)	(17)	(18)	(19)	(20)
비용	비용	비용	비용	수익	비용	수익	비용	비용	비용
(21)	(22)	(23)	(24)	(25)	(26)	(27)	(28)	(29)	(30)
비용	비용	비용	비용	비용	비용	비용	비용	비용	비용

📖 **예제 9**

다음 빈칸을 채우시오.

No	총수익	총비용	순이익	No	총수익	총비용	순손실
(1)	450,000	250,000		(2)	750,000	830,000	

[해설]

(1)	(2)
200,000	−80,000

4. 재무제표 작성기준과 회계 이론 정립

01 재무상태표 작성기준

1) 구분표시의 원칙

유동자산, 비유동자산, 유동부채, 비유동부채, 자본금으로 구분한다.

2) 총액표시

원칙은 총액에 의하여 기재하고, 자산, 부채는 상계표시 불가능하다. 단, 매출채권에 대한 대손충당금은 차감하여 표시 가능하다.

3) 1년 기준 원칙

1년 기준 또는 정상영업주기로 구분한다.

4) 유동성배열법

자산, 부채는 유동성이 큰 항목부터 배열한다.

5) 미결산계정, 비망계정 표시금지

가지급금, 가수금, 현금과부족, 미결산항목은 그 내용을 나타내는 적절한 과목으로 표시한다.

📖 **예제 10**

다음에서 밑줄 친 (가)의 의미는?

재무상태표에 기재하는 자산과 부채의 항목 배열은 (가) 현금화가 빠른 것부터 먼저 기재하는 것을 말한다. 즉, 자산은 유동자산·비유동자산 순서로 …… (생략)

① 총액표시의 원칙　　　　② 잉여금구분의 원칙
③ 유동성배열법의 원칙　　④ 구분표시의 원칙

[해설] --
③ 유동성배열법은 현금화가 빠른 것부터 먼저 기재한다.

---

02 손익계산서 작성기준

1) 총액표시

원칙은 총액으로 표시한다.

2) 구분표시

매출총손익, 영업손익, 소득세차감전순손익, 당기순손익으로 구분표시한다.

3) 수익비용대응의 원칙

비용은 수익에 대응하여 표시한다.

4) 실현주의와 발생주의

모든 수익과 비용은 그것이 발생한 기간에 정당하게 배부되도록 처리한다. 다만 수익은 실현시기를 기준으로 계상하고, 미실현수익은 당기의 손익계산에 산입하지 아니함을 원칙으로 한다.

📖 **예제 11**

손익계산서를 작성할 때 일반적으로 따라야 할 기준이 아닌 것은?

① 발생주의   ② 수익과 비용의 대응
③ 유동·비유동기준   ④ 수익과 비용 항목의 구분표시

[해설] --
③ 유동·비유동기준은 재무상태표 작성기준에서 적용한다.

◀ 03 재무제표의 작성과 표시

1) 재무제표의 작성책임은 경영진에게 있다.

2) 일반기업회계기준에 따라 적정하게 작성된 재무제표는 공정하게 표시된 재무제표로 본다.

3) 중요한 항목은 재무제표의 본문이나 주석에 그 내용을 구분하여 표시한다.

4) 중요치 않은 항목은 성격·기능이 유사한 항목과 통합표시가 가능하다(예 단기투자자산, 재고자산, 장기투자증권, 설비자산 등).

5) 재무제표명칭, 기업명, 보고기간 종료일(또는 회계기간), 보고통화 및 금액단위를 기재한다.

04 재산법과 손익법에 의한 당기순손익

📖 예제 12

다음에서 밑줄 친 (가)의 의미는?

• 기초자본	( )		• 총수익	100,000원
• 기말자본	200,000원		• 총비용	80,000원

① 170,000원   ② 180,000원

③ 190,000원   ④ 200,000원

[해설] --

② 재산법과 손익법 모두 당기순손익이 일치해야 한다.
- 손익법 : 총수익 100,000원 − 총비용 80,000원 = 당기순이익 20,000원
- 재산법 : 기말자본 200,000원 − 기초자본(X원) = 당기순이익 20,000원
따라서 기초자본은 180,000원이 된다.

5. 회계의 순환과정

01 거래

1) 정의

자산·부채·자본의 증감변화 발생, 수익·비용을 발생시키는 모든 경제적 사건을 말한다.

회계상 거래가 아닌 것	상품 등의 주문, 근로자 채용, 담보 제공, 임대차·매매계약, 약속 등
회계상 거래인 것	상품매매, 채권과 채무의 발생·소멸, 파손, 도난, 분실, 감가상각 등

📖 예제 13

다음 사항 중 회계상의 거래인 것은 ○표, 회계상의 거래가 아닌 것은 ×표를 하시오.

(1) 상품을 매입하고 대금은 현금지급하다.   ( )

(2) 상품을 외상으로 매출하다.   ( )

(3) 상품을 창고회사에 보관하다.   ( )

(4) 건물을 빌리기로 계약을 맺다.   ( )

(5) 금고에 보관 중이던 현금을 도난당하다.   ( )

[해설] --

(1) ○   (2) ○   (3) ×   (4) ×   (5) ○

2) 거래요소의 결합관계(거래의 8요소)

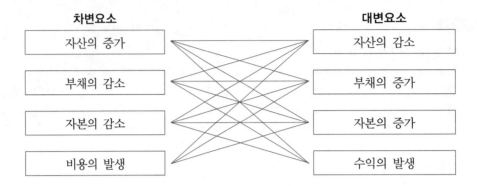

3) 거래의 이중성

복식부기에서는 한 거래가 발생하면 반드시 차변요소가 발생하며 동시에 항상 같은 금액이 대변요소에도 발생한다. 이것을 거래의 이중성이라고 한다.

4) 대차평균의 원리

거래의 이중성의 원리에 따라 차변과 대변을 작성할 때 차변의 금액과 대변의 금액이 일치해야 한다.

02 거래의 종류와 결합관계

1) 현금의 수입과 지출에 따른 분류

① 입금거래 : 차변에 전부 현금이 입금되는 거래로서 입금전표를 만들 수 있다.

거래	(거래) 은행 예금에 대한 이자 10,000원을 현금으로 받다.
결합관계(분개)	(차) 자산의 증가(현금) 10,000원 / (대) 수익의 발생(이자수익) 10,000원

② 출금거래 : 대변에 전부 현금이 출금되는 거래로서 출금전표를 만들 수 있다.

거래	(거래) 여비교통비 20,000원을 현금으로 지급하다.
결합관계(분개)	(차) 비용의 발생(여비교통비) 20,000원 / (대) 자산의 감소(현금) 20,000원

③ 대체거래 : 현금의 거래가 아니거나 또는 하나의 전표로 전부 처리하는 경우에 현금의 일부 거래로서 대체전표를 만들 수 있다.

거래	(거래) 상품 50,000원을 매입하고 대금 중 40,000원은 현금으로 지급하고 잔액은 외상으로 하다.
결합관계(분개)	(차) 자산의 증가(상품) 50,000원 / (대) 자산의 감소(현금) 40,000원 부채의 증가(외상매입금) 10,000원

2) 손익의 발생여부에 따른 분류

① 교환거래 : 자산·부채·자본만 증감변화하는 거래이다.

거래	(거래) 비품 80,000원을 외상으로 매입하다.
결합관계(분개)	(차) 자산의 증가(비품) 80,000원 / (대) 부채의 증가(미지급금) 80,000원

② 손익거래 : 거래 총액이 수익이나 비용으로 발생하는 거래이다.

거래	(거래) 전화요금 20,000원을 현금으로 지급하다.
결합관계(분개)	(차) 비용의 발생(통신비) 20,000원 / (대) 자산의 감소(현금) 20,000원

③ 혼합거래 : 하나의 거래에서 교환거래와 손익거래가 동시에 발생하는 거래이다.

거래	(거래) 대여금 100,000원과 이자 5,000원을 현금으로 받다.
결합관계(분개)	(차) 자산의 증가(현금) 105,000원 / (대) 자산의 감소(단기대여금) 100,000원 수익의 발생(이자수익) 5,000원

📖 예제 14

다음 중 거래요소의 결합관계에 대한 설명이 잘못된 것은?

① 현금 200,000원 출자 : 자산의 증가 – 자본의 증가
② 비품 100,000원 현금으로 구입 : 자산의 증가 – 자산의 감소
③ 급여 300,000원 미지급 : 비용의 발생 – 자산의 감소
④ 차량유지비 50,000원 미지급 : 비용의 발생 – 부채의 증가

[해설] --
③ (차) 비용의 발생(급여) 300,000 / (대) 부채의 증가(미지급금) 300,000

🔻03 분개와 전기

1) 분개

회계상의 거래를 차변요소와 대변요소로 분류하고 어떤 계정과목을 기입하고 얼마의 금액을 기입할 것인가를 결정하는 절차를 말한다.

2) 전기

분개를 해당 원장에 옮겨 적는 것을 말한다. 분개의 차변에 있는 계정을 당해 계정의 차변에 기입하고 대변에 있는 계정을 당해 계정 대변에 기입한다.

3) 분개와 전기의 예제

거래) 3/10 상품 100,000원을 현금으로 매입하다.

분개) 3/10 (차) 상품 100,000 (대) 현금 100,000

전기)

상품		현금	
3/10 현금 100,000			3/10 상품 100,000

📖 예제 15

다음 거래가 계정에 바르게 전기된 것은?

상품 100,000원을 매출하고 대금은 자기앞수표로 받다.

① 상품

현금 100,000 |

② 상품매출

| 당좌예금 100,000

③ 현금

상품매출 100,000 |

④ 당좌예금

상품매출 100,000 |

[해설]

③ (차) 현금 100,000 / (대) 상품매출 100,000

◢ 04 장부

1) 정의

기업의 경영활동에서 발생하는 모든 거래를 기록・계산・정리하는 지면을 장부라 하며, 기업의 경영활동에 관한 원인과 결과를 명백히 하기 위한 기록상의 서류를 의미한다.

2) 장부의 종류

주요부	• 분개장 : 모든 거래내용을 발생한 순서대로 분개를 기입하는 장부로 총계정원장에 전기하는 기초가 된다. • 총계정원장 : 분개장에서 분개한 것을 계정과목별로 계정계좌를 세워 거래를 계정단위로 기입하는 장부이다.
보조부	• 보조기입장 : 현금출납장, 당좌예금출납장, 매입장, 매출장, 받을어음기입장, 지급어음기입장 등이 있다. • 보조원장 : 상품재고장, 매입처원장, 매출처원장 등이 있다.

05 결산예비절차

1) 결산

기업의 경영활동에서 발생한 거래를 분개하고 총계정원장에 전기 마감하고, 기업의 재무상태와 경영성과를 명확하게 파악하는 절차를 말한다.

2) 시산표

거래를 분개하여 총계정원장에 전기하는 과정이 정확한가를 검증하는 자기검증기능이 있는 표이다.

① 수정전시산표 : 수정분개를 반영하기 전의 시산표이다.

  ㉠ 합계시산표 : 각 계정원장의 차변 합계액과 대변 합계액을 모아서 작성한 표이다.

  ㉡ 잔액시산표 : 각 계정원장의 대·차 차액인 잔액으로 작성한 표이다.

> 기말자산 + 총비용 = 기말부채 + 기초자본 + 총수익

  ㉢ 합계잔액시산표 : 합계시산표와 잔액시산표를 동시에 나타낸 표이다.

② 재고조사표작성 – 기말정리사항 분개

③ 수정후시산표(정산표) 작성 : 기말수정분개를 반영하여 작성하는 시산표이다.

> ※ 시산표에서 발견할 수 있는 오류
> 차변과 대변금액 중 금액을 다르게 기록할 경우에는 파악이 가능하다.

📖 예제 16

다음 중 시산표 작성 시 발견이 가능한 오류인 것은?

① 분개할 때 성격이 다른 계정과목을 사용하였다.
② 거래 내용의 전체가 누락되었다.
③ 같은 거래를 이중으로 기록하였다.
④ 차변과 대변의 금액을 다르게 기록하였다.

[해설]
④ 차변과 대변금액 중 금액을 다르게 기록할 경우는 파악이 가능하다.

◢ 06 결산본절차

총계정원장의 마감 → 분개장의 마감 → 기타 보조장부의 마감 → 손익(수익, 비용)계정의 마감 → 이월시산표(자산, 부채, 자본) 작성 → 재무제표 작성

📖 예제 17

다음 중 결산의 절차를 순서대로 바르게 나열한 것은?

ㄱ. 시산표의 작성   ㄴ. 재무제표의 작성
ㄷ. 수익과 비용계정의 마감   ㄹ. 자산, 부채, 자본계정의 마감
ㅁ. 결산정리사항의 수정   ㅂ. 정산표의 작성

① ㄴ → ㄷ → ㅂ → ㄱ → ㅁ → ㄹ   ② ㄱ → ㄷ → ㅁ → ㄴ → ㅂ → ㄹ
③ ㅂ → ㄱ → ㅁ → ㄷ → ㄹ → ㄴ   ④ ㄱ → ㅁ → ㅂ → ㄷ → ㄹ → ㄴ

[해설] --
④ 결산의 절차 : 시산표의 작성 → 결산정리사항의 수정 → 정산표의 작성 → 주요부와 보조부 마감 → 재무제표의 작성

6. 기초 분개연습

※ 다음은 각 계정요소별 분개이다. 알맞은 분개를 표시하시오(단, 상품매출 시에는 상품매출계정을 사용한다).

유동자산 중 당좌자산에 해당하는 계정과목의 거래

[1] 국민은행에 현금 5,000,000원을 당좌예입하다.
    (차)   (대)

[2] 대우증권에서 단기시세차익을 목적으로 (주)인천의 주식 200주(1주당 5,000원)를 1,000,000원에 매입하고, 대금은 현금으로 지급하였다.
    (차)   (대)

[3] 천일상점에 상품 600,000원을 매출하고 상품대금 중 100,000원은 현금으로 받고, 잔액은 당사 보통예금통장에 이체 입금되었다.
    (차)   (대)

[4] 수원상점에 상품 1,000,000원을 판매하고 대금 중 500,000원은 약속어음으로 받고, 나머지는 동점발행 당좌수표로 받다.
    (차)   (대)

[5] 외상매출금 350,000원이 당사 보통예금계좌에 입금되었음을 확인하였다.
    (차)   (대)

[6] 진주상회에서 상품 700,000원을 매입하고 500,000원은 물품대금으로 받아 보관 중인 약속어음으로 지급하고 잔액은 당사 보통예금계좌에서 이체 지급하였다.
    (차)   (대)

[7] 종업원 원빈에게 지방출장을 명하고 여비개산액 200,000원을 현금으로 지급하였다.
    (차)   (대)

[8] 종로상회에 상품매입 계약을 체결하고 계약금 250,000원을 현금으로 지급하였다.
    (차)   (대)

[9] 종로상회에서 계약을 체결한 상품 2,500,000원을 매입하고 계약금 250,000원을 차감한 잔액은 당좌수표를 발행하여 지급하였다.
    (차)   (대)

[10] 거래처 통일상회에 5개월 후에 받기로 하고 현금 2,000,000원을 빌려주었다.
(차)   (대)

[11] 통일상회에 대여한 현금 2,000,000원을 회수하여 보통예입하였다.
(차)   (대)

[12] 사원 강동원에게 급여지급 시 공제하기로 하고 현금 300,000원을 가불해주었다.
(차)   (대)

유동자산 중 재고자산에 해당하는 계정과목의 거래

[1] 평화상점에서 상품 10개(1개당 30,000원)를 매입하고, 대금 중 100,000원을 현금지급하고 나머지는 외상으로 하였다.
(차)   (대)

[2] 평화상회에서 상품 600,000원을 매입하고 대금은 약속어음을 발행하여 지급하고 매입 시 당사 부담의 운반비 20,000원은 대한용달에 현금으로 지급하였다.
(차)   (대)

[3] 최선상회에서 상품 6,000,000원을 매입하고 대금 중 절반은 약속어음을 발행하여 지급하고, 잔액은 당좌수표를 발행하여 지급하다.
(차)   (대)

[4] 천안상점에서 상품 1,500,000원을 매입하고 대금 중 거래처에서 받아 보관 중인 약속어음 1,000,000원을 지급하고 나머지는 1개월 후에 지급하기로 하였다.
(차)   (대)

비유동자산 중 투자자산에 해당하는 계정과목의 거래

[1] 비영업용 토지를 3,000,000원에 현금 매입하다.
(차)   (대)

[2] 3년 만기의 정기예금을 가입하고 현금 5,000,000원을 입금하다.
(차)   (대)

[3] 2년 후에 받기로 하고 천호상점에 2,000,000원의 당좌수표를 발행하여 대여하였다.
(차)   (대)

비유동자산 중 유형자산에 해당하는 계정과목의 거래

[1] 회사사옥을 신축하기 위해 토지 15,000,000원을 매입하고 당좌수표를 발행하여 지급하였다.
(차)   (대)

[2] 명일상점 소유의 창고건물을 30,000,000원에 매입하고 대금 중 25,000,000원은 당좌수표를 발행하여 지급하고 나머지는 현금으로 지급하였다.
(차)   (대)

[3] 업무용 책상과 의자 120,000원을 현금 구입하였다.
(차)   (대)

[4] 공장에 사용할 기계를 1,300,000원에 구입하고 대금은 외상으로 하였다.
(차)   (대)

[5] 상품배달용 화물차를 중고자동차 매매상에서 4,500,000원에 구입하고 대금 중 2,000,000원은 당좌수표를 발행하여 지급하고 잔액은 10개월 할부로 하였다.
(차)   (대)

[6] 당사 소유의 건물 4,000,000원을 미래기업에 5,000,000원에 매각처분하고 대금은 동점발행 당좌수표로 받았다.
(차)   (대)

[7] 당사 소유의 중고 화물자동차 2,000,000원을 1,500,000원에 매각처분하고 대금은 일전에 발행한 당점 당좌수표로 받았다.
(차)   (대)

비유동자산 중 무형자산에 해당하는 계정과목의 거래

[1] 특허권 출원 비용 20,000,000원을 당좌수표 발행하여 지급하고 특허권을 취득하다(단, 기업회계기준 계정 사용).
(차)   (대)

[2] 신제품 개발을 위하여 대학의 산학협력팀에게 개발비용 2,000,000원을 현금지급하였다(단, 무형자산 처리).
(차)   (대)

[3] 업무전산화에 따른 소프트웨어를 웨스트소프트사에서 2,500,000원에 구입하고 대금은 일주일 후에 지급하기로 하였다.
(차)   (대)

유동부채에 해당하는 계정과목의 거래

[1] 상품 500,000원을 외상으로 매입하다.
(차)   (대)

[2] 외상매입금 500,000원 중 200,000원을 현금으로 지급하였다.
(차)   (대)

[3] 상품 300,000원을 매입하고 대금은 약속어음을 발행하여 지급하였다.
(차)   (대)

[4] 당사가 발행 지급한 약속어음 300,000원이 만기가 도래하여 당좌예금계좌에서 지급 결제되었다.
(차)   (대)

[5] 중고 자동차 1대를 1,400,000원에 구입하고 대금은 외상으로 하였다.
(차)   (대)

[6] 일전에 구입한 자동차 대금 1,400,000원을 당좌수표 발행하여 지급하였다.
(차)   (대)

[7] 상품 3,000,000원의 판매계약을 하고 계약금 300,000원을 현금으로 받았다.
(차)   (대)

[8] 일전에 판매 계약한 상품 3,000,000원을 전달하고 계약금 300,000원을 차감한 잔액은 약속어음으로 받았다.
(차)   (대)

[9] 현대자동차에서 업무용 승용차 15,000,000원을 10개월 할부로 구입하였다.
(차)   (대)

[10] 승용차 할부금 1회분 1,500,000원을 현금으로 지급하였다.
(차)   (대)

[11] 외상매입금 450,000원을 약속어음을 발행하여 지급하였다.
(차)   (대)

[12] 외상매입금 1,500,000원 중 500,000원은 현금으로 지급하고 나머지는 보통예금계좌에서 이체 지급하였다.
(차)   (대)

[13] 우리은행에서 현금 1,000,000원을 6개월 후에 상환하기로 하고 대출받다.
(차)   (대)

[14] 우리은행의 차입금 1,000,000원을 현금 상환하다.
(차)   (대)

[15] 종업원 급여 1,200,000원을 지급함에 있어 소득세 25,000원을 차감한 잔액은 현금으로 지급하였다.
(차)   (대)

[16] 종업원 급여지급 시 예수한 소득세 25,000원을 세무서에 현금으로 납부하다.
(차)   (대)

[17] 당사 보통예금계좌에 원인불명의 금액 150,000원이 입금되었다.
(차)   (대)

비유동부채에 해당하는 계정과목의 거래

[1] 성문은행으로부터 3년 후에 상환하기로 하고 3,000,000원을 차입하여 보통예금계좌에 입금하였다.
(차)   (대)

[2] 당사는 자금을 조달할 목적으로 사채액면 10,000,000원을 발행하고 대금은 보통예금계좌로 입금받았다.
(차)   (대)

[3] 당사는 사원들의 퇴직금 확보를 위해 결산 시에 퇴직금 50,000,000원을 설정하다.
(차)   (대)

자본에 해당하는 계정과목의 거래

[1] 현금 500,000원, 상품 400,000원, 건물 500,000원을 출자하여 영업을 개시하다.
(차)   (대)

영업외수익에 해당하는 계정과목의 거래

[1] 당사 보통예금계좌에 결산이자 150,000원이 입금되었다.
(차)   (대)

[2] 도림상회에 대여한 대여금 이자 30,000원을 현금으로 받았다.
(차)   (대)

[3] 상품 중개수수료 100,000원을 현금으로 받았다.
(차)   (대)

[4] 건물 임대에 대한 집세 300,000원이 보통예금계좌에 이체 입금되었다.
(차)   (대)

[5] 빈 박스 등 폐품을 매각하고 매각대금 17,000원을 현금으로 받았다.
(차)   (대)

[6] 당사 보유주식 500,000원을 600,000원에 매각처분하고 대금은 동사의 당좌수표로 받았다.
(차)   (대)

[7] 불용비품 200,000원을 250,000원에 처분하고 대금은 일주일 후에 받기로 하다.
(차)   (대)

판매비와관리비에 해당하는 계정과목의 거래

[1] 급여
① 종업원 조성모의 월급 1,500,000원을 지급함에 있어 국민연금 60,000원, 건강보험 10,000원, 소득세 80,000원을 차감한 잔액은 현금으로 지급하였다.
(차)   (대)

[2] 복리후생비

① 다음 종업원을 위한 경비 자료 내역에 대해 회사신용카드로 결제하였다.

내역	금액	내역	금액
회식대금	150,000원	홍길동 축의금	100,000원
회사 작업복	600,000원	일직비	38,000원
야유회비	300,000원	비상의약품	20,000원
직원 조의금	200,000원	명절 선물	1,000,000원

(차)   (대)

[3] 기업업무추진비

① 매출처 직원을 위한 경비 자료 내역에 대해 현금으로 지급하다.

내역	금액	내역	금액
담당자와 저녁식사	23,000원	거래처 직원 축의금	50,000원
개업 축하화분	100,000원	추석명절 선물	400,000원

(차)   (대)

[4] 여비교통비

① 종업원의 업무차 교통비조로 지하철이용권 4,800원과 버스카드 11,000원을 현금으로 구입하여 지급하였다.

(차)   (대)

② 종업원 지국희 출장여비를 다음과 같이 정산하고 잔액은 현금으로 회수하다(단, 출장 시 출장여비 개산액 200,000원을 지급함).

• 왕복교통비 70,000원	• 숙박료 50,000원	• 식대 60,000원

(차)   (대)

[5] 통신비

① 업무에 사용한 다음 경비 자료 내역에 대해 우리은행 보통예금계좌에서 이체지급하였다.

내역	금액	내역	금액
핸드폰요금	30,000원	전화요금	450,000원
우표 및 엽서	40,000원	등기우편료	3,600원
인터넷 모바일 사용료	55,000원		

(차)   (대)

[6] 수도광열비

① 업무에 사용한 다음 경비 자료 내역에 대해 국민은행 보통예금계좌에서 이체지급하였다.

내역	금액	내역	금액
난방용 석유	150,000원	수도요금	20,000원
도시가스요금	79,000원	난방용가스	25,000원

(차)   (대)

[7] 세금과공과금

① 업무와 관련한 다음 조세와 공과 자료 내역에 대해 현금으로 납부하다.

내역	금액	내역	금액
승용차의 자동차세	150,000원	건물 재산세	170,000원
화물차 면허세	15,000원	교통환경분담금	25,000원
조합회비	50,000원	적십자회비	60,000원
상공회의소회비	150,000원	수입인지	150,000원

(차)   (대)

[8] 임차료

① 상품 판매를 위한 점포를 임차하고 집세 300,000원을 현금으로 지급하다.

(차)   (대)

② 봉고차 1대를 금호렌트카에서 1개월간 렌트하고 렌트료 400,000원을 자기앞수표로 지급하였다.

(차)   (대)

[9] 수선비

① 사무실 에어컨을 수리하고 수리비 20,000원을 현금으로 지급하였다.

(차)   (대)

[10] 보험료

① 상품판매계약에 따른 계약이행보증보험을 대한보증보험에 가입하고 보험료 300,000원을 현금으로 지급하였다.

(차)   (대)

PART 01

[11] 차량유지비

① 영업용 차량 전체에 대한 다음 자료 내역에 대해 현금으로 납부하다.

내역	금액	내역	금액
화물차의 유류대금	62,000원	승용차의 주차요금	12,000원
오일교환 등	3,000원	자동차 수리비	24,000원
트럭의 정기검사비	60,000원	승용차 세차비	70,000원

(차)   (대)

[12] 운반비

① 판매상품에 대한 배달료 20,000원을 천안화물에 현금으로 지급하다.

(차)   (대)

[13] 도서인쇄비

① 업무상 필요한 도서구입 등에 사용한 다음 자료 내역을 현금으로 지급하다.

내역	금액	내역	금액
도서구입비	30,000원	날인용 고무인제작	6,000원
서식 인쇄제작	130,000원	명함 제작	10,000원
사진 현상비	13,000원	신문 구독료	12,000원

(차)   (대)

[14] 소모품비

① 사무용장부 및 볼펜 구입대금 30,000원을 현금으로 지급하다.

(차)   (대)

② 형광등 및 청소용품 20,000원을 구입하고 현금으로 지급하다.

(차)   (대)

[15] 수수료비용

① 업무와 관련하여 다음 수수료 자료 내역을 현금으로 지급하다.

내역	금액	내역	금액
도난방지장치 관리유지비	150,000원	법률자문 수수료	250,000원
전기안전관리 유지보수료	120,000원	온라인 송금수수료	3,500원

(차)   (대)

[16] 광고선전비

① 문화일보에 직원채용 모집광고를 게재하고 광고료 700,000원을 자기앞수표로 지급하였다.

(차)   (대)

[17] 잡비

    ① 폐기물 처리비용 20,000원을 현금으로 지급하였다.

     (차)   (대)

영업외비용에 해당하는 계정과목의 거래

[1]   시티은행의 차입금에 대한 이자 320,000원이 보통예금계좌에서 이체 출금되었다.

    (차)   (대)

[2]   KBS방송국에 수재의연금 3,000,000원을 당좌수표를 발행하여 지급하였다.

    (차)   (대)

[3]   현금 100,000원을 도난당했다.

    (차)   (대)

[4]   중고자동차 900,000원을 600,000원에 처분하고 대금은 나중에 받기로 하였다.

    (차)   (대)

분개연습 정답 및 해설

유동자산 중 당좌자산에 해당하는 계정과목의 거래

[1]	(차) 당좌예금	5,000,000	(대) 현금	5,000,000
[2]	(차) 단기매매증권	1,000,000	(대) 현금	1,000,000
[3]	(차) 현금	100,000	(대) 상품매출	600,000
	보통예금	500,000		
[4]	(차) 받을어음	500,000	(대) 상품매출	1,000,000
	현금	500,000		
[5]	(차) 보통예금	350,000	(대) 외상매출금	350,000
[6]	(차) 상품	700,000	(대) 받을어음	500,000
			보통예금	200,000
[7]	(차) 가지급금	200,000	(대) 현금	200,000
[8]	(차) 선급금	250,000	(대) 현금	250,000
[9]	(차) 상품	2,500,000	(대) 선급금	250,000
			당좌예금	2,250,000
[10]	(차) 단기대여금	2,000,000	(대) 현금	2,000,000
[11]	(차) 보통예금	2,000,000	(대) 단기대여금	2,000,000
[12]	(차) 임직원단기채권	300,000	(대) 현금	300,000

유동자산 중 재고자산에 해당하는 계정과목의 거래

[1]	(차) 상품	300,000	(대) 현금	100,000
			외상매입금	200,000

[2] (차) 상품	620,000	(대) 지급어음	600,000
		현금	20,000
[3] (차) 상품	6,000,000	(대) 지급어음	3,000,000
		당좌예금	3,000,000
[4] (차) 상품	1,500,000	(대) 받을어음	1,000,000
		외상매입금	500,000

비유동자산 중 투자자산에 해당하는 계정과목의 거래

[1] (차) 투자부동산	3,000,000	(대) 현금	3,000,000
[2] (차) 장기성예금	5,000,000	(대) 현금	5,000,000
[3] (차) 장기대여금	2,000,000	(대) 당좌예금	2,000,000

비유동자산 중 유형자산에 해당하는 계정과목의 거래

[1] (차) 토지	15,000,000	(대) 당좌예금	15,000,000
[2] (차) 건물	30,000,000	(대) 당좌예금	25,000,000
		현금	5,000,000
[3] (차) 비품	120,000	(대) 현금	120,000
[4] (차) 기계장치	1,300,000	(대) 미지급금	1,300,000
[5] (차) 차량운반구	4,500,000	(대) 당좌예금	2,000,000
		미지급금	2,500,000
[6] (차) 현금	5,000,000	(대) 건물	4,000,000
		유형자산처분이익	1,000,000
[7] (차) 당좌예금	1,500,000	(대) 차량운반구	2,000,000
유형자산처분손실	500,000		

비유동자산 중 무형자산에 해당하는 계정과목의 거래				
[1]	(차) 특허권	20,000,000	(대) 당좌예금	20,000,000
[2]	(차) 개발비	2,000,000	(대) 현금	2,000,000
[3]	(차) 소프트웨어	2,500,000	(대) 미지급금	2,500,000

유동부채에 해당하는 계정과목의 거래				
[1]	(차) 상품	500,000	(대) 외상매입금	500,000
[2]	(차) 외상매입금	200,000	(대) 현금	200,000
[3]	(차) 상품	300,000	(대) 지급어음	300,000
[4]	(차) 지급어음	300,000	(대) 당좌예금	300,000
[5]	(차) 차량운반구	1,400,000	(대) 미지급금	1,400,000
[6]	(차) 미지급금	1,400,000	(대) 당좌예금	1,400,000
[7]	(차) 현금	300,000	(대) 선수금	300,000
[8]	(차) 선수금 받을어음	300,000 2,700,000	(대) 상품매출	3,000,000
[9]	(차) 차량운반구	15,000,000	(대) 미지급금	15,000,000
[10]	(차) 미지급금	1,500,000	(대) 현금	1,500,000
[11]	(차) 외상매입금	450,000	(대) 지급어음	450,000
[12]	(차) 외상매입금	1,500,000	(대) 현금 보통예금	500,000 1,000,000
[13]	(차) 현금	1,000,000	(대) 단기차입금	1,000,000
[14]	(차) 단기차입금	1,000,000	(대) 현금	1,000,000

[15] (차) 급여   1,200,000   (대) 예수금   25,000
현금   1,175,000

[16] (차) 예수금   25,000   (대) 현금   25,000

[17] (차) 보통예금   150,000   (대) 가수금   150,000

비유동부채에 해당하는 계정과목의 거래

[1] (차) 보통예금   3,000,000   (대) 장기차입금   3,000,000

[2] (차) 보통예금   10,000,000   (대) 사채   10,000,000

[3] (차) 퇴직급여   50,000,000   (대) 퇴직급여충당부채   50,000,000

자본에 해당하는 계정과목의 거래

[1] (차) 현금   500,000   (대) 자본금   1,400,000
상품   400,000
건물   500,000

영업외수익에 해당하는 계정과목의 거래

[1] (차) 보통예금   150,000   (대) 이자수익   150,000

[2] (차) 현금   30,000   (대) 이자수익   30,000

[3] (차) 현금   100,000   (대) 수수료수익   100,000

[4] (차) 보통예금   300,000   (대) 임대료   300,000

[5] (차) 현금   17,000   (대) 잡이익   17,000

[6] (차) 현금   600,000   (대) 단기매매증권   500,000
단기매매증권처분이익   100,000

[7] (차) 미수금   250,000   (대) 비품   200,000
유형자산처분이익   50,000

PART
01

판매비와관리비에 해당하는 계정과목의 거래

[1] 급여
  ① (차) 급여　　　　　　1,500,000　　(대) 예수금　　　　　　150,000
　　　　　　　　　　　　　　　　　　　　　　현금　　　　　　1,350,000

[2] 복리후생비
  ① (차) 복리후생비　　　2,408,000　　(대) 미지급금　　　　2,408,000

[3] 기업업무추진비
  ① (차) 기업업무추진비　　573,000　　(대) 현금　　　　　　573,000

[4] 여비교통비
  ① (차) 여비교통비　　　　15,800　　(대) 현금　　　　　　　15,800
  ② (차) 여비교통비　　　180,000　　(대) 가지급금　　　　200,000
　　　　현금　　　　　　　20,000

[5] 통신비
  ① (차) 통신비　　　　　578,600　　(대) 현금　　　　　　578,600

[6] 수도광열비
  ① (차) 수도광열비　　　274,000　　(대) 보통예금　　　　274,000

[7] 세금과공과금
  ① (차) 세금과공과금　　770,000　　(대) 현금　　　　　　770,000

[8] 임차료
  ① (차) 임차료　　　　　300,000　　(대) 현금　　　　　　300,000
  ② (차) 임차료　　　　　400,000　　(대) 현금　　　　　　400,000

[9] 수선비
  ① (차) 수선비　　　　　20,000　　(대) 현금　　　　　　20,000

[10] 보험료
  ① (차) 보험료　　　　　300,000　　(대) 현금　　　　　　300,000

[11] 차량유지비
  ① (차) 차량유지비　　　231,000　　(대) 현금　　　　　　231,000

[12] 운반비
  ① (차) 운반비　　　　　20,000　　(대) 현금　　　　　　20,000

[13] 도서인쇄비
    ① (차) 도서인쇄비   201,000   (대) 현금   201,000

[14] 소모품비
    ① (차) 소모품비   30,000   (대) 현금   30,000
    ② (차) 소모품비   20,000   (대) 현금   20,000

[15] 수수료비용
    ① (차) 수수료비용   523,500   (대) 현금   523,500

[16] 광고선전비
    ① (차) 광고선전비   700,000   (대) 현금   700,000

[17] 잡비
    ① (차) 잡비   20,000   (대) 현금   20,000

영업외비용에 해당하는 계정과목의 거래			

[1] (차) 이자비용   320,000   (대) 보통예금   320,000

[2] (차) 기부금   3,000,000   (대) 당좌예금   3,000,000

[3] (차) 잡손실   100,000   (대) 현금   100,000

[4] (차) 미수금   600,000   (대) 차량운반구   900,000
      유형자산처분손실   300,000

02 계정과목별 정리

1. 유동(당좌자산) - 현금 및 현금성자산 회계처리

◢ 01 현금 및 현금성자산

1) 현금

통화	주화, 지폐(동전)
통화대용증권	자기앞수표, 타인(거래처, 동점)발행당좌수표, 가계수표, 송금수표, 배당금지급표, 송금환증서, 우편환증서, 전신환증서, 만기도래한 공사채이자표, 국고지급통지서 등

※ 현금으로 인식하지 않는 것 : 사용이 제한된 예금(특정현금과 예금) 차용증서(대여금 또는 차입금), 선일자수표(어음), 수입인지(세금과공과금), 엽서·우표(통신비) 등

📖 **예제 18**

다음 대화에서 밑줄 친 ㉠의 계정과목으로 옳은 것은?

> 박 부장 : 지난달 10월의 외상매출금 500,000원은 어떠한 방법으로 회수했습니까?
> 김 대리 : 네! ㉠ 200,000원은 타인발행수표로, 300,000원은 어음으로 받았습니다.

[해설] --------
㉠ 타인(거래처) 발행수표는 현금계정과목으로 표시한다.

---

2) 당좌예금

은행과 당좌계약을 맺고 당좌예입하지만 인출은 반드시 당점(우리회사)이 당좌수표를 발행하는 경우이다. 당좌개설보증금은 "특정현금과예금"으로 처리한다.

3) 보통예금

고객이 예금과 인출을 자유롭게 할 수 있는 예금이다.

4) 현금성자산

큰 거래비용 없이 현금으로 전환이 용이하고 이자율 변동에 따른 가치변동의 위험이 크지 않은 유가증권 및 단기금융상품으로서 취득 당시 만기(또는 상환일)가 3개월 이내에 도래하는 것을 말한다.

> ① 취득 당시 만기가 3개월 이내에 도래하는 채권
> ② 취득 당시 상환일까지의 기간이 3개월 이내인 상환우선주
> ③ 3개월 이내에 환매조건인 환매채
> ④ 취득 당시 만기가 3개월 이내에 도래하는 양도성예금증서 등

📖 **예제 19**

박문각이 결산일 현재에 보유하고 있는 유동자산의 일부이다. 현금 및 현금성자산으로 계상할 금액은 얼마인가?

• 자기앞수표	200,000원
• 수입인지	300,000원
• 당좌예금	250,000원
• 우편환	70,000원
• 보통예금	110,000원
• 선일자수표	80,000원
• 종로상회발행수표	200,000원
• 배당금지급통지표	70,000원
• 차용증서	500,000원

[해설]

200,000원(자기앞수표) + 250,000원(당좌예금) + 70,000원(우편환) + 110,000원(보통예금) + 200,000원(종로상회발행수표) + 70,000원(배당금지급통지표) = 900,000원이 된다.

◢02 현금과부족(임시계정)

장부상 현금 잔액과 실제 현금 잔액이 계산의 착오나 거래의 누락 등에 의해서 일치하지 않는 경우에 처리하며 재무상태표에는 표시금지한다.

기중	기말(12/31)
현금과부족 임시계정 처리 → 원인조사 후 해당계정 대체	과잉(잡이익) 부족(잡손실)

예제 20

12월 1일(기중)에 장부상 현금보다 실제 현금이 부족하여 현금과부족 계정으로 처리해 두었던 금액 40,000원 중 12월 5일(기중) 32,000원은 판매직원의 시내교통비 누락분으로 밝혀졌으며, 잔액은 12월 31일(결산일)까지 그 내역을 알 수 없다. 올바른 분개는?

[해설]

날짜	전표처리			
12/1(기중)	(차) 현금과부족	40,000	(대) 현금	40,000
	(임시계정)		(자산의 감소)	
12/5(기중)	(차) 여비교통비	32,000	(대) 현금과부족	32,000
	(비용의 발생)		(임시계정)	
12/31(기말)	(차) 잡손실	8,000	(대) 현금과부족	8,000
	(비용의 발생)		(임시계정)	

03 당좌차월(단기차입금)

사전 약정에 의하여 당좌예금 잔액이 없더라도 당좌수표를 발행할 수 있는데, 이때 당좌예금잔액을 초과하여 지급된 금액을 말한다.

※ **주의** 유동부채로 표시함

예제 21

업무용 토지를 3억에 구입하고 대금은 당좌수표를 발행하여 지급하였을 때(당좌예금잔액은 1억, 5억의 당좌차월계약 체결), 올바른 분개는?

[해설]

(차) 토지(자산의 증가)　　　　300,000,000 / (대) 당좌예금(자산의 감소)　　　100,000,000
　　　　　　　　　　　　　　　　　　　　　　단기차입금(=당좌차월)　　　200,000,000
　　　　　　　　　　　　　　　　　　　　　　(부채의 증가)

✔️분개연습 | 유동(당좌자산) - 현금 및 현금성자산 회계처리

단, 상품판매는 상품매출계정 사용, 결합관계 표시, 부가가치세는 고려하지 말 것

[1] 우리은행의 당좌예금계좌에 현금 3,000,000원을 입금하였다.
(차)   (대)

[2] 뚝섬상사에 상품 2,500,000원을 판매하고 대금 중 1,500,000원은 당점발행한 수표로 받고 잔액은 동점발행수표로 받다.
(차)   (대)

[3] 호남상사에 상품을 판매하고 상품대금 3,000,000원이 당사 당좌예금계좌에 입금되었다.
(차)   (대)

[4] (주)낙원의 외상매출금 200,000원이 전액 당사 거래은행의 보통예금계좌로 입금되었다.
(차)   (대)

[5] 제일상사에 차용증서(상환기일 : 6개월)를 받고 현금 2,000,000원을 대여하였다.
(차)   (대)

[6] 당사는 당좌거래개설보증금 9,000,000원과 당좌예금계좌에 1,000,000원을 현금으로 입금하여 국민은행 당좌거래를 개설하고 당좌수표용지와 약속어음용지를 교부받았다.
(차)   (대)

[7] 12월 31일에 장부상 현금이 실제 현금보다 50,000원이 부족함을 확인하였으나 원인을 판명하지 못하였다.
(차)   (대)

[8] 상록상사는 상품 2,000,000원을 매입하고, 대금은 수표를 발행하여 지급하다(단, 당좌예금 잔고는 1,500,000원이 있다).
(차)   (대)

분개연습 정답 및 해설

번호	차변		대변	
1	당좌예금(자산의 증가)	3,000,000원	현금(자산의 감소)	3,000,000원
2	당좌예금(자산의 증가)	1,500,000원	상품매출(수익의 발생)	2,500,000원
	현금(자산의 증가)	1,000,000원		
3	당좌예금(자산의 증가)	3,000,000원	상품매출(수익의 발생)	3,000,000원
4	보통예금(자산의 증가)	200,000원	외상매출금(자산의 감소)	200,000원
5	단기대여금(자산의 증가)	2,000,000원	현금(자산의 감소)	2,000,000원
6	특정현금과예금(자산의 증가)	9,000,000원	현금(자산의 감소)	10,000,000원
	당좌예금(자산의 증가)	1,000,000원		
7	현금(자산의 증가)	50,000원	잡이익(수익의 발생)	50,000원
8	상품(자산의 증가)	2,000,000원	당좌예금(자산의 감소)	1,500,000원
			단기차입금(부채의 증가)	500,000원

☑ 이론문제 | 유동(당좌자산) - 현금 및 현금성자산 회계처리

01 상품을 판매하고 대금을 다음과 같이 받았다. 현금으로 계상할 금액은 얼마인가?

- 지폐 : 200,000원
- 자기앞수표 : 300,000원
- H 상회발행자기앞수표 : 450,000원
- 동전 : 50,000원

① 500,000원
② 950,000원
③ 700,000원
④ 1,000,000원

02 다음 자료에 의해 현금 및 현금성자산을 구하면 얼마인가?

- 당좌예금 : 200,000원
- 만기도래한 사채이자표 : 120,000원
- 우표 : 100,000원
- 배당금지급통지표 : 300,000원

① 500,000원
② 620,000원
③ 600,000원
④ 420,000원

03 다음 설명에 해당되는 계정과목인 것은?

예금잔액의 범위를 초과하여 수표를 발행하여도 일정 한도까지는 은행이 부도처리하지 않고 수표를 발행할 수 있도록 하는 것

① 당좌예금
② 당좌차월
③ 당좌이월
④ 이월당좌

04 회계기간 중 장부상 현금잔액과 실제 현금잔액이 일치하지 않는 경우 가장 적절한 회계처리 방법인 것은?

① 단기대여금 계정으로 처리
② 현금과부족 계정으로 처리
③ 보통예금 계정으로 처리
④ 선수금 계정으로 처리

05 회계기간 중 현금 실제 잔액이 장부 잔액보다 10,000원 많은 경우의 분개 시 차변의 계정과목으로 올바른 것은?

① 가수금
② 현금과부족
③ 소액현금
④ 현금

06 현금과부족에 대한 설명으로 옳지 않은 것은?

① 기중에 실제잔액보다 장부잔액이 많음을 발견할 시 [(차) 현금 / (대) 현금과부족]으로 분개한다.
② 현금 실제액이 장부잔액과 일치하지 않을 때 사용하는 계정과목이다.
③ 기말재무상태표상에는 표시되지 않는 임시계정이다.
④ 결산 시에 현금부족액의 원인을 발견하지 못한 경우 잡손실로 처리한다.

07 현금계정을 차변에 기입해야 되는 거래인 것은?

① 상품을 매출하고 약속어음을 받다.
② 상품 매입대금을 당좌수표를 발행하여 지급하다.
③ 외상매출금을 거래처 발행 당좌수표로 받다.
④ 소지하고 있던 자기앞수표를 거래은행에 당좌예입하다.

08 다음 중 현금성자산으로 분류될 수 없는 것은?

① 취득 당시 만기가 3개월 이내에 도래하는 채권
② 3개월 이내의 환매조건부채권
③ 사용이 제한된 예금
④ 당좌예금

09 다음 자료에 의할 때 기업회계기준상 현금 및 현금성자산에 기록될 금액은 얼마인가?

• 지폐 : 5,000,000원
• 배당금지급통지표 : 500,000원
• 선일자수표 : 200,000원

① 5,000,000원　　　　　　　　　　② 5,200,000원
③ 5,500,000원　　　　　　　　　　④ 5,700,000원

10 다음 중 기업회계기준상 현금 및 현금성자산이 아닌 것은?

① 통화
② 통화대용증권
③ 요구불예금
④ 취득 당시 만기가 1년 이내 도래하는 유가증권

11 다음 자료에 의하여 현금 및 현금성자산으로 기록될 금액은 얼마인가?

• 지폐	400,000원
• 타인발생수표	200,000원
• 자기앞수표	100,000원
• 당좌예금	300,000원
• 정기예금(만기 6개월)	200,000원
• 우편환증서	100,000원
• 수입인지	50,000원

① 1,200,000원   ② 1,300,000원
③ 1,500,000원   ④ 1,100,000원

이론문제 정답 및 해설

01 ④ 지폐 200,000원 + H 상회발행자기앞수표 450,000원 + 자기앞수표 300,000원 + 동전 50,000원 = 1,000,000원을 현금으로 계상한다.

02 ② 당좌예금(200,000원) + 만기도래한 사채이자표(120,000원) + 배당금지급통지표(300,000원) = 620,000원이 된다.

03 ② 당좌차월(단기차입금)은 예금잔액의 범위를 초과하여 수표를 발행하여도 일정 한도까지는 은행이 부도처리하지 않고 수표를 발행할 수 있도록 하는 것이다.

04 ② 회계기간 중 장부상 현금잔액과 실제 현금잔액이 일치하지 않는 경우 임시로 설정하는 계정과목이 현금과부족 계정이다.

05 ④ (차) 현금 10,000원 / (대) 현금과부족 10,000원

06 ① 장부잔액 > 실제잔액일 경우의 회계처리 : (차) 현금과부족 / (대) 현금

07 ③ (차) 현금 / (대) 외상매출금으로 회계처리한다.
　① (차) 받을어음 / (대) 상품매출
　② (차) 상품 / (대) 당좌예금
　④ (차) 당좌예금 / (대) 현금

08 ③ 사용이 제한된 예금은 특정현금과예금 계정과목에 해당한다.

09 ③ 지폐와 배당금지급통지표는 현금계정으로 처리하나, 선일자수표는 어음으로 처리한다.

10 ④ 취득 당시 만기가 1년 이내 도래하는 유가증권은 단기매매증권계정으로 처리한다.

11 ④ 지폐 400,000원 + 타인발행수표 200,000원 + 자기앞수표 100,000원 + 당좌예금 300,000원 + 우편환증서 100,000원 = 현금 및 현금성자산 1,100,000원

2. 유동(당좌자산) - 단기투자 자산 회계처리

01 단기금융상품

금융기관이 취급하는 정기예금, 정기적금, 사용이 제한되어 있는 예금 및 기타 정형화된 상품 등으로 단기적 자금운용목적으로 소유하거나 기한이 1년 내에 도래하는 것을 말한다. 단기금융상품에는 양도성예금증서(CD), 신종기업어음(CP), 어음관리계좌(CMA), 중개어음, 표지어음 등이 있다.

02 단기매매증권

1) 보유목적에 따른 분류

분류	보유목적에 따른 분류	계정과목	자산 종류	평가방법
지분증권 (주식)	① <u>시장성이 있고 단기시세차익 목적</u>으로 취득 시(중대한 영향력을 행사할 목적이 없음)	단기매매증권	당좌자산	공정가액법
	② 장기투자목적으로 취득 시	매도가능증권	투자자산	공정가액법
채무증권 (채권)	① <u>시장성이 있고 단기시세차익 목적</u>으로 취득 시(만기보유할 목적이 없음)	단기매매증권	당좌자산	공정가액법
	② <u>만기보유할 목적이 있다.</u>	만기보유증권	투자자산	원가법
	③ 장기투자목적으로 취득 시	매도가능증권	투자자산	공정가액법

2) 단기매매증권의 구입

취득한 경우에는 매입가액과 별도로 수수료비용(영업외비용)으로 회계처리한다.

📖 **예제 22**

다음 거래를 분개하시오.

주식 10주(1주당 5,000원)를 6,000원에 구입하고, 대금은 수수료 1,000원과 함께 현금으로 지급하다.

[해설]
(차) 단기매매증권(자산의 증가)　　　60,000 / (대) 현금(자산의 감소)　　　61,000
　　수수료비용(영업외비용)　　　　 1,000

PART
01

3) 단기매매증권의 평가(결산시점에 시가로 평가함)

① 시가(공정가액) > 장부가액 : 단기매매증권평가이익
② 시가(공정가액) < 장부가액 : 단기매매증권평가손실
　위의 평가손익을 손익계산서 영업외손익 항목으로 보고한다.
③ 단가는 개별법, 총평균법, 이동평균법 또는 기타 합리적인 방법에 의하여 산정한다.

📖 **예제 23**

위 [예제 22]의 주식을 보유하는 중 결산일 현재 공정가치가 6,500원이 되었을 때, 올바른 분개는?

[해설]

- 장부가액 : 10주 × 6,000 = 60,000원
- 공정가액 : 10주 × 6,500 = 65,000원

(차) 단기매매증권 5,000 / (대) 단기매매증권평가이익 5,000
　　(자산의 증가)　　　　　　　　(영업외수익)

4) 단기매매증권의 관련 수익

① 소유 공채, 사채 등에 대한 이자를 받은 경우

(차)　현금(자산의 증가)　　　×××	(대)　이자수익(영업외수익)　　×××

② 소유 주식에 대한 배당금을 받은 경우

(차)　현금(자산의 증가)　　　×××	(대)　배당금수익(영업외수익)　×××

5) 단기매매증권의 처분

① 처분가액 > 장부가액 : 단기매매증권처분이익(영업외수익)
② 처분가액 < 장부가액 : 단기매매증권처분손실(영업외비용)
　단, 처분가액은 매각금액에서 처분에 따른 수수료를 차감한 금액으로 하며, 처분손익은 손익계산서 항목에 보고한다.

📖 **예제 24**

위 [사례 23]의 주식 10주를 7,000원에 매각하면서 매각수수료 3,000원을 차감하고 현금으로 받은 경우, 올바른 분개는?

[해설]

- 장부가액 : 10주 × 6,500원 = 65,000원
- 처분가액 : (10주 × 7,000원) − 3,000원 = 현금수령액 67,000원

(차) 현금(자산의 증가) 67,000 / (대) 단기매매증권(자산의 감소)　　65,000
　　　　　　　　　　　　　　　　단기매매증권처분이익(수익의 발생)　2,000

분개연습 | 유동(당좌자산) - 단기투자 자산 회계처리

단, 상품판매는 상품매출계정 사용, 결합관계 표시, 부가가치세는 고려하지 말 것

[1] (주)두원은 단기시세차익목적으로 주식 1,000주(1주당 액면 500원, 취득원가 550원)를 취득하고, 취득수수료 25,000원과 함께 당좌수표를 발행하여 지급하다.
(차)   (대)

[2] (주)노란은 단기시세차익을 목적으로 공채액면 10,000,000원(액면 10,000원)을 9,800원에 취득하고, 대금은 동점발행수표로 지급하다.
(차)   (대)

[3] (주)두원은 위 [1]의 주식을 1주당 650원으로 매각처분하고, 대금은 매각수수료 10,000원을 차감한 잔액을 당좌예금에 입금하였다.
(차)   (대)

[4] (주)노란은 위 [2]의 공채를 10,000원에 대하여 9,000원에 매각처분하고, 대금은 보통예금에 입금하였다.
(차)   (대)

[5] (주)건영은 주식 2,000주(1주당 1,000원)를 1주당 1,200원에 단기시세차익을 목적으로 취득하고, 대금은 현금으로 지급하다.
(차)   (대)

[6] (주)건영은 위 [5]의 주식을 결산 시에 1주당 1,500원의 공정가액으로 평가하다.
(차)   (대)

[7] (주)건영의 주식을 보유하고 있는 상태에서 배당금영수증 50,000원을 받다.
(차)   (대)

분개연습 정답 및 해설

번호	차변			대변		
1	단기매매증권(자산의 증가)		550,000	당좌예금(자산의 감소)		575,000
	수수료비용(비용의 발생)		25,000			
2	단기매매증권(자산의 증가)		9,800,000	현금(자산의 감소)		9,800,000
3	당좌예금(자산의 증가)		640,000	단기매매증권(자산의 감소)		550,000
				단기매매증권처분이익 (수익의 발생)		90,000
	처분가액 : (1,000주 × 650원) − 매각수수료 10,000원 = 당좌예금수령액 640,000원					
4	보통예금(자산의 증가)		9,000,000	단기매매증권(자산의 감소)		9,800,000
	단기매매증권처분손실 (비용의 발생)		800,000			
5	단기매매증권(자산의 증가)		2,400,000	현금(자산의 감소)		2,400,000
6	단기매매증권(자산의 증가)		600,000	단기매매증권평가이익 (수익의 발생)		600,000
7	현금(자산의 증가)		50,000	배당금수익(수익의 발생)		50,000

✓ 이론문제 │ **유동(당좌자산) - 단기투자 자산 회계처리**

01 단기보유목적으로 주당 액면 5,000원인 회사의 주식 50주를 주당 9,000원에 구입하고 수수료 10,000원을 지급하였다. 유가증권의 취득원가는 얼마인가?

① 250,000원   ② 260,000원

③ 450,000원   ④ 460,000원

02 주식을 1주당(액면가 500원) 1,000원에 100주를 매입하고, 매입수수료 10,000원과 함께 현금으로 지급하였다. 취득원가는 얼마인가?

① 50,000원   ② 60,000원

③ 100,000원   ④ 110,000원

03 (주)청주의 주식 1,000주를 1주당 3,000원에 매입하고 그 대금은 수수료 200,000원과 함께 현금으로 지급한 경우 옳은 분개인 것은?

① (차)	단기매매증권	3,000,000원	(대)	현금	3,200,000원
	수수료비용	200,000원			
② (차)	현금	3,200,000원	(대)	단기매매증권	3,000,000원
				수수료비용	200,000원
③ (차)	단기매매증권	3,200,000원	(대)	현금	3,200,000원
④ (차)	현금	3,200,000원	(대)	단기매매증권	3,200,000원

04 다음 계정 기입에 대하여 바르게 설명한 것은?

단기매매증권평가이익		
	단기매매증권	43,000

① 단기매매증권을 43,000원에 구입하였다.

② 단기매매증권의 시가가 43,000원 하락하였다.

③ 결산 시 단기매매증권평가손실 43,000원 회복하였다.

④ 결산 시 단기매매증권의 시가가 장부가액보다 43,000원 상승하였다.

05 소유하고 있는 주식에 대한 현금배당금(㉠)과, 채권에 대한 이자를 받았을 때 기입하는 계정과목 (㉡)으로 옳은 것은?

	㉠	㉡		㉠	㉡
①	배당금수익	이자수익	②	배당금수익	사채이자
③	이자수익	이자수익	④	유가증권이자	사채이자

06 다음 자료에 따른 단기매매증권의 처분이익은 얼마인가?

- 20×1년 9월 25일, 주식 1,000주를 현금 6,000,000원으로 구입(1주당 액면 5,000원)
- 20×1년 12월 31일, 결산 시 주식 1,000주의 공정가액(시가) 6,500,000원
- 20×2년 3월 31일, 주식 500주를 3,500,000원에 현금으로 받고 처분

① 250,000원   ② 500,000원

③ 750,000원   ④ 1,000,000원

07 20×1년 1월 30일에 주식 200주를 1주당 1,000원에 취득하였으며, 20×1년 6월 25일에 100주를 1주당 1,200원에 처분한 경우 옳은 분개인 것은?

① (차) 현금   120,000원   (대) 단기매매증권   100,000원
                                           단기매매증권처분이익   20,000원

② (차) 단기매매증권   100,000원   (대) 현금   120,000원
       단기매매증권처분손실   20,000원

③ (차) 현금   120,000원   (대) 단기매매증권   120,000원

④ (차) 단기매매증권   120,000원   (대) 현금   120,000원

08 다음 계정을 분석하여 10월 1일 단기매매증권 처분가액을 계산하면 얼마인가?

단기매매증권			
9/1 당좌예금	800,000원	10/1 현금	800,000원

단기매매증권처분이익			
		10/1 현금	100,000원

① 600,000원   ② 700,000원

③ 800,000원   ④ 900,000원

09 당좌자산에 속하는 단기매매증권의 요건이 아닌 것은?

① 시장성 있는 주식   ② 단기적 자금운용목적

③ 일시소유의 목적   ④ 특수관계자가 발행한 주식

10 단기간 내의 매매차익을 목적으로 A사 주식 10주를 1주당 3,000원에 취득하고, 거래수수료 2,000원을 지급하였다. 결산일 현재 A사 주식의 공정가액은 1주당 3,100원이다. 결산일의 회계처리로 올바른 것은?

① 단기매매증권평가이익 1,000원을 계상한다.

② 단기매매증권평가손실 1,000원을 계상한다.

③ 단기매매증권은 취득원가로 평가하므로 별다른 회계처리가 필요 없다.

④ 단기매매증권평가충당금 1,000원을 계상한다.

이론문제 정답 및 해설

01 ③ 50주 × 9,000원 = 450,000원을 취득원가로 하며 수수료 10,000원은 별도로 영업외비용으로 회계처리한다.

02 ③ 100주 × 1,000원 = 100,000원을 취득원가로 하며 수수료 10,000원은 별도로 영업외비용으로 회계처리한다.

03 ① 1,000주 × 3,000원 = 3,000,000원을 취득원가로 하며 수수료 200,000원은 별도로 영업외비용으로 회계처리한다.

04 ④ "(차) 단기매매증권(자산의 증가) 43,000 / (대) 단기매매증권평가이익(수익의 발생) 43,000"으로 회계처리한다.

05 ① 소유하고 있는 주식에 대한 현금배당금은 "배당금수익"으로 처리하고, 채권에 대한 이자를 받았을 때 "이자수익"으로 기입한다.

06 ① 단기매매증권은 결산일 현재 공정가치로 평가할 때 결산 평가 후의 금액이 새로운 장부가액인 처분 시 원가이다.

 • 20×1년 12월 31일 1주당 장부가액 6,500원 = 6,500,000원 ÷ 1,000주

 • 20×2년 3월 31일 처분손익 250,000원 = 3,500,000원 − (500주 × 6,500원)

07 ① 취득원가 100주 × 1,000원 = 100,000원

처분가격 100주 × 1,200원 = 120,000원

따라서 처분이익은 20,000원이 발생한다.

08 ④ 단기매매증권의 장부가액 800,000원과 단기매매증권의 처분이익 100,000원을 합한 금액이 단기
매매증권의 처분가액이 된다.

09 ④ 단기매매증권은 시장성이 있는 주식, 채권 등과 같은 유가증권 중 단기적 자금운영, 단기시세차
익 목적으로 소유한 것을 말한다.

10 ① 단기시세차익을 목적으로 구입한 단기매매증권에 대해서는 결산일 현재 공정가액을 장부상에
기재하도록 규정되어 있다.

- 취득 시 : 10주 × 3,000원 = 30,000원을 취득원가로 하며, 수수료 10,000원은 별도로 영업외비
용으로 회계처리한다.
- 결산 시 : 공정가액이 3,100원으로 상승하면 10주 × 3,100원 = 31,000원(공정가액)이며, 따라서
취득원가 30,000원과 공정가액 31,000원을 비교하면 차액 1,000원(평가이익, 손익계산서의 영
업외수익 항목)이 보고된다.

3. 유동(당좌자산) - 외상채권 및 대손 회계처리

◢01 외상매출금(자산)

1) 정의

영업활동 거래를 하면서 상품매출 또는 제품매출을 외상으로 판매한 경우를 말한다.

2) 회계처리 방법

분류	거래내용	차변		대변	
상품매출	① 상품 50,000원을 외상으로 매출하다.	외상매출금 (자산의 증가)	50,000	상품매출 (수익의 발생)	50,000
	② ①의 외상매출금을 현금으로 회수하다.	현금 (자산의 증가)	50,000	외상매출금 (자산의 감소)	50,000
상품매출 외	① 비품 10,000원을 외상으로 매출하다.	미수금 (자산의 증가)	10,000	비품 (자산의 감소)	10,000
	② 기계장치 20,000원을 외상으로 매각하다.	미수금 (자산의 증가)	20,000	기계장치 (자산의 감소)	20,000
	③ 차량운반구 30,000원을 월말에 받기로 하다.	미수금 (자산의 증가)	30,000	차량운반구 (자산의 감소)	30,000

◢02 받을어음 수취(자산의 증가)

1) 정의

영업활동 거래를 하면서 상품매출을 외상으로 판매하고 약속어음, 환어음, 전자어음으로 거래한 것을 말한다.

2) 회계처리 방법

① 수취하는 경우에는 차변에 받을어음을 기록한다.
② 만기결제(추심), 배서양도, 할인, 부도(대손) 등의 경우에는 대변에 받을어음을 기록한다.

분류	거래내용	차변		대변	
상품매출	상품 40,000원을 판매하고 대금은 전자어음으로 받다.	받을어음 (자산의 증가)	50,000	상품매출 (수익의 발생)	50,000
상품매출 외	기계장치 30,000원을 매각하고 약속어음으로 받다.	미수금 (자산의 증가)	30,000	기계장치 (자산의 감소)	30,000
	현금 45,000원을 대여하고 약속어음으로 받다.	단기대여금 (자산의 증가)	45,000	현금 (자산의 감소)	45,000

03 대변에 받을어음 처리(자산의 감소)

분류	거래내용	차변	대변
만기 결제	정의 : 어음 만기일에 추심하는 것으로 추심수수료는 "수수료비용"으로 회계처리한다.		
	보유한 어음 55,000원이 만기가 되어 현금으로 받다.	현금 55,000 (자산의 증가)	받을어음 55,000 (자산의 감소)
배서 양도	정의 : 만기일 전에 기명날인하여 어음상의 채권을 타인에게 양도하는 것을 말한다.		
	보유한 어음 80,000원을 외상매입금을 지급하기 위해 배서양도하다.	외상매입금 80,000 (부채의 감소)	받을어음 80,000 (자산의 감소)
부도	정의 : 지급이 거절된 어음을 말한다(부도어음과 수표 → 6개월 후에 대손처리함).		
	보유한 어음 60,000원이 만기일에 지급거절이 되었다.	부도어음과 수표 60,000 (자산의 증가)	받을어음 60,000 (자산의 감소)
할인	정의 : 만기일 전에 금융기관에서 할인료를 차감하고 자금을 융통하는 것을 말한다. 이때 어음의 할인료[만기금액 × 할인율 × 할인기간]는 매각거래(매출채권처분손실)와 차입거래(이자비용)로 처리할 수 있다.		
	보유한 어음 90,000원을 할인율 12%, 할인월수 4개월로 우리은행에서 할인하고 나머지는 당좌예금으로 입금받았다.	매출채권처분손실 3,600 (비용의 발생) 당좌예금 86,400 (자산의 증가)	받을어음 90,000 (자산의 감소)
	※ 할인료 : 90,000원 × 12% × 4/12 = 3,600원		
개서	보유한 어음 70,000원을 만기에 거래처 사정으로 연장이자 5,000원을 포함하여 개서하다.	받을어음 75,000 (자산의 증가)	받을어음 70,000 (자산의 감소) 이자수익 5,000 (수익의 발생)

04 기중에 대손처리

1) 정의

거래처의 부도나 파산 등의 이유로 인하여 채권 중 일부는 회수할 수 없는 경우가 발생하게 되는데 이를 대손이라 한다.

① 매출채권의 대손 : 대손상각비(판매비와관리비)

② 미수금, 단기대여금 등의 대손 : 기타의 대손상각비(영업외비용)

2) 회계처리 방법

분류	거래내용	차변	대변
매출 채권	정의 : 외상매출금 또는 받을어음을 기중에 거래처가 파산, 부도 등으로 회수가 불가능한 경우의 회계처리를 말한다.		
	① 외상매출금 50,000원을 파산으로 대손처리하다(단, 대손충당금 없음).	대손상각비　　50,000 (비용의 발생)	외상매출금　　50,000 (자산의 감소)
	② 외상매출금 50,000원을 파산으로 대손처리하다(단, 대손충당금 40,000원 있음).	대손충당금　　40,000 (자산의 증가) 대손상각비　　10,000 (비용의 발생)	외상매출금　　50,000 (자산의 감소)
	③ 외상매출금 50,000원을 파산으로 대손처리하다(단, 대손충당금 80,000원 있음).	대손충당금　　50,000 (자산의 증가)	외상매출금　　50,000 (자산의 감소)
기타 채권	정의 : 단기대여금 또는 미수금을 기중에 거래처가 파산 등으로 회수가 불가능한 경우를 말하며 영업외비용으로 회계처리한다.		
	① 단기대여금 50,000원을 파산으로 대손처리하다(단, 대손충당금 40,000원 있음).	대손충당금　　40,000 (자산의 증가) 기타의대손상각비　10,000 (비용의 발생)	단기대여금　　50,000 (자산의 감소)

◁05 기말에 대손충당금 설정방법

1) 직접차감법

회수 불가능한 채권 금액을 당기비용으로 인식하고 동시에 채권에서 직접 차감하는 방법을 말한다.

2) 대손충당금설정법(기업회계기준)

① 매출채권잔액비율법 : 회계기말 현재의 매출채권 잔액에 과거의 대손율을 적용하는 방법을 말한다.

> 기말 매출채권 잔액 × 대손예상률 − 대손충당금잔액 = 보충액, 환입액
> ↳ 당기 대손충당금

거래내용	차변	대변
㉠ 기말 결산 시 매출채권 잔액 3,000,000원에 대하여 2% 대손충당금을 설정하다(단, 대손충당금 잔액 30,000원 있음).	대손상각비 30,000 (비용의 발생)	대손충당금 30,000 (자산의 감소)
㉡ 기말 결산 시 매출채권 잔액 3,000,000원에 대하여 2% 대손충당금을 설정하다(단, 대손충당금 잔액 80,000원 있음).	대손충당금 20,000 (자산의 증가)	대손충당금 20,000 환입 (판매관리비에서 차감 항목)

② **연령분석법** : 회계기말 현재의 채권 잔액을 경과기일에 따라 분류하고, 분류된 채권에 각각 다른 대손율을 적용하는 방법을 말한다.

06 대손상각 금액의 회수

1) 전기에 대손처리하였던 매출채권을 회수 시 무조건 대손충당금으로 대변에 처리하는 것으로 기중에 회수하게 되면 대손충당금이 증가하므로 결산 시 증가한 만큼 대손을 설정할 수는 없다.

2) 당기에 발생하여 회계처리하였던 채권을 회수 시에는 대손충당금, 대손상각비를 상계하는 반대의 분개를 한다.

예제 25

전기에 대손처리한 외상매출금 500,000원을 현금으로 회수한 경우 올바른 분개는?

[해설]

(차) 현금(자산의 증가) 500,000 / (대) 대손충당금(자산의 감소) 500,000

07 기타채권 · 채무에 관한 기장

거래내용	채권(자산처리)	채무(부채처리)
① 상품 등의 매입, 매출 전 계약금을 주고받은 경우	(차) 선급금(자산의 증가) 10,000 (대) 현금(자산의 감소) 10,000	(차) 현금(자산의 증가) 10,000 (대) 선수금(부채의 증가) 10,000
② 상품 이외의 자산을 외상(월말) 거래한 경우	(차) 미수금(자산의 증가) 15,000 (대) 기계장치(자산의 감소) 15,000	(차) 기계장치(자산의 증가) 15,000 (대) 미지급금(부채의 증가) 15,000
③ 금전을 빌려주거나(대여) 빌려온(차입) 경우	(차) 단기대여금(자산의 증가) 8,000 (대) 현금(자산의 감소) 8,000	(차) 현금(자산의 증가) 8,000 (대) 단기차입금(부채의 증가) 8,000
④ 종업원 등이 가불한 경우	(차) 임직원단기채권(자산의 증가) 5,000 (대) 현금(자산의 감소) 5,000	–
⑤ 사원에게 여비개산액(출장비)을 지급한 경우	(차) 가지급금(자산의 증가) 3,000 (대) 현금(자산의 감소) 3,000	–
⑥ 내용불명의 돈을 회수한 경우	–	(차) 현금(자산의 증가) 4,000 (대) 가수금(부채의 증가) 4,000

분개연습 │ 유동(당좌자산) - 외상채권 및 대손 회계처리

단, 상품판매는 상품매출계정 사용, 결합관계 표시, 부가가치세는 고려하지 말 것

[1] (주)안양의 외상매출금 15,000,000원 중 10,000,000원은 약속어음으로 받고 나머지는 현금
으로 받았다.
(차)   (대)

[2] (주)남성에 상품 3,000,000원을 매출하고, 대금 중 2,000,000원은 (주)남성이 발행한 당좌수
표로 받고, 잔액은 (주)남성이 발행한 약속어음으로 받다.
(차)   (대)

[3] (주)기아자동차로부터 화물자동차 5,000,000원을 구입하고, 대금 중 3,000,000원은 당좌수표
를 발행하여 지급하고 잔액은 약속어음을 발행하여 지급하다.
(차)   (대)

[4] (주)춘천에 현금 2,500,000원을 대여하고 대금은 약속어음을 교부받았다.
(차)   (대)

[5] (주)호양은 거래처의 파산으로 인하여 받을어음 6,000,000원을 대손처리하다(단, 대손충당금
잔액이 4,000,000원이 있다).
(차)   (대)

[6] 전기에 대손처리한 외상매출금 3,000,000원을 회수하여 보통예금에 입금하였다.
(차)   (대)

[7] 기말 결산 시 매출채권 잔액 8,500,000원의 1%를 대손충당금으로 설정하였다(단, 대손충당금
잔액은 50,000원 있다).
(차)   (대)

[8] 기말 결산 시 매출채권 잔액 9,000,000원의 1%를 대손충당금으로 설정하였다(단, 대손충당금
잔액은 100,000원 있다).
(차)   (대)

[9] 종업원 이태식의 가불요청이 있어 이를 승인하고, 현금 500,000원을 가불하여 주다.
(차)   (대)

[10] 종업원 이태식에게 급여 3,500,000원을 지급함에 있어, 가불금 500,000원과 소득세원천징수세액 150,000원(주민세 포함), 건강보험료 등 280,000원을 공제한 잔액을 종업원 보통예금계좌에 자동이체하여 주다.

(차)   (대)

[11] 직원 조귀훈에게 출장을 명하고 여비개산액 500,000원을 현금으로 지급하다.

(차)   (대)

[12] 직원 조귀훈이 출장 중에 내용을 알 수 없는 송금액 4,000,000원을 당사 보통예금계좌로 보내오다.

(차)   (대)

[13] 직원 조귀훈이 출장을 다녀와 아래와 같이 보고하였다. 출장비는 정산 후 추가로 현금 지급하였다.

> ① 여비개산액 정산내역 : 숙박비 및 식대 등 540,000원
> ② 가수금 내역 : 거래처 외상매출금 회수액 2,650,000원
>   거래처 상품주문대금 계약금 1,350,000원

(차)   (대)

[14] (주)상주는 상품 8,000,000원을 매입하기로 계약하고, 대금 중 계약금 800,000원을 동점발행수표로 지급하다.

(차)   (대)

[15] (주)영동은 상품 10,000,000원을 매출하기로 계약하고, 대금 중 계약금 1,000,000원이 당사 보통예금계좌에 입금되었다.

(차)   (대)

[16] (주)공주에게서 받아 보관 중인 약속어음 10,000,000원을 만기일 이전에 우리은행에서 할인하고, 할인료 1,000,000원을 차감한 잔액은 당좌예입하다(단, 어음할인에 대한 회계처리는 매각거래로 한다).

(차)   (대)

[17] 외상매입금 4,500,000원을 지급하기 위하여 (주)목포로부터 받아 보관 중인 약속어음을 배서양도하다(단, 어음할인에 대한 회계처리는 매각거래로 한다).

(차)   (대)

PART
01

분개연습 정답 및 해설

번호	차변		대변	
1	받을어음(자산의 증가)	10,000,000	외상매출금(자산의 감소)	15,000,000
	현금(자산의 증가)	5,000,000		
2	현금(자산의 증가)	2,000,000	상품매출(수익의 발생)	3,000,000
	받을어음(자산의 증가)	1,000,000		
3	차량운반구(자산의 증가)	5,000,000	당좌예금(자산의 감소)	3,000,000
			미지급금(부채의 증가)	2,000,000
4	단기대여금(자산의 증가)	2,500,000	현금(자산의 감소)	2,500,000
5	대손충당금(자산의 증가)	4,000,000	받을어음(자산의 감소)	6,000,000
	대손상각비(비용의 발생)	2,000,000		
6	보통예금(자산의 증가)	3,000,000	대손충당금(자산의 감소)	3,000,000
7	대손상각비(비용의 발생)	35,000	대손충당금(자산의 감소)	35,000
8	대손충당금(자산의 증가)	10,000	대손충당금환입 (판매관리비에서 차감)	10,000
9	임직원단기채권(자산의 증가)	500,000	현금(자산의 감소)	500,000
10	급여(비용의 발생)	3,500,000	임직원단기채권(자산의 감소)	500,000
			예수금(부채의 증가)	430,000
			보통예금(자산의 감소)	2,570,000
11	가지급금(자산의 증가)	500,000	현금(자산의 감소)	500,000
12	보통예금(자산의 증가)	4,000,000	가수금(부채의 증가)	4,000,000
13	여비교통비(비용의 발생)	540,000	가지급금(자산의 감소)	500,000
			현금(자산의 감소)	40,000
	가수금(부채의 감소)	4,000,000	외상매출금(자산의 감소)	2,650,000
			선수금(부채의 증가)	1,350,000
14	선급금(자산의 증가)	800,000	현금(자산의 감소)	800,000
15	보통예금(자산의 증가)	1,000,000	선수금(부채의 증가)	1,000,000
16	매출채권처분손실 (비용의 발생)	1,000,000	받을어음(자산의 감소)	10,000,000
	당좌예금(자산의 증가)	9,000,000		
17	외상매입금(부채의 감소)	4,500,000	받을어음(자산의 감소)	4,500,000

Chapter 02 계정과목별 정리 **69**

✅ 이론문제 | 유동(당좌자산) - 외상채권 및 대손 회계처리

01 다음 중 매출채권계정에 해당하는 것은?

① 외상매입급과 받을어음　　　　② 외상매출금과 받을어음

③ 외상매출금과 지급어음　　　　④ 외상매입금과 지급어음

02 다음 중 매입채무계정에 해당하는 것은?

① 외상매출금과 받을어음　　　　② 외상매입금과 지급어음

③ 외상매입금과 받을어음　　　　④ 외상매출금과 지급어음

03 다음은 한국상사의 상품매출과 관련된 내용이다. 당월에 회수한 외상매출금은 얼마인가?

- 외상매출금 월초 잔액 : 250,000원　　• 당월 외상매출액 : 400,000원
- 외상매출액 중 환입액 : 70,000원　　• 외상매출금 월말 잔액 : 120,000원

① 390,000원　　　　　　　　② 460,000원

③ 530,000원　　　　　　　　④ 600,000원

04 다음의 외상매출 자료에서 외상매출금 기말잔액은 얼마인가? (단, 모든 거래는 외상거래임)

- 기초잔액 : 20,000원　　　　• 외상매출액 : 250,000원
- 회수액 : 100,000원　　　　• 매출환입액 : 10,000원

① 140,000원　　　　　　　　② 150,000원

③ 160,000원　　　　　　　　④ 170,000원

05 다음 중 받을어음 계정의 대변에 올 수 없는 거래인 것은?

① 어음대금의 회수　　　　　　② 약속어음의 수취

③ 어음의 예치　　　　　　　　④ 소지한 어음의 부도

06 다음 중 받을어음 계정의 차변에 기입하는 내용인 것은?

① 어음의 부도　　　　　　　　② 어음의 수취

③ 어음의 배서양도　　　　　　④ 어음대금의 회수

07 대손충당금을 올바르게 설명한 것은?

① 유동부채 계정

② 비유동부채 계정

③ 채권에 대해 가산되는 평가계정

④ 채권에 대해 차감되는 평가계정

08 경기상점에서 받은 받을어음 55,000,000원을 국민은행에서 할인하고 할인료를 차감한 잔액을 당좌예금하였다. 매각거래로 처리하며, 할인율은 연 10%이고 할인 후 만기일까지 기간은 60일이다. 올바른 분개는? (단, 원 미만 버림)

① (차) 당좌예금   54,095,891원 (대) 받을어음   55,000,000원

　　　매출채권처분손실   904,109원

② (차) 매출채권처분손실   904,109원 (대) 매출채권   904,109원

③ (차) 당좌예금   54,095,891원 (대) 단기차입금   55,000,000원

　　　이자비용   904,109원

④ (차) 매출채권처분손실   5,000원 (대) 단기차입금   5,000원

09 다음 중 대손처리할 수 없는 계정과목은 어느 것인가?

① 받을어음

② 미수금

③ 외상매출금

④ 선수금

10 거래처에 매출하여 받은 약속어음 1,000,000원이 거래처의 파산으로 회수 불가능한 것으로 판명(12월 5일)되었다. 올바른 분개는? (단, 이미 대손충당금 1,200,000원이 설정되어 있다.)

① (차) 대손상각비   1,000,000 (대) 매출채권   1,000,000

② (차) 대손충당금   1,000,000 (대) 매출채권   1,000,000

③ (차) 대손충당금   500,000 (대) 매출채권   1,000,000

　　　대손상각비   500,000

④ (차) 대손충당금   1,200,000 (대) 매출채권   1,200,000

11 외상매출금 20,000원이 회수불능되었다. 기업회계기준에 따라 회계처리할 경우 다음 각 상황별로 계상되어야 할 대손상각비는 얼마인가?

> • 상황 1 : 대손충당금 잔액이 없는 경우
> • 상황 2 : 대손충당금 잔액이 13,000원인 경우
> • 상황 3 : 대손충당금 잔액이 23,000원인 경우

① 20,000원, 13,000원, 3,000원   ② 20,000원, 7,000원, 0원
③ 20,000원, 7,000원, 3,000원   ④ 20,000원, 13,000원, 0원

12 전기에서 이월된 매출채권 2,000,000원 중 200,000원이 회수불능되었다. 이 경우 옳은 분개는? (단, 대손충당금계정 잔액은 150,000원이다.)

① (차)	대손상각비	200,000	(대)	매출채권	200,000
② (차)	대손충당금	150,000	(대)	대손충당금환입	150,000
	대손상각비	200,000		매출채권	200,000
③ (차)	대손상각비	150,000	(대)	매출채권	200,000
	대손충당금	50,000			
④ (차)	대손충당금	150,000	(대)	매출채권	200,000
	대손상각비	50,000			

13 전기까지 대손충당금을 설정하지 않았고 당기말에 대손과 관련된 자료가 다음과 같은 경우, 손익계산서에 보고되는 대손상각비는 얼마인가?

> 기말에 외상매출금 잔액 3,000,000원에 대해 3%의 대손을 추정하다.

① 30,000원   ② 50,000원
③ 60,000원   ④ 90,000원

14 다음 분개에 대한 설명으로 옳은 것은?

> (차변) 대손상각비 20,000원   (대변) 대손충당금 20,000원

① 매출채권 잔액에 대하여 대손충당금 20,000원을 추가로 설정하다.
② 매출채권 중 20,000원이 회수불능되다.
③ 매출채권 중 회수불능된 20,000원을 다시 회수하다.
④ 매출채권 중 20,000원을 할인하여 주다.

15 결산일 현재 매출채권 잔액은 5,000,000원이며, 이에 대한 결산 전 대손충당금 잔액은 10,000원이다. 기업회계기준에 따라 기말의 매출채권 잔액에 대하여 2%의 대손충당금을 설정할 경우 재무상태표에 표시되는 매출채권의 순장부가액은 얼마인가?

① 1,000,000원   ② 4,000,000원
③ 4,900,000원   ④ 5,000,000원

16 현금수입이 발생하였으나 계정과목이나 금액이 미확정인 경우 일시적으로 처리하는 계정을 무엇이라 하는가?

① 예수금   ② 가수금
③ 선수금   ④ 미수금

17 다음 중 빈칸에 들어갈 용어로 알맞은 것은?

> 일반적으로 상거래와 관련해서 발생하는 채권에 대해서는 외상매출금이나 받을어음과 같은 매출채권계정을 사용하나 그 이외의 거래에서 발생하는 채권에 대하여는 (   )계정을 사용한다.

① 가수금   ② 미수금
③ 미수수익   ④ 가지급금

이론문제 정답 및 해설

01 ② 매출채권은 외상매출금과 받을어음을 통합하여 나타내는 계정이다.

02 ② 매입채무는 외상매입금과 지급어음을 통합하여 나타내는 계정이다.

03 ② 외상매출금 전월이월 250,000원 + 당월 외상매출액 400,000원 – 외상매출액 중 환입액 70,000원 – 외상매출금 차기이월 120,000원 = 460,000원

04 ③ 기초잔액 20,000원 + 외상매출액 250,000원 – 회수액 100,000원 – 매출환입액 10,000원 = 외상매출금 기말잔액 160,000원

05 ② 약속어음의 수취는 수취인 입장에서 회계처리를 하므로 차변에 받을어음을 기재한다.

06 ② 어음을 수취하는 경우에는 받을어음을 차변에 기재한다. 그러나 부도, 배서양도, 어음대금의 회수, 할인인 경우에는 대변에 받을어음을 기재한다.

07 ④ 대손충당금액은 매출채권과 기타채권에서 차감되는 평가계정이다.

08 ① (차) 당좌예금   54,095,891원   (대) 받을어음   55,000,000원
        매출채권처분손실   904,109원
        (매출채권처분손실 : 55,000,000원 × 10% × 60/365 = 904,109원)

09 ④ 선수금은 유동부채에 속하는 것이므로 대손처리할 수 없다.

10 ② 매출채권이 회수불능되어 대손처리하게 되면 대손충당금을 먼저 상계하고 나머지 금액은 대손상각비로 처리한다. 그러나 대손충당금 설정잔액이 대손금액보다 클 경우에는 모두 대손충당금으로 처리한다.

11 ② 외상매출금이 회수불능 시 대손충당금 잔액을 차감하고 대손처리하게 되어 있다. 상황별 대손상각비를 계상하면 아래와 같다.
     • 상황 1 : 전액 대손상각비 20,000원
     • 상황 2 : 대손충당금 13,000원, 대손상각비 7,000원
     • 상황 3 : 전액 대손충당금 20,000원

12 ④ 매출채권이 회수불능되어 대손처리하게 되면 대손충당금을 먼저 상계하고 나머지 금액은 대손상각비로 처리한다.

13 ④ 3,000,000원 × 3% = 90,000원

14 ① 주어진 분개에 대한 옳은 설명이다.

15 ③ 순장부가액(회수가능가액 또는 순실현가능가치) = 매출채권잔액 – 대손충당금
     대손충당금설정액 = 5,000,000원 × 2% = 100,000원
     따라서 5,000,000원(매출채권잔액) – 100,000원(대손충당금) = 4,900,000원(순장부가액)

16 ② 가수금은 현금수입이 발생하였으나 계정과목이나 금액이 미확정인 경우 일시적으로 처리하는 계정을 말한다.

17 ② • 일반적으로 상거래와 관련해서 발생하는 채권 : 외상매출금, 받을어음
     • 기타의 거래에서 발생하는 채권 : 미수금

4. 유동(재고자산) - 상품매매기장에 관한 회계처리

01 재고자산의 정의와 분류

1) 정의

정상적인 영업활동과정에서 판매목적으로 보유하고 있는 자산과 제품으로 생산과정에 사용되는 자산을 말한다.

2) 분류

① **상품** : 판매를 목적으로 구입한 상품
② **제품** : 판매를 목적으로 제조한 생산품과 부산물
③ **반제품** : 자가 제조한 중간제품과 부분품
④ **재공품** : 제품 또는 반제품의 제조를 위하여 제조과정에 있는 것
⑤ **원재료** : 제품제조를 위하여 매입한 원료와 재료
⑥ **저장품(소모품 등)** : 소모공구기구비품, 수선용부분품 등

예제 26

재고자산으로 볼 수 없는 것은?

① 부동산매매기업에서 판매를 목적으로 구입한 건물
② 도자기제조기업에서 생산을 목적으로 구입한 흙
③ 가전제품제조기업에서 직원 사무실에 비치한 에어컨
④ 우유제조기업에서 생산한 치즈

[해설]
③ 가전제품제조기업에서 직원 사무실에 비치한 에어컨은 복리후생비 또는 비품으로 회계처리한다.

02 재고자산의 취득원가결정

상품의 취득원가 = 매입가액 + 매입부대비용 − 매입할인·매입에누리·환출
※ 매입부대비용(매입수수료, 운반비, 하역비 등)

예제 27

상품의 매입원가에 가산하는 항목이 아닌 것은?

① 매입운임   ② 매입하역료
③ 매입수수료   ④ 매입할인

[해설]
④ 재고자산의 매입원가는 매입금액에 매입운임, 하역료 및 수수료 등 취득과정에서 정상적으로 발생한 부대원가를 가산한 금액이다. 매입과 관련된 할인, 에누리 및 기타 유사한 항목은 매입원가에서 차감한다.

03 상품계정 회계처리방법

1) 분기법(순수계정)

상품계정을 순수한 자산계정으로 보고 상품매출 시 발생하는 "상품매출손익"을 상품계정과 별도로 처리하는 방법이다.

상품을 외상매출 시	(차) 외상매출금	×××	(대) 상품(원가) 　　　상품매출이익	××× ×××

2) 총기법(혼합계정)

상품계정을 자산계정과 손익계정의 혼합계정으로 보고 상품매출 시 발생하는 "상품매출손익"을 상품계정에서 일괄적으로 계산할 수 있는 방법이다.

상품을 외상매출 시	(차) 외상매출금	×××	(대) 상품(매가)	×××

3) 3분법

이월상품, 매입, 매출계정을 두어 회계처리하는 방법으로 총액법과 순액법이 있다.

① **총액법** : 이월상품은 매입계정에 대체하고, 매입계정은 손익계정에 대체하고, 매출계정도 손익계정에 대체하므로 <u>손익계정 차변에는 매출원가가 기록되고 손익계정 대변에는 순매출액이 기록되므로 순매출액에서 매출원가를 차감하여 매출총이익(상품매출이익)</u>을 구할 수 있다.

② **순액법** : 이월상품계정을 매입계정에 대체하고, 매입은 매출계정에 대체하고, 매출계정은 손익으로 마감하므로 손익계정 대변에 나타나는 것은 매출총이익(상품매출이익)이 된다.

04 재고자산 금액결정방법

1) 재고자산의 수량결정방법

① **계속기록법(= 매입순법, 장부재고조사법)** : 입·출고 시마다 계속적으로 기록 → 이동평균법, 계속적인 통제관리가 가능

> 기초수량 + 매입수량 − 매출수량 = 장부의 기말재고수량

② **실지재고조사법(실사법)** : 월말에 재고조사를 실시 → 총평균법, 실제 재고수량의 파악

> 기초수량 + 매입수량 − 기말재고수량 = 매출수량

③ **혼합법** : 계속기록법 + 실지재고조사법

> 재고자산 감모수량 = 계속기록법의 재고수량 − 실지재고조사법의 재고수량
　　　　　　　　　　　　(장부상의 수량)　　　　　　　　　(실제수량)

※ 재고자산 감모손실이 없을 경우 선입선출법과 동일하게 된다.

예제 28

다음 중 재고자산의 수량 결정방법으로 옳은 것은?

① 계속기록법
② 후입선출법
③ 이동평균법
④ 선입선출법

[해설]

① 계속기록법(장부재고법) : 재고자산의 입출고수량을 계속적으로 기록하는 방법으로 매입순법이라고도 한다.

2) 재고자산의 단가결정방법

① **개별법** : 재고자산에 가격표 등을 붙여 매입상품별로 매입가격을 알 수 있도록 함으로써 매입가격별로 판매된 것과 기말재고로 남은 것을 구별하여 가격을 결정하는 방법이다.

② **선입선출법(FIFO)과 후입선출법(LIFO) 비교**

구분	선입선출법	후입선출법
장점	㉠ 물량흐름은 먼저 들어온 것이 먼저 판매되므로 원가흐름가정이 실물흐름과 일치한다. ㉡ 기말재고는 최근에 구입한 상품의 원가가 되므로 재무상태표상 재고자산가액은 공정가액에 가깝다. ㉢ 디플레이션 시 절세효과를 가질 수 있다.	㉠ 현행수익에 최근원가가 대응되므로 수익비용의 대응이 적절하게 이루어진다. ㉡ 물가상승 시 이익이 과소계상되므로 물가변동에 유연하다. ㉢ 세금이연효과로 인해 현금흐름이 유리하다.
단점	㉠ 현행수익에 과거원가가 대응되므로 수익·비용의 대응이 부적절하다. ㉡ 물가상승 시 이익이 과대계상되므로 법인세부담과 배당압력이 높아진다.	㉠ 물량흐름은 나중에 들어온 것이 먼저 판매되므로 실물흐름과 반대이다. ㉡ 재고자산이 현재가치를 표시하지 못한다.

③ **이동평균법** : 계속기록법에서만 기록이 가능하고 실지재고조사법에서는 불가능한 방법이며 자산을 매입할 때마다 평균단가를 산출한다.

$$\frac{매입직전재고금액 + 매입금액}{매입직전재고수량 + 매입수량} = 이동평균단가$$

④ **총평균법** : 개별 상품을 기록하는 실지재고조사법에서만 가능하고 장부재고조사법에서는 불가능한 방법이다.

$$\frac{기초재고금액 + 매입금액}{기초재고수량 + 매입수량} = 총평균단가$$

⑤ 물가상승, 재고증가일 경우 방법에 따른 크기 비교

> ㉠ 기말재고자산 원가의 크기
>   후입선출법 < 총평균법 < 이동평균법 < 선입선출법
>
> ㉡ 매출원가의 크기
>   후입선출법 > 총평균법 > 이동평균법 > 선입선출법
>
> ㉢ 매출총이익의 크기
>   후입선출법 < 총평균법 < 이동평균법 < 선입선출법

예제 29

재고자산의 평가방법 중 다음과 같은 특징이 있는 평가방법은?

> • 현재의 수익에 현재의 원가가 대응되므로 수익·비용대응이 적절히 이루어진다.
> • 재무상태표상 재고자산은 오래 전에 구입한 원가로 구성되어 있기 때문에 현재가치를 표시하지 못한다.
> • 나중에 매입된 것이 먼저 매출되는 것으로 처리된다.

① 선입선출법   ② 후입선출법
③ 이동평균법   ④ 총평균법

[해설] --
② 후입선출법에 관한 특징이다.

05 매출액과 매출총이익 계산

> • 순매출액 = 총매출액 - 매출에누리 및 환입품 - 매출할인
>   ※ 매출운임은 별도로 판매비와관리비의 "운반비" 계정과목으로 처리한다.
> • 매출원가 = 기초상품재고액 + 당기순매입액 - 기말상품재고액
> • 당기순매입액 = (총매입액 + 매입운임 등 제비용) - 매입에누리 및 환출품 - 매입할인
> • 매출총이익 = 순매출액 - 매출원가

PART
01

예제 30

상품의 매입과 매출에 관련된 자료가 다음과 같을 때 기업회계기준에 따른 매출총이익은 얼마인가?

• 총매출액	100,000원	• 총매입액	30,000원
• 매입운임	2,000원	• 기말상품재고액	8,000원
• 매입에누리액	4,000원	• 기초상품재고액	2,000원

① 100,000원   ② 78,000원

③ 22,000원   ④ 6,000원

[해설]

② • 매출원가 = 기초상품재고액 + 당기순매입액 − 기말상품재고액
    22,000원 = 2,000원 + (30,000원 + 2,000원 − 4,000원) − 8,000원
   • 매출총이익 = 순매출액 − 매출원가
    78,000원 = 100,000원 − 22,000원

☑ 이론문제 │ 유동(재고자산) - 상품매매기장에 관한 회계처리

01 다음 자료에서 재고자산을 구하면 얼마인가?

• 제품	5,000,000원	• 재공품	2,500,000원
• 매출채권	1,000,000원	• 원재료	1,200,000원

① 7,500,000원   ② 6,200,000원
③ 9,700,000원   ④ 8,700,000원

02 다음 중 재고자산의 취득원가에 차감되는 항목인 것은?

① 매입운임   ② 매입수수료
③ 매입관세   ④ 매입할인

03 외상으로 매입한 상품 중 불량품 5,000원을 반품한 경우, 상품계정을 3분법으로 처리한 올바른 분개인 것은?

① (차변) 외상매입금   5,000원   (대변) 매입   5,000원
② (차변) 매입   5,000원   (대변) 외상매입금   5,000원
③ (차변) 매입   5,000원   (대변) 외상매출금   5,000원
④ (차변) 상품   5,000원   (대변) 외상매입금   5,000원

04 다음 중 재고자산평가방법에 해당하지 않는 것은?

① 선입선출법   ② 후입선출법
③ 연수합계법   ④ 이동평균법

05 상품계정에 대한 설명으로 옳지 않은 것은?

① 외부에서 구입하는 재고자산이다.
② 판매를 목적으로 보유하는 재고자산이다.
③ 상품 매입 시 발생되는 운반비는 판매관리비 중 운반비에 해당된다.
④ 판매된 상품은 상품매출원가로 대체된다.

06 다음 설명 중 옳지 않은 것은?

① 상품 매입관련 비용은 상품원가에 포함한다.
② 매출에누리와 매출할인은 상품재고장에 기록하지 않는다.
③ 매출장은 상품의 매출을 거래의 순서대로 원가로 기입하는 보조기입장이다.
④ 상품재고장의 단가와 금액은 매입 시와 매출 시 모두 매입원가로 기록한다.

07 다음 장부만으로 모든 거래내용을 나타낼 수 있는 것은?

> 매출장, 상품재고장, 매출처원장

① 상품 40,000원을 외상으로 매출하다.
② 외상으로 매입한 상품 중 40,000원을 반품하다.
③ 외상매출금 40,000원을 현금으로 회수하다.
④ 상품 40,000원을 매출하고 대금은 수표로 받다.

08 상품매매거래를 3분법으로 기장하는 경우, 매출원가를 산출할 수 있는 계정인 것은?

① 이월상품 　　　　　② 매입
③ 매출 　　　　　④ 손익

09 판매한 상품이 주문한 상품과 품질상의 차이가 있어 값을 깎아주었을 경우 관련 있는 항목으로 옳은 것은?

① 매출환입 　　　　　② 매출할인
③ 매출에누리 　　　　　④ 매입에누리

10 기업회계기준에 따르면 매출할인은 손익계산서에서 어떻게 처리하는가?

① 판매비와관리비로 처리한다. 　② 영업외비용으로 처리한다.
③ 특별손실로 처리한다. 　④ 매출액에서 차감한다.

11 외상매입금을 매입처에 약속한 기일보다 빨리 지급함으로써 외상매입금에서 일정액을 할인받는 경우 관련 있는 항목인 것은?

① 매입환출 　　　　　② 매입할인
③ 매출에누리 　　　　　④ 매입에누리

12 상품매출에 의한 매출에누리와 매출환입에 대한 올바른 회계처리방법인 것은?

① 매출에누리는 매출액에서 차감하고 매출환입은 비용처리한다.

② 매출에누리와 매출환입 모두 비용처리한다.

③ 매출에누리와 매출환입 모두 매출액에서 차감한다.

④ 매출에누리는 비용처리하고, 매출환입은 외상매출금에서 차감한다.

13 다음 (주)충효의 5월 중 상품거래내역에서 (주)충효는 5월 30일 단위당 50원에 25개를 판매하였으며, 후입선출법을 사용하고 있다. 5월의 매출원가는 얼마인가?

구분	월	일	수량	단위당원가	합계
기초재고	–	–	10개	20원	200원
매입	5월	2일	8개	30원	240원
		10일	10개	35원	350원
		13일	12개	30원	360원
		20일	20개	40원	800원

① 685원　　　　　　　　② 900원

③ 950원　　　　　　　　④ 850원

14 (주)신화는 재고자산에 대하여 후입선출법을 적용한다. 다음 자료를 이용할 때 기말재고금액 및 매출원가는 얼마인가?

날짜	내용	수량	단가	금액
01월 01일	기초재고	150개	100원	15,000원
01월 10일	매입	100개	120원	12,000원
01월 15일	매출	200개	?	?
01월 31일	기말재고	50개	?	?

	매출원가	기말재고액		매출원가	기말재고액
①	22,000원	5,000원	②	27,000원	6,000원
③	23,000원	5,000원	④	12,000원	15,000원

15 다음 중 산출방식이 틀린 것은?

① 매출총이익 = 매출액 - 매출원가

② 영업손익 = 매출총이익 - 특별손실

③ 법인세비용차감전순이익 = 영업손익 + 영업외수익 - 영업외비용

④ 당기순손익 = 법인세비용차감전순이익 - 법인세비용

16 다음의 산출방식으로 구할 수 있는 것은?

> 기초상품재고액 + 당기상품매입액 − 기말상품재고액

① 매출원가   ② 판매가능상품원가
③ 매출총이익   ④ 영업이익

17 다음 거래에서 상품의 취득원가와 순매출액을 구하면 얼마인가?

- 상품 50개를 1개당 10,000원에 구입하고 운반비 10,000원을 지급하다.
- 상품 50개를 1개당 15,000원에 판매하고 운반비 20,000원을 지급하다.

① 상품 510,000원, 매출액 730,000원
② 상품 510,000원, 매출액 750,000원
③ 상품 500,000원, 매출액 750,000원
④ 상품 500,000원, 매출액 730,000원

18 다음 자료에서 당기순매출액을 계산하면 얼마인가?

• 기초상품재고액	1,000원	• 기말상품재고액	3,000원
• 당기순매입액	8,000원	• 매출총이익	2,000원

① 7,000원   ② 8,000원
③ 9,000원   ④ 10,000원

19 외국에 제품을 수출하기 위해 수출업자에게 제품을 200,000원에 외상매출하면서 30일 이내에 대금을 지급하면 5%를 할인해 주기로 하였다. 실제로 30일 이내에 대금을 받았다면 기업회계 기준상 매출액은 얼마인가?

① 190,000원   ② 195,000원
③ 200,000원   ④ 205,000원

20 다음의 자료에서 매출원가는 얼마인가?

• 기초상품재고액	1,500,000원	• 당기매입액	3,000,000원
• 기말상품재고액	2,000,000원		

① 2,500,000원　　　　　　　　　　② 2,600,000원
③ 2,700,000원　　　　　　　　　　④ 2,800,000원

21 다음 자료를 이용하면 매출원가는 얼마인가?

• 기초상품재고액	5,000,000원	• 당기매입액	150,000,000원
• 매입환출액	2,000,000원	• 매입할인액	3,000,000원
• 기말상품재고액	6,000,000원		

① 147,000,000원　　　　　　　　　② 146,000,000원
③ 144,000,000원　　　　　　　　　④ 134,000,000원

22 다음 자료에서 기초상품재고액을 계산하면 얼마인가?

• 당기매출액	3,800,000원	• 당기매입액	3,000,000원
• 기말상품재고액	1,000,000원	• 매출총이익	500,000원

① 1,000,000원　　　　　　　　　　② 1,100,000원
③ 1,300,000원　　　　　　　　　　④ 1,500,000원

23 다음 자료에 의하여 기말상품재고액을 계산하면?

• 당기상품 순매출액	100,000원	• 당기 매출총이익	30,000원
• 당기상품 순매입액	70,000원	• 기초상품재고액	20,000원

① 10,000원　　　　　　　　　　　② 20,000원
③ 30,000원　　　　　　　　　　　④ 40,000원

24 다음 자료를 이용하여 상품 매출총이익을 구하면 얼마인가?

• 총매출액	350,000원	• 총매입액	230,000원
• 매입운임	20,000원	• 매출환입	50,000원

① 50,000원　　　　　　　　　　　② 70,000원
③ 90,000원　　　　　　　　　　　④ 150,000원

25 다음 자료에 의하여 매출총이익을 계산하면 얼마인가?

• 매출액	100,000,000원	• 기초재고액	8,000,000원
• 기말재고액	10,000,000원	• 당기매입액	60,000,000원

① 12,000,000원　　　　　　　　　② 22,000,000원
③ 32,000,000원　　　　　　　　　④ 42,000,000원

26 다음 자료에서 영업이익을 계산하면 얼마인가?

• 당기매출액	1,000,000원	• 기초상품재고액	400,000원
• 당기매입액	500,000원	• 기말상품재고액	200,000원
• 급여	200,000원	• 이자비용	20,000원

① 80,000원　　　　　　　　　　　② 100,000원
③ 120,000원　　　　　　　　　　　④ 140,000원

27 물가가 지속적으로 하락하는 경우 전기와 당기의 재고자산의 수량이 일정하게 유지된다면 당해연도의 손익계산서에 반영되는 매출원가의 크기 비교로 옳은 것은?

① 선입선출법 > 후입선출법 > 평균법
② 선입선출법 > 평균법 > 후입선출법
③ 후입선출법 > 평균법 > 선입선출법
④ 후입선출법 > 선입선출법 > 평균법

이론문제 정답 및 해설

01 ④ 제품 5,000,000원 + 재공품 2,500,000원 + 원재료 1,200,000원 = 8,700,000원이다.

02 ④ 재고자산의 취득원가에 매입운임, 매입수수료, 매입관세 등은 가산하나 매입할인은 차감한다.

03 ① 상품계정을 3분법으로는 매입으로 표현하며, 외상매입금 중 불량품만큼 차변에는 외상매입금(부채의 감소)과 매입(매출원가 감소)으로 상계한다.

04 ③ 연수합계법은 유형자산을 감가상각하는 방법이다.
재고자산평가방법에는 개별법, 선입선출법, 후입선출법, 이동평균법, 총평균법, 매출가격환원법 등이 있다.

05 ③ 상품 매입 시 발생되는 운반비는 상품의 매입원가에 포함한다.

06 ③ 매출장은 상품의 매출을 거래의 순서대로 매가로 기입하는 보조기입장이다.

07 ① (차) 외상매출금 40,000원 / (대) 상품매출 40,000원
② 매입장, 매입처원장, 상품재고장, ③ 현금출납장, 매출처원장, ④ 현금출납장, 상품재고장, 매출장 등이 필요하다.

08 ② 3분법은 이월상품, 매입, 매출계정을 사용하는 것을 말한다. 이월상품은 기초재고와 기말재고를 이월시키는 계정이고, 매입계정은 매출원가를 산출하며, 매출계정은 순매출액을 산출한다.

09 ③ 판매한 상품이 주문한 상품과 품질상의 차이가 있어 값을 깎아주었을 경우 매출에누리로 본다.
매출할인은 외상대금을 조기에 회수할 경우 할인을 해 줄 때 설정하는 계정이다.

10 ④ 매출할인, 매출환입, 매출에누리는 총매출액에서 차감하는 것이다.

11 ② 매입할인은 외상매입금을 매입처에 약속한 기일보다 빨리 지급함으로써 외상매입금에서 일정액을 할인받는 경우를 말한다.

12 ③ 총매출액 - 매출환입 - 매출에누리 - 매출할인 = 순매출액이 된다.

13 ③ 매출된 것은 (20개 × 1개당 40원) + (5개 × 1개당 30원)이므로 매출원가는 950원이 된다.

14 ① 후입선출법은 나중에 매입한 상품을 먼저 매출하는 방법이므로 매출원가를 계산하면
(최근에 당기 매입한)100개 × (단가)120원 + (기초재고액)100개 × (단가)100원 = 22,000원
기말재고액은 마지막 남은 기초재고수량금액을 계산금액으로 한다.
01/01 (기초재고액)50개 × (단가)100원 = 5,000원

15 ② 영업손익 = 매출총이익 – 판매비와관리비

16 ① 매출원가 = 기초상품재고액 + 당기상품매입액 – 기말상품재고액으로 계산한다.

17 ② 운반비는 상품을 매입할 경우에는 매입원가에 포함시키나, 상품을 매출할 경우에는 판매비와관리비로 비용처리한다.

18 ② 매출원가 6,000원 = 기초상품재고액 1,000원 + 당기매입액 8,000원 – 기말상품재고액 3,000원
∴ 매출총이익 2,000원 = 매출액(8,000원) – 매출원가 6,000원

19 ① 매출액은 총매출액에서 매출에누리와 환출 및 매출할인을 차감한 금액으로 한다.
∴ 매출액 = 200,000원 – 200,000원 × 5 % = 190,000원

20 ① 매출원가 = 기초상품재고액 + 당기매입액 – 기말상품재고액이다.
따라서 1,500,000원 + 3,000,000원 – 2,000,000원 = 2,500,000원이 된다.

21 ③ 매출원가(144,000,000원) = 기초상품재고액 5,000,000원 + 당기매입액 145,000,000원 – 기말상품재고액 6,000,000원이다. 이때 당기매입액은 매입환출액과 매입할인액을 차감한 순매입액을 가산한다.

22 ③ 당기매출액 3,800,000원 – 매출총이익 500,000원 = 매출원가(3,300,000원)이 된다. 따라서 매출원가 3,300,000원 = 기초상품재고액(1,300,000원) + 당기매입액 3,000,000원 – 기말상품재고액 1,000,000원이다.

23 ② 당기매출액 100,000원 – 매출총이익 30,000원 = 매출원가(70,000원)이 된다. 따라서, 매출원가(70,000원) = 기초상품재고액 20,000원 + 당기매입액 70,000원 – 기말상품재고액(20,000원)이다.

24 ③ (총매출액 350,000원 – 매출환입 50,000원) – (총매입액 230,000원 – 매입운임 20,000원) = 매출총이익(90,000원)

25 ④ • 매출원가 58,000,000원 = 기초재고액 8,000,000원 + 당기매입 60,000,000원 – 기말재고액 10,000,000원
• 매출총이익(42,000,000원) = 매출액 100,000,000원 – 매출원가 58,000,000원

26 ② • 매출원가 700,000원 = 기초상품재고액 400,000원 + 당기매입액 500,000원 – 기말상품재고액 200,000원
• 매출총이익 300,000원 = 매출액 1,000,000원 – 매출원가 700,000원
• 영업이익(100,000원) = 매출총이익 300,000원 – 급여 200,000원
단, 이자비용은 영업외비용에 해당하므로 계산에 넣지 않는다.

27 ② 인플레이션 시 당기순이익이 큰 순서는 [선입선출법＞이동평균법＞총평균법＞후입선출법]이고 매출원가의 경우는 반대가 된다.

5. 비유동자산 - 투자, 유형, 무형, 기타비유동자산 회계처리

01 투자자산의 정의와 분류

1) 정의

기업의 정상적인 영업활동과 무관하게 타 회사를 지배하거나 통제할 목적 또는 장기적인 투자이윤을 얻을 목적으로 투자한 자산을 말한다.

2) 분류

① **투자부동산** : 영업활동과 무관하게 투자목적으로 보유하는 토지나 건물 등의 부동산을 말한다.

📖 **예제 31**

다음 거래를 분개하시오.

박문각으로부터 비업무용 토지를 3,000,000원에 구입하고 대금은 월말에 지급하기로 하다.

[해설] --

(차) 투자부동산   3,000,000 / (대) 미지급금   3,000,000
    (자산의 증가)   (부채의 증가)

---

② **매도가능증권** : 장기간 투자를 목적으로 취득한 주식, 채권 등을 말한다.

③ **만기보유증권** : 만기가 확정된 채무증권으로서 상환금액이 확정되었거나 확정이 가능한 채무증권을 만기까지 보유할 적극적인 의도와 능력이 있는 것을 말한다.

④ **장기대여금** : 1년 이후에 상환할 목적으로 현금 등을 빌려주는 경우(= 대여)를 말한다.

02 유형자산의 정의와 취득

1) 정의

재화의 생산이나 용역의 제공, 타인에 대한 임대 또는 자체적으로 사용할 목적으로 1년 이상 장기간 소유하는 것으로 물리적 형태가 있는 비화폐자산을 말한다.

2) 유형자산의 종류

① **토지** : 영업용대지, 임야, 전답, 잡종지 등

② **건물** : 영업용건물과 냉난방, 조명, 통풍, 기타의 부속설비 등

③ **구축물** : 교량, 안벽, 부교, 저수지, 갱도, 정원설비 등

④ **기계장치** : 기계장치, 운송설비와 기타의 부속설비 등

⑤ **건설중인자산** : 유형자산의 건설을 위하여 완성될 때까지 지출한 도급금액 등

⑥ **차량운반구** : 철도차량, 자동차 및 기타의 육상운반구 등

⑦ **비품** : 업무용 책상, 의자, 캐비닛 등

📖 **예제 32**

유형자산에 대한 설명으로 틀린 것은?

① 판매를 목적으로 하는 자산

② 1년을 초과하여 사용할 것이 예상되는 자산

③ 물리적 형체가 있는 자산

④ 재화의 생산을 목적으로 보유하는 자산

[해설] --

① 판매를 목적으로 하는 자산은 재고자산에 해당한다.

3) 유형자산의 취득 시

① 유형자산의 취득원가

> 취득원가 = 구입가액 + 설치비 + 시운전비 + 취득세 + 등록세 + 외부운송 및 취급비 +
> 외부구입 (구)건물 철거비용 등 + 매입한 국·공채 등의 매입가액과 현재가치의 차액

📖 **예제 33**

다음 거래를 분개하시오.

> 업무용 승용차 5,000,000원을 구입하면서, 액면가액 500,000원(공정가액 350,000원)
> 의 공채를 구입하고 대금은 현금으로 지급하다(단, 공채는 단기매매증권으로 할 것).

[해설] --

(차) 차량운반구(자산의 증가)　　5,150,000 / (대) 현금(자산의 감소)　　5,500,000
　　단기매매증권(자산의 증가)　　350,000

② **교환, 증여, 현물출자 기타 무상으로 취득한 자산** : 공정가액을 취득원가로 한다.

※ **현물출자** : 기업이 자산을 취득하고 대가로 주식을 교부하는 것

03 자본적 지출과 수익적 지출

구분	자본적 지출	수익적 지출
분류	① 본래의 용도를 변경하기 위한 개조 ② 엘리베이터 및 에스컬레이터 설치 ③ 냉난방 및 피난시설 설치 ④ 내용연수가 연장되는 지출 ⑤ 중고품을 구입하고 사용 전 수리비 지급 ⑥ 기타 개량, 확장, 증설 등 자산의 가치를 증가시키는 것	① 오래된 건물, 벽의 도색 ② 파손된 유리, 기와의 대체 ③ 기계의 소모된 부속품과 벨트의 대체 ④ 자동차의 타이어, 배터리 교체 ⑤ 건물 내부의 조명기구 교환 ⑥ 유지나 원상회복 등을 위한 것
효과	① 자산의 과대계상 ② 당기순이익 과대계상 ③ 법인세 과대계상	① 비용의 과대계상 ② 당기순이익 과소계상 ③ 법인세 과소계상
분개	(차) 유형자산(건물, 기계장치 등) ××× 　　　(자산의 증가) (대) 현금(자산의 감소) ×××	(차) 수선비(비용의 발생) ××× (대) 현금(자산의 감소) ×××

예제 34

박문각은 영업용 건물을 10,000,000원에 구입한 후에 다음과 같이 지출하였다. 이때 건물계정의 잔액은 얼마인가?

- 건물 외벽의 도색비용 : 1,000,000원
- 파손된 유리 및 전등교체비 : 600,000원
- 건물 증축비용 : 500,000원
- 엘리베이터 설치비 : 2,500,000원

① 11,160,000원　　　　② 12,100,000원
③ 13,000,000원　　　　④ 14,600,000원

[해설]
③ 건물계정의 금액은 자본적 지출(건물 증축비용, 엘리베이터 설치비)을 합한 금액을 기재한다.

04 유형자산의 감가상각

1) 유형자산의 감가상각

시간 경과에 따라 체계적이고 합리적인 방법으로 배부하는 것(단, 토지, 건설중인자산은 제외)을 말한다.

2) 감가상각의 요소

① 취득원가 : 유형자산을 최초 구입시점에 취득한 가격을 말한다.

② 내용연수 : 유형자산을 얼마의 기간에 걸쳐 비용화할 것인가에 대한 연수를 말한다.

③ 잔존가액 : 유형자산을 내용연수 기간까지 사용한 후에 처분하였을 때 받을 수 있는 가액을 말한다.

3) 감가상각방법

① 정액법

㉠ 감가상각기초가액을 내용연수 동안 균등하게 할당하는 방법으로 매기 동일한 금액을 상각한다.

㉡ 계산이 간편하지만 감가가 시간의 경과에 따라 일정하지 않은 경우 수익·비용의 대응이 왜곡된다.

$$감가상각비 = \frac{취득원가 - 잔존가액}{내용연수}$$

② 정률법(가속상각법, 체감법)

초기에 감가상각비를 많이 계상하고 기간이 경과할수록 감가상각비를 적게 계상하는 방법이다. 이는 수익·비용의 대응에 적합하다는 장점이 있다.

$$감가상각비 = (취득가액 - 감가상각누계액) \times 정률$$

③ 생산비례법

생산량이나 사용량에 따라 감가상각비가 결정된다고 보고 생산량이나 작업시간 등에 비례하여 계산하는 방법이다.

$$감가상각비 = (취득원가 - 잔존가액) \times \frac{실제생산량(작업시간)}{추정총생산량(작업시간)}$$

④ 연수합계법

감가상각기초가액에 내용연수합계에 대한 잔여내용연수 비율을 상각률로 하여 감가상각비를 계산하는 방법이다.

$$감가상각비 = (취득원가 - 잔존가액) \times \frac{잔존내용연수}{내용연수합계}$$

4) 감가상각비 회계처리 방법

(차) 감가상각비(비용의 발생)	×××	(대) 감가상각누계액(자산의 감소)	×××

재무상태표

| 유형자산 | ×× | |
| 감가상각누계액 | ×× ×× | |

손익계산서

판매및관리비		
1. 감가상각비	×××	
2. ⋮		

📖 **예제 35**

다음의 자료에서 제2기 20×2년 말 결산 시 정률법과 정액법으로 계상하여야 할 감가상각비와 감가상각누계액을 각각 계산하고 회계처리하시오.

- 취득일 : 20×1년 1월 1일
- 내용연수 : 10년
- 잔존가액 : 0원
- 취득원가 : 5,000,000원
- 정률 : 10%

[해설]

- 정률법 : (차) 감가상각비 450,000 / (대) 감가상각누계액 450,000
- 정액법 : (차) 감가상각비 500,000 / (대) 감가상각누계액 500,000

<정률법 계산>
- 1년차 20×1년 : (5,000,000 − 0) × 10% = 500,000
- 2년차 20×2년 : (5,000,000 − 500,000) × 10% = 450,000

<정액법 계산>
- 1년차 20×1년 : (5,000,000 − 0) ÷ 10년 = 500,000
- 2년차 20×2년 : (5,000,000 − 0) ÷ 10년 = 500,000

05 유형자산의 처분

처분할 때까지의 감가상각비를 추가로 계상한 후 당해 자산의 장부금액(취득원가 - 감가상각누계액)과 처분금액을 비교하여 유형자산처분손익으로 처리한다.

내용	차변		대변	
처분금액 > 장부금액	감가상각누계액(자산의 증가)	× × ×	유형자산(취득원가, 자산의 감소)	× × ×
	미수금(처분가액, 자산의 증가)	× × ×	유형자산처분이익(수익의 발생)	× × ×
처분금액 < 장부금액	감가상각누계액(자산의 증가)	× × ×	유형자산(취득원가, 자산의 감소)	× × ×
	미수금(처분가액, 자산의 증가)	× × ×		
	유형자산처분손실(비용의 발생)	× × ×		

예제 36

다음 거래를 분개하시오.

> 화물자동차를 2,500,000원에 매각처분하고, 대금은 월말에 받기로 하였다(단, 이 자동차의 취득원가는 3,000,000원이며 감가상각누계액은 450,000원이다).

[해설]

(차) 감가상각누계액(자산의 증가)　　450,000　　(대) 차량운반구　　　　3,000,000
　　 미수금(자산의 증가)　　　　　2,500,000　　　　 (자산의 감소)
　　 유형자산처분손실(비용의 발생)　　50,000

06 무형자산의 정의와 인식요건

1) 정의

기업이 장기간 영업활동에 사용할 목적으로 보유하고 있는 물리적 실체가 없는 자산이다.

2) 인식요건

① 식별가능성
② 자원의 통제
③ 미래의 경제적 효익

3) 무형자산의 종류

① **영업권** : 외부에서 유상 취득한 영업권만을 무형자산으로 인정하고 내부적으로 창출한 영업 권은 인정하지 않는다.

② **산업재산권** : 특허권, 실용신안권, 의장권, 상표권

③ **기타** : 라이선스와 프랜차이즈, 저작권, 컴퓨터 소프트웨어, 임차권리금, 광업권, 어업권 등을 포함한다. 다만 이들 항목이 중요한 경우에는 개별 표시한다.

④ **개발비** : 신제품·신기술의 개발과 관련하여 발생한 비용 중 미래 경제적 효익이 기업에 유 입될 가능성이 높으며, 취득원가를 신뢰성 있게 측정 가능한 것을 말한다.

구분	연구단계	개발단계
분류	㉠ 새로운 지식을 얻고자 하는 활동 ㉡ 연구결과나 기타 지식을 탐색·평가·최 종선택·응용하는 활동 ㉢ 재료, 장치, 제품, 공정, 시스템이나 용역 에 대한 여러 가지 대체안을 탐색하는 활동 ㉣ 새롭거나 개선된 재료, 장치, 제품, 공 정, 시스템이나 용역에 대한 여러 가지 대체안을 제안·설계·평가·최종 선택 하는 활동	㉠ 생산이나 사용 전의 시제품과 모형을 설계 ·제작·시험하는 활동 ㉡ 새로운 기술과 관련된 공구, 기구, 주형, 금형 등을 설계하는 활동 ㉢ 상업적 생산목적으로 실현가능한 경제적 규모가 아닌 시험공장을 설계·건설·가 동하는 활동 ㉣ 신규 또는 개선된 재료, 장치, 제품, 공정, 시스템이나 용역에 대하여 최종적으로 선 정된 안을 설계·제작·시험하는 활동
효과	• 판매관리비의 연구비 • 제조원가의 연구비	무형자산의 개발비
	개발 이후 자산인식 요건 미충족 시에는 "경상연구개발비"계정으로 인식한다.	

📖 **예제 37**

법률상의 권리가 아닌 경제적 사실관계로서 무형자산으로 계상되는 것은?

① 영업권   ② 특허권

③ 광업권   ④ 상표권

[해설] --

① 법률로서 인정되는 권리는 아니지만 사실상의 경제적 가치가 있는 것으로 인정되는 무형자산으로 영업 권이 있다. 독립적·배타적인 사용권을 행사할 수 있는 권리가 법률에 의하여 인정되는 무형자산으로 공업소유권, 차지권, 광업권, 어업권 등이 있다.

4) 무형자산의 상각

① 20년을 초과할 수 없다(단, 법령이나 계약에 의한 경우 제외). 상각은 자산이 사용 가능한 때부터 시작한다.

② 현행 기준서에는 직접법을 원칙으로 하고 간접법을 선택할 수 있으며, 잔존가액은 "0"을 원칙으로 한다.

③ 상각방법은 자산의 경제적 효익이 소비되는 행태를 반영한 합리적인 방법으로 정액법, 체감잔액법(정률법 등), 연수합계법, 생산량비례법 등을 적용하며, 합리적인 상각방법을 정할 수 없는 경우는 정액법을 사용한다. 그러나 영업권의 경우는 합병준칙에 따라 반드시 정액법으로 상각해야 한다.

④ 무형자산 상각금액 회계처리

| (차) 무형자산상각비(비용의 발생) | ××× | (대) 무형자산(자산의 감소) | ××× |

07 기타비유동자산

1) 정의

투자자산, 유형자산, 무형자산에 속하지 않는 비유동자산으로서 투자수익이 없고 다른 자산으로 분류하기 어려운 자산을 말한다.

2) 분류

① **이연법인세자산** : 차감할 일시적 차이 등으로 인하여 미래에 경감될 법인세부담액으로서 유동자산으로 분류되는 이연법인세자산을 제외한 부분을 말한다.

② **보증금** : 전세권, 회원권, 임차보증금 및 영업보증금을 말한다.

③ **장기성매출채권** : 유동자산에 속하지 아니하는 일반적 상거래에서 발생한 장기의 매출채권을 말한다.

④ 장기선급비용, 장기선급금, 장기미수금 등을 포함한다.

✅ 분개연습 | 비유동자산 - 투자, 유형, 무형, 기타비유동자산 회계처리

[1] 비업무용 토지 5,000,000원을 취득하면서 취득세와 등록세로 200,000원 및 매입수수료 50,000원을 현금으로 지급하다.
(차)   (대)

[2] 현금 10,000,000원을 2년 상환조건으로 대여하다.
(차)   (대)

[3] 공장에 새로운 기계장치를 9,500,000원에 취득하고 시운전비 300,000원과 함께 대금은 당좌수표를 발행하여 지급하다.
(차)   (대)

[4] 업무용 토지 100,000,000원을 취득하고, 대금 중 30,000,000원은 당좌수표를 발행하여 지급하고 잔액 중 50,000,000원은 약속어음을 발행하여 지급하고 잔액은 월말에 지급하기로 하다 (단, 취득세와 등록세 등 1,000,000원은 현금으로 지급하다).
(차)   (대)

[5] 20×1년 1월 1일에 비품을 취득하여 3년간 사용하기로 하였다. 20×2년의 감가상각비를 계산하여 회계처리하시오(단, 취득원가 10,000,000원, 정률법 연 10%, 간접법으로 처리).
(차)   (대)

[6] 업무용 자동차를 처분하고, 그 대금 1,800,000원 중 1,500,000원은 거래처발행의 자기앞수표로 받고, 잔액은 월말에 받기로 하다(단, 취득가액 2,500,000원, 내용연수 10년, 정액법, 간접법, 2년간 감가상각하여 왔음).
(차)   (대)

[7] 공장에 업무용으로 사용하고 있던 차량에 대해 수선을 하고 당좌수표를 발행하여 지급하다(단, 수리비용 6,000,000원, 자본적 지출 70%, 수익적 지출 30%).
(차)   (대)

분개연습 정답 및 해설

번호	차변		대변	
1	투자부동산(자산의 증가)	5,250,000	현금(자산의 감소)	5,250,000
2	장기대여금(자산의 증가)	10,000,000	현금(자산의 감소)	10,000,000
3	기계장치(자산의 증가)	9,800,000	당좌예금(자산의 감소)	9,800,000
4	토지(자산의 증가)	101,000,000	당좌예금(자산의 감소)	30,000,000
			미지급금(부채의 증가)	70,000,000
			현금(자산의 감소)	1,000,000
5	감가상각비(비용의 발생)	9,000,000	감가상각누계액(자산의 감소)	9,000,000
6	감가상각누계액(자산의 증가)	500,000	차량운반구(자산의 감소)	2,500,000
	현금(자산의 증가)	1,500,000		
	미수금(자산의 증가)	300,000		
	유형자산처분손실 (비용의 발생)	200,000		
7	차량운반구(자산의 증가)	4,200,000	당좌예금(자산의 감소)	6,000,000
	차량유지비(비용의 발생)	1,800,000		

✓ 이론문제 │ 비유동자산 - 투자, 유형, 무형, 기타비유동자산 회계처리

01 다음 중 투자자산에 해당되지 않는 것은?

① 경상개발비   ② 투자부동산
③ 매도가능증권   ④ 장기대여금

02 다음 중 기업회계기준서에 따른 유가증권의 분류에 속하지 않는 것은?

① 만기보유증권   ② 단기매매증권
③ 매도가능증권   ④ 보유양도증권

03 다음 중 비유동자산에 속하지 않는 것은?

① 당좌자산   ② 유형자산
③ 무형자산   ④ 투자자산

04 다음 중 유형자산이 아닌 것은?

① 기계장치   ② 상품
③ 건설중인자산   ④ 선박

05 다음 중 유형자산에 대한 설명으로 틀린 것은?

① 물리적인 형태가 있다.
② 1년 이상 장기에 걸쳐 사용된다.
③ 모든 유형자산은 감가상각의 대상이 된다.
④ 취득 시 부대비용은 취득원가에 포함된다.

06 본사 건물을 신축하기 위해 총 공사비 중 일부를 계약금으로 지급하였다. 차변에 기입되는 계정으로 옳은 것은?

① 건설중인자산   ② 건물
③ 보증금   ④ 선급금

07 다음에서 설명하는 자산에 해당하는 것은?

> 판매를 목적으로 하지 않고, 장기간에 걸쳐 영업활동에 사용되는 물리적 실체가 없는 자산

① 산업재산권   ② 차량운반구
③ 기계장치   ④ 토지

08 회사업무용 차량을 구입한 후 전체 금액을 모두 현금으로 지급하였다고 했을 때 가장 적절한 분개는? (단, 부가가치세는 고려하지 않음)

> • 차량가액 : 10,000,000원   • 취득세 : 200,000원
> • 등록세 : 300,000원   • 보험료 : 500,000원

① (차) 차량운반구   11,000,000   (대) 현금   11,000,000
② (차) 차량운반구   10,500,000   (대) 현금   11,000,000
    보험료   500,000
③ (차) 차량운반구   10,000,000   (대) 현금   11,000,000
    세금과공과   500,000
    보험료   500,000
④ (차) 차량운반구   10,200,000   (대) 현금   11,000,000
    세금과공과   300,000
    보험료   500,000

09 다음 중 취득원가에 포함되지 않는 것은?

① 수입한 기계장치의 시운전비
② 토지 구입 시 중개수수료
③ 상품을 수입해 오는 과정에서 가입한 당사 부담의 운송보험료
④ 건물 구입 후 가입한 화재보험료

10 다음 중 취득원가에 포함되지 않는 것은?

① 건물 준공 후 지급한 이자비용
② 토지 구입 시 취득, 등록세
③ 상품을 수입하는 과정에서 가입한 당사 부담의 화재보험료
④ 수입한 기계장치의 설치비

11 건물 일부를 수리하고 수리비 300,000원을 보유 중이던 타인발행 자기앞수표로 지급하였다. 이 중 200,000원은 자본적 지출이고 나머지는 수익적 지출인 경우의 옳은 분개는?

① (차) 건물   100,000원   (대) 당좌예금   300,000원
     수선비   200,000원

② (차) 건물   200,000원   (대) 당좌예금   300,000원
     수선비   100,000원

③ (차) 건물   100,000원   (대) 현금   300,000원
     수선비   200,000원

④ (차) 건물   200,000원   (대) 현금   300,000원
     수선비   100,000원

12 다음 중 자본적 지출로 회계처리하여야 할 것은?

① 비유동자산의 내용연수를 연장시키는 지출
② 비유동자산의 원상을 회복시키는 지출
③ 비유동자산의 능률을 유지하기 위한 지출
④ 지출의 효과가 일시적인 지출

13 다음 중 감가상각을 필요로 하지 않는 자산인 것은?

① 건물   ② 비품
③ 기계장치   ④ 토지

14 다음 중 감가상각비 계산과 관련이 없는 항목인 것은?

① 취득원가   ② 판매가격
③ 내용연수   ④ 잔존가액

15 유형자산의 장부가액(미상각잔액)에 일정한 상각률을 곱하여 당기의 감가상각비를 산출하는 방법에 해당하는 것은?

① 정액법   ② 정률법
③ 생산량비례법   ④ 연수합계법

16 감가상각방법 중 유형자산의 내용연수 동안 매기 동일한 금액으로 감가상각비를 인식하는 방법에 해당하는 것은?

① 생산량비례법   ② 정률법

③ 정액법   ④ 이중체감잔액법

17 다음 중 유형자산에 대한 설명으로 틀린 것은?

① 감가상각이란 유형자산의 취득원가를 비용으로 배부하는 과정이다.
② 보유기간 중에 내용연수를 증가시키는 지출은 수익적 지출로 처리한다.
③ 취득원가에서 감가상각누계액을 차감한 후의 잔액을 장부가액(book value)이라 한다.
④ 기업회계기준상 감가상각방법에는 정액법, 정률법, 연수합계법 등이 있다.

18 유형자산에 대한 감가상각을 하는 가장 중요한 목적은 무엇인가?

① 유형자산의 정확한 가치평가 목적
② 사용가능한 연수를 매년마다 확인하기 위한 목적
③ 현재 판매할 경우 예상되는 현금흐름을 측정할 목적
④ 자산의 취득원가를 체계적인 방법으로 기간배부하기 위한 목적

19 다음 보기 중 현행 기업회계기준에서 인정하는 유형자산 감가상각방법을 모두 나열한 것은?

(가) 정률법	(나) 정액법
(다) 생산량비례법	(라) 이동평균법
(마) 총평균법	

① (가), (나)   ② (가), (나), (다)

③ (가), (나), (다), (라)   ④ (나), (다), (라), (마)

20 20×1년 1월 1일에 취득한 기계의 취득원가는 100,000원이고 잔존가치는 5,000원이며 내용연수는 5년이다. 이 기계를 정률법으로 감가상각하는 경우 20×2년 감가상각비는 얼마인가? (단, 감가상각률은 0.45로 가정한다.)

① 45,000원   ② 42,845원

③ 25,770원   ④ 24,750원

21 다음 자료에 의해 정액법으로 계산할 경우, 20×3년 12월 31일 결산 이후 기계장치 장부가액은 얼마인가?

> • 기계장치 취득원가 : 20,000,000원 　　• 취득시기 : 20×1년 1월 1일
> • 잔존가치 : 2,000,000원 　　　　　　　• 내용연수 : 5년
> • 전기말 감가상각누계액 : 7,200,000원

① 3,600,000원　　　　　　　　　　　② 4,000,000원
③ 9,200,000원　　　　　　　　　　　④ 10,800,000원

22 다음 자료에 의하여 정액법에 의한 2차년도 감가상각비를 계산하면 얼마인가?

> • 취득원가 : 1,000,000원　　　• 잔존가치 : 200,000원　　　• 내용연수 : 4년

① 200,000원　　　　　　　　　　　② 250,000원
③ 150,000원　　　　　　　　　　　④ 100,000원

23 다음 자료를 연수합계법으로 감가상각할 경우 2차 회계연도에 계상될 감가상각비는 얼마인가?

> • 취득원가 : 2,450,000원　　　• 잔존가치 : 200,000원　　　• 내용연수 : 5년

① 750,000원　　　　　　　　　　　② 600,000원
③ 450,000원　　　　　　　　　　　④ 300,000원

24 내용연수 10년, 잔존가액이 100,000원인 기계장치를 1,000,000원에 구입하여 정액법으로 상각해왔다. 기계장치 구입 후 3년이 되는 연도 말에 이 기계장치를 800,000원에 처분하였을 경우 처분손익은 얼마인가?

① 100,000원 이익　　　　　　　　　② 100,000원 손실
③ 70,000원 이익　　　　　　　　　　④ 70,000원 손실

25 주어진 자료만으로 계산하면 비품 취득가액은 얼마인가? (단, 처분가액은 1,200,000원, 유형자산 처분이익 100,000원이 존재한다.)

재무상태표

비품	?	
감가상각누계액	1,000,000	

① 2,000,000원   ② 2,100,000원

③ 2,200,000원   ④ 2,300,000원

26 다음 중 영업권에 대한 설명으로 바르지 않은 것은?

① 기업실체와 분리하여 식별할 수 있는 자산을 말한다.
② 기업실체와 분리하여 식별할 수 없는 자산도 영업권에 포함된다.
③ 재무상태표에 계상되는 영업권은 합병, 영업양수 등 유상으로 취득한 것에 한한다.
④ 영업권의 발생원인은 우수한 인적자원, 높은 기술력 등이다.

27 다음 계정과목 중 기업회계기준에 의할 경우 무형자산에 해당하는 항목은?

㉠ 연구비	㉡ 개발비	㉢ 경상개발비	㉣ 영업권

① ㉠, ㉡   ② ㉠, ㉢

③ ㉡, ㉢   ④ ㉡, ㉣

이론문제 정답 및 해설

01 ① 경상개발비는 판매비와관리비에 속한다.

02 ④ 유가증권은 보유기간 및 시장성유무에 따라 단기매매증권과 장기투자증권(만기보유증권, 매도가
능증권 등)으로 분류한다.

03 ① 비유동자산에는 투자, 유형, 무형, 기타비유동자산이 있다.

04 ② 상품은 재고자산에 해당한다.

05 ③ 유형자산 중 토지와 건설중인자산 등은 비상각자산에 해당한다. 그래서 모든 유형자산을 감가상
각하지는 않는다.

06 ① 본사 건물을 신축하기 위해 총 공사비 중 일부를 계약금으로 지급하는 것은 건설중인자산으로
처리한다.

07 ① 판매를 목적으로 하지 않고, 장기간에 걸쳐 영업활동에 사용되는 물리적 실체가 없는 자산을 무
형자산으로 본다.

08 ② 차량가액에 취득세 및 등록세는 포함하지만 차량보험료는 별도의 비용으로 회계처리한다.

09 ④ 건물 구입 후 가입한 화재보험료는 판매비와관리비에 포함되어 비용으로 처리한다.

10 ① 건물 준공 후 지급한 이자비용은 자산의 취득원가에 포함되지 않는다.

11 ④ 자본적 지출은 건물로, 수익적 지출은 수선비로 처리한다.

12 ①은 자본적 지출이며 ②, ③, ④는 수익적 지출이다.

13 ④ 토지와 건설중인자산은 감가상각 대상 자산이 아니다.

14 ② 유형자산에 대한 감가상각 3요소 : 취득원가, 내용연수, 잔존가액

15 ② 정률법 : (취득원가 - 감가상각누계액) × 정률

16 ③ 정액법은 매년 일정한 금액을 상각한다.

17 ② 내용연수를 증가시키는 거래는 자본적 지출로 처리한다.

18 ④ 감가상각을 하는 이유는 자산의 취득원가를 체계적인 방법으로 기간배부하기 위해서이다.

19 ② (가), (나), (다)는 유형자산의 감가상각방법이고 (라), (마)는 재고자산의 평가방법이다.

20 ④ • 20×1년 12월 31일 : 100,000원 × 0.45 = 45,000원
    • 20×2년 12월 31일 : (100,000원 − 45,000원) × 0.45 = 24,750원

21 ③ (취득가액 20,000,000원 − 잔존가치 2,000,000원) ÷ 내용연수 5년
    = 20×1년 12월 31일 감가상각비 3,600,000원
      20×2년 12월 31일 감가상각비 3,600,000원
      20×3년 12월 31일 감가상각비 3,600,000원
      20×3년 12월 31일 감가상각누계액 10,800,000원
    ∴ 취득가액 20,000,000원 − 20×3년 12월 31일 감가상각누계액 10,800,000원 = 9,200,000원

22 ① 정액법 : (취득원가 − 잔존가액) ÷ 내용연수이므로 (1,000,000원 − 200,000원) ÷ 4년 = 200,000원

23 ② 먼저 연수합계법 공식을 이해한다.
    (취득원가 − 잔존가액) × [역연수(1차 : 5, 2차 : 4, 3차 : 3, 4차 : 2, 5차 : 1)]
    따라서 2차 회계연도의 감가상각비 = (2,450,000원 − 200,000원) × (4 ÷ 15) = 600,000원

24 ③ 정액법 = (취득원가 − 잔존가액 ÷ 내용연수)
    90,000 = (1,000,000 − 100,000) ÷ 10년이므로 3년 동안의 감가상각누계액은 270,000원이 된다.

(차) 감가상각누계액	270,000	(대) 기계장치	1,000,000
현금	800,000	유형자산처분이익	70,000

25 ② 유형자산처분이익 = 처분가액 − (취득가액 − 감가상각누계액), 취득가액 = 2,100,000원

(차) 현금(미수금)	1,200,000	(대) 비품	×××
감가상각누계액	1,000,000	유형자산처분이익	100,000

26 ② 무형자산의 요건
    ㉠ 미래의 경제적 효익이 있어야 한다.
    ㉡ 통제 가능해야 한다.
    ㉢ 식별 가능해야 한다.

27 ④ 개발비와 영업권은 무형자산에 해당한다.

6. 부채 - 유동부채와 비유동부채 회계처리

01 부채의 정의

1) 부채란 특정기업이 과거의 거래나 사건의 결과로 인해, 현재 기업실체가 부담하고 그 이행에 자원의 유출이 예상되는 의무이다.

2) 기업회계기준에서는 매입채무, 미지급비용 등 영업활동과 관련된 부채는 1년 기준과 정상영업 순환주기기준 중·장기를 기준으로 구분하며 기타의 부채는 1년 기준으로 유동부채로 분류하도록 하고 있다.

02 유동부채 중 매입채무

분류	거래내용	차변		대변	
① 외상매입금	㉠ 상품 30,000원을 외상으로 매입하다.	상품 (자산의 증가)	30,000	외상매입금 (부채의 증가)	30,000
	㉡ ㉠의 외상매입금을 현금으로 지급하다.	외상매입금 (부채의 감소)	30,000	현금 (자산의 감소)	30,000
② 지급어음	㉠ 상품 35,000원을 매입하고 대금은 약속어음을 발행하여 지급하다.	상품 (자산의 증가)	35,000	지급어음 (부채의 증가)	35,000
	㉡ ㉠의 약속어음을 현금으로 지급하다.	지급어음 (부채의 감소)	35,000	현금 (자산의 감소)	35,000

03 유동부채 중 기타부채

분류	거래내용	차변		대변	
③ 미지급금	㉠ 비품 20,000원을 외상으로 매입하다.	비품 (자산의 증가)	20,000	미지급금 (부채의 증가)	20,000
	㉡ ㉠의 미지급금을 현금으로 지급하다.	미지급금 (부채의 감소)	20,000	현금 (자산의 감소)	20,000
④ 선수금	㉠ 상품을 주문받고 계약금 70,000원을 현금으로 받다.	현금 (자산의 증가)	70,000	선수금 (부채의 증가)	70,000
	㉡ ㉠에 대해 실제 상품을 발송하다.	선수금 (부채의 감소)	70,000	상품매출 (수익의 발생)	70,000
⑤ 예수금	㉠ 급여 50,000원 중 원천징수 세액 5,000원을 제외하고 현금으로 지급하다.	급여 (비용의 발생)	50,000	예수금 (부채의 증가) 현금 (자산의 감소)	5,000 45,000
	㉡ ㉠의 원천징수세액을 세무서에 현금으로 납부하다.	예수금 (부채의 감소)	5,000	현금 (자산의 감소)	5,000
⑥ 선수수익	㉠ 1년분 임대료 60,000원을 현금으로 받다.	현금 (자산의 증가)	60,000	선수수익 (부채의 증가)	60,000
	㉡ ㉠ 중 당기분 임대료 48,000원을 계상하다.	선수수익 (부채의 감소)	48,000	임대료 (수익의 증가)	48,000
⑦ 미지급비용	결산일 현재 미지급급여 20,000원을 계상하다.	급여 (비용의 발생)	20,000	미지급비용 (부채의 증가)	20,000
⑧ 유동성 장기부채	장기차입금 80,000원의 상환기간이 1년 내로 도래하다.	장기차입금 (부채의 감소)	80,000	유동성장기부채 (부채의 증가)	80,000

04 비유동부채 – 퇴직급여충당부채

1) 인식요건 3가지

① 장래에 지출될 것이 확실하고

② 당해 지출에 원인이 당기에 있으며

③ 당해 지출금액을 합리적으로 추정할 수 있어야 한다.

2) 결산시점에 퇴직급여 설정 회계처리

(차) 퇴직급여 (비용의 발생)	1,000	/ (대) 퇴직급여충당부채(부채의 증가)	1,000

3) 퇴직금지급 시

(차) 퇴직급여충당부채(부채의 감소)	1,000	/ (대) 현금(자산의 감소)	1,200
퇴직급여(비용의 발생)	200		

05 가지급금과 가수금

1) 가지급금의 정의

임직원의 출장경비를 먼저 처리하는 경우 또는 현금을 지급하였으나 계정과목이나 금액을 확정할 수 없을 경우 차변에 먼저 처리한 후에 구체적인 계정과목이나 금액이 확정되면 대변에 상계처리한다.

거래내용	차변		대변	
① 영업직원 마동탁에게 광주 출장을 명하고 100,000원을 현금으로 지급하다.	가지급금 (자산의 증가)	100,000	현금 (자산의 감소)	100,000
② 출장을 다녀온 후 출장비 120,000원을 지출함을 확인하고 차액은 현금으로 지급하다.	여비교통비 (비용의 발생)	120,000	현금 (자산의 감소) 가지급금 (자산의 감소)	20,000 100,000

2) 가수금의 정의

현금의 수입이 있었으나 처리할 계정과목 또는 금액을 확정할 수 없을 경우 대변에 먼저 처리한 후에 구체적인 계정과목이나 금액이 확정되면 차변에 상계처리한다.

거래내용	차변		대변	
① 영업직원 마동탁이 내용을 알 수 없는 금액 150,000원을 보통예금으로 보내왔다.	보통예금 (자산의 증가)	150,000	가수금 (부채의 증가)	150,000
② 가수금은 외상매출금 회수금액으로 판명되다.	가수금 (부채의 감소)	150,000	외상매출금 (자산의 감소)	150,000

✓ 분개연습 | 부채 - 유동부채와 비유동부채 회계처리

[1] 당사는 우리은행으로부터 현금 20,000,000원을 차입하였다. 상환기간은 6개월이다.
(차)   (대)

[2] 위 [1]번의 차입 원금과 이자 2,800,000원을 현금으로 상환하였다.
(차)   (대)

[3] (주)효성에서 기계장치를 50,000,000원에 10개월 단기할부로 구입하였다.
(차)   (대)

[4] 위 [3]번의 1회분 기계대금을 보통예금계좌에서 이체하여 지급하다.
(차)   (대)

[5] 당사는 (주)대교에게 상품 8,000,000원을 매출하기로 계약을 맺고, 대금 중 800,000원을 현금
으로 받아 당좌예금하다.
(차)   (대)

[6] 위 [5]번의 상품을 (주)대교에 발송하고 계약금을 제외한 나머지는 월말에 받기로 하다.
(차)   (대)

[7] 당사는 20×1년 1월 1일에 은행으로부터 장기차입금 10,000,000원을 현금으로 빌리고 3년
뒤 만기에 일시상환을 하기로 하였다.
(차)   (대)

[8] 위 [7]번의 장기차입금이 그동안 이자는 적정하게 지급되었다고 가정하고 20×2년 12월 31일
결산일 현재 시점에 회계처리를 하시오.
(차)   (대)

[9] (주)대도에서 상품 1,500,000원을 매입하고, 대금은 약속어음을 발행하여 지급하다.
(차)   (대)

[10] 위 [9]번에서 발행한 어음이 만기가 도래하여 국민은행 당좌수표를 발행하여 지급하다.
(차)   (대)

[11] 9월분 급여 3,000,000원을 지급하고 소득세 등 원천징수세액 125,000원을 공제하고 차인지
급액은 우리은행 보통예금계좌에서 이체하여 지급하다.
(차)   (대)

[12] 위 [11]번에서 원천징수한 세액 125,000원을 양천세무서에 현금으로 납부하다.

　(차)　　　　　　　　　　　　　　(대)

[13] 12월분 건물 임차료 4,200,000원은 다음달 5일에 지급될 예정이다.

　(차)　　　　　　　　　　　　　　(대)

[14] 당사의 전 직원이 당해 연도 말에 퇴직할 것을 가정할 경우에 퇴직급여추계액은 150,000,000
원이다. 또한 기초퇴직급여충당부채 잔액은 120,000,000원이며, 실제로 퇴직한 종업원들에게
지급한 금액은 25,000,000원이다. 당해 말에 퇴직급여충당부채 설정액에 대한 회계처리를 하
시오.

　(차)　　　　　　　　　　　　　　(대)

분개연습 정답 및 해설

번호	차변		대변	
1	현금(자산의 증가)	20,000,000	단기차입금(부채의 증가)	20,000,000
2	단기차입금(부채의 감소)	20,000,000	현금(자산의 감소)	22,800,000
	이자비용(비용의 발생)	2,800,000		
3	기계장치(자산의 증가)	50,000,000	미지급금(부채의 증가)	50,000,000
4	미지급금(부채의 감소)	5,000,000	보통예금(자산의 감소)	5,000,000
5	당좌예금(자산의 증가)	800,000	선수금(부채의 증가)	800,000
6	선수금(부채의 감소)	800,000	상품매출(수익의 발생)	8,000,000
	외상매출금(자산의 증가)	7,200,000		
7	현금(자산의 증가)	10,000,000	장기차입금(부채의 증가)	10,000,000
8	장기차입금(부채의 감소)	10,000,000	유동성장기부채(부채의 증가)	10,000,000
9	상품(자산의 증가)	1,500,000	지급어음(부채의 증가)	1,500,000
10	지급어음(부채의 감소)	1,500,000	당좌예금(자산의 감소)	1,500,000
11	급여(비용의 발생)	3,000,000	예수금(부채의 증가)	125,000
			보통예금(자산의 감소)	2,875,000
12	예수금(부채의 감소)	125,000	현금(자산의 감소)	125,000
13	임차료(비용의 발생)	4,200,000	미지급비용(부채의 증가)	4,200,000
14	퇴직급여(비용의 발생)	55,000,000	퇴직급여충당부채(부채의 증가)	55,000,000

이론문제 | 부채 – 유동부채와 비유동부채 회계처리

01 다음 중 부채에 해당하지 않는 것은?

① 차입금　　　　　　　　　② 예수금
③ 미수금　　　　　　　　　④ 선수금

02 다음 중 부채에 대한 설명으로 틀린 것은?

① 미지급금 중 재무상태표일로부터 만기가 1년 이내에 도래하는 것은 유동부채로 표시한다.
② 재무상태표일로부터 차입기간이 1년 이상인 경우에는 장기차입금계정을 사용하여 표시한다.
③ 가수금은 영구적으로 사용하는 부채계정으로서 결산 시에도 재무제표에 표시된다.
④ 상품을 인도하기 전에 상품대금의 일부를 미리 받았을 때에는 선수금계정의 대변에 기입한다.

03 다음 중 기업회계기준상 유동부채에 해당하지 않는 것은?

① 미지급비용　　　　　　　② 단기차입금
③ 유동성장기차입부채　　　④ 퇴직급여충당부채

04 다음 자료에 의하여 재무상태표에 계상될 외상매입금은 얼마인가?

| 가. 외상매입대금지급액 | 500,000원 | 나. 기초외상매입금 | 300,000원 |
| 다. 당기외상매입액 | 700,000원 | | |

① 100,000원　　　　　　　② 500,000원
③ 900,000원　　　　　　　④ 1,500,000원

05 다음 중 지급어음계정이 차변에 기입되는 거래는?

① 상품 1,000,000원을 매입하고 약속어음을 발행하여 지급하다.
② 상품 3,000,000원을 매입하고 소지하고 있던 약속어음을 배서양도하다.
③ 외상매입금 5,000,000원을 약속어음을 발행하여 지급하다.
④ 당점 발행의 약속어음 6,000,000원이 만기가 되어 현금으로 지급하다.

06 다음 계정과목 중 비유동부채에 해당하는 것은?

① 선수수익　　　　　　　　　② 매입채무
③ 선수금　　　　　　　　　　④ 장기차입금

07 다음 자료에서 비유동부채 금액은 얼마인가?

> • 외상매입금 : 6,000,000원　　　• 미지급비용 : 1,000,000원
> • 장기차입금 : 2,000,000원　　　• 퇴직급여충당부채 : 5,000,000원

① 5,000,000원　　　　　　　② 7,000,000원
③ 8,000,000원　　　　　　　④ 11,000,000원

08 비유동부채 중 재무상태표일로부터 1년 이내에 상환될 금액을 대체할 경우 이용되는 계정과목은 무엇인가?

① 장기차입금　　　　　　　　② 유동성장기부채
③ 단기차입금　　　　　　　　④ 외상매입금

09 다음 중 평가성충당부채에 해당하는 것은?

① 퇴직급여충당부채　　　　　② 장기차입금
③ 대손충당금　　　　　　　　④ 장기제품보증충당부채

이론문제 정답 및 해설

01 ③ 미수금은 유동자산(당좌자산)에 속하며, 차입금, 예수금, 선수금은 유동부채에 속한다.

02 ③ 가수금계정은 일시적으로 사용하는 부채계정으로 결산 시에는 그 계정의 내역을 밝혀내어 확정
     계정과목으로 재무제표에 표시한다.

03 ④ 퇴직급여충당부채는 비유동부채이다.

04 ② 기초외상매입금 300,000원 + 당기외상매입금 700,000원 – 당기외상매입금지급액 500,000원
     = 기말외상매입금 500,000원

05 ④ ① (차) 상품   1,000,000원   (대) 지급어음   1,000,000원
       ② (차) 상품   3,000,000원   (대) 받을어음   3,000,000원
       ③ (차) 외상매입금   5,000,000원   (대) 지급어음   5,000,000원
       ④ (차) 지급어음   6,000,000원   (대) 현금   6,000,000원

06 ④ 장기차입금은 비유동부채에 속하며, 선수수익, 매입채무, 선수금은 유동부채에 속한다.

07 ② 7,000,000원 = 2,000,000원(장기차입금) + 5,000,000원(퇴직급여충당부채)

08 ② 비유동부채 중 재무상태표일로부터 1년 이내에 상환될 금액을 대체할 경우에는 "유동성장기부채"
     계정으로 표시한다.

09 ③ 평가성충당부채는 대손충당금과 감가상각누계액이다.

7. 자본 - 개인기업의 자본금 회계처리

◢ 01 개인기업의 자본금

개인기업의 자본과 순자산은 자본금계정에서 처리하는데 최초의 출자액과 당기의 순이익은 자본금
계정의 대변에 기입하고, 당기의 순손실은 차변에 기입한다.

자본금			
인출액	×××	원시출자액	×××
순손실	×××	추가출자액	×××
		순이익	×××

◢ 02 인출금

자본인출이 자주 있는 경우에는 자본금계정으로 처리하면 자본금계정이 복잡해지므로 이를 피하기
위하여 인출금계정을 따로 설정하여 여기에서 처리하였다가, 기말에 그 합계액을 자본금계정에 일
괄해서 대체하면 편리하다.

(차) 자본금	×××	(대) 인출금	×××

◢ 03 회계처리

거래내용	차변		대변	
① 현금 200,000원을 출자하여 개업하다.	현금 (자산의 증가)	200,000	자본금 (자본의 증가)	200,000
② 대표이사가 현금 80,000원을 인출하다.	인출금 (자본차감)	80,000	현금 (자산의 감소)	80,000
③ 인출금을 자본금에 대체하다.	자본금 (자본의 감소)	80,000	인출금 (자본차감)	80,000

8. 수익과 비용 인식

◢ 01 수익

1) 정의

주요 경영활동에서 재화의 생산·판매, 용역의 제공 등에 따른 경제적 효익의 유입으로서 이는 자산의 증가 또는 부채의 감소 및 그 결과에 따른 자본의 증가로 나타난다.

2) 수익의 인식

수익의 발생시점과 관련하여 수익이 귀속되는 회계기간을 결정하는 것을 말한다.

3) 현금주의, 발생주의, 실현주의

① **현금주의** : 기업의 경제적 사건의 발생여부와 무관하게 영업활동으로 인한 현금유입을 수익으로 인식하며 현금유출을 비용으로 인식하는 방법이다. 단점은 수익을 창출하기 부적절하고, 정확한 기간손익계산이 되지 않아 현행회계에서는 원칙적으로 인정되지 않는다.

② **발생주의** : 순자산에 영향을 미치는 경제적 사건이 발생한 시점(화폐적 금액으로 측정하여 수익과 비용 인식)에서 경영성과를 측정하기 때문에 현행회계의 기간손익계산의 기본원리가 되고 있다.

③ **실현주의** : 수익획득과정이 진행됨에 따라 일정한 요건이 충족되면 수익이 발생하였다고 보아 수익을 인식하게 되지만 매우 주관적이며 실무적으로도 복잡하다.

4) 일반기업회계기준서

① **재화판매** : 원칙적으로 판매기준에 따라 인식

② **용역제공** : 원칙적으로 진행기준에 따라 인식

5) 특수매매 시 인식기준 적용

① **위탁판매** : 수탁자가 제3자에게 위탁품을 판매한 날

② **시용판매** : 고객이 구매의사를 표시한 날

③ **할부판매** : 원칙은 단기와 장기 구분 없이 판매한 날

   ※ 특례 : 기업회계기준은 중소기업 특례로서 장기할부판매 시 회수기준과 단기용역매출 시 완성기준을 적용할 수 있도록 규정함

④ **부동산판매** : 소유권이전등기일, 매입자가 사용가능한 날 중 가장 빠른 날

⑤ **상품권판매** : 선수금(상품권선수금 계정 등)으로 처리한 후 상품권을 회수한 날(물품 등을 제공하거나 판매한 때)

02 비용

1) 정의

영업활동과 관련하여 재화를 생산·공급하고 용역을 제공함으로써 발생하게 되는 기업의 자산 감소 및 소비, 부채의 증가를 의미한다.

2) 비용의 인식기준

수익비용대응의 원칙에 근거한다.

① **직접대응** : 수익과 비용이 직접적인 인과관계가 성립할 때 수익인식시점에서 비용을 인식하는 것이다(예 매출원가, 판매수수료, 매출운임 등).

② **간접대응** : 특정수익과 직접적인 인과관계를 명확히 알 수 없지만 발생원가가 일정기간 동안 수익창출활동에 기여한 경우 해당 기간에 걸쳐 합리적이고 체계적인 방법에 의해 배부해야 한다(예 감가상각비, 보험료기간배부).

③ **즉시인식** : 당기의 발생원가가 미래효익을 제공하지 못하거나 전기에 자산으로 기록된 항목이 미래의 경제적 효익을 상실할 때 발생 즉시 당기의 비용으로 인식한다(예 일반관리비, 광고선전비, 이자비용 등).

☑️ 이론문제 | **수익과 비용 인식**

01 회계용어 중 수익인식이나 비용인식에서 인식이란 다음 중 어느 것을 뜻하는 것인가?

① 수익 또는 비용이 어느 회계기간에 귀속하는 것인지를 확정짓는 일
② 수익 또는 비용의 발생과정을 설명하는 일
③ 수익 또는 비용에 해당하는 현금을 받거나 또는 지출하는 일
④ 수익 또는 비용을 측정하는 일

02 다음 중 기업회계기준에 의할 경우 수익의 인식시점으로 옳지 않은 것은?

① 위탁매출은 수탁자가 상품을 판매한 날
② 단기할부매출은 상품 등을 인도한 날
③ 용역매출은 진행기준에 따름
④ 상품권매출은 상품권을 고객에게 제공한 날

03 다음 중 기업회계기준에 의한 수익인식기준으로 틀린 것은?

① 단기건설공사(비상장 중소기업 제외) : 완성기준
② 장기건설공사 : 진행기준
③ 위탁판매 : 수탁자가 적송품(위탁품)을 판매한 날
④ 시용판매 : 매입자가 매입의사표시를 한 날

04 다음 중 기업회계기준에 의할 경우 수익의 인식시점으로 옳지 않은 것은?

① 용역매출은 진행기준(비상장 중소기업의 단기용역은 완성기준 가능)
② 단기할부판매는 상품 등을 인도한 날
③ 수출의 경우 관세청에 수출신고를 한 날
④ 상품권매출은 재화의 판매로 상품권을 회수한 시점

이론문제 정답 및 해설

01   ① 인식이란 수익 또는 비용이 어느 회계기간에 귀속하는 것인지를 확정짓는 일이다.

02   ④ 상품권매출은 상품권을 고객이 물건을 구입하면서 상품권과 교환할 때 수익을 인식한다.

03   ① 건설형 공사계약의 경우 장·단기를 불문하고 진행기준에 따라 수익을 인식하도록 규정하고 있다.

04   ③ 수출의 경우에도 일반적인 상품매출과 마찬가지로 인도 시점에 수익을 인식한다.

9. 결산절차 및 기말결산수정분개

◢ 01 프로그램의 결산 방법

1) 정의

1년 간의 전표입력 등 회계처리에 대해 12월 31일에 장부를 마감하고 재무제표를 작성하는 과정을 말한다.

2) 수동결산 – 실무편 'Chapter 05. 결산' 참조할 것

[일반전표입력] 메뉴에 12월 31일자로 결산 대체 분개를 직접 입력한다.

① 선급비용, 미수수익	② 미지급비용, 선수수익
③ 가수금, 가지급금 정리	④ 현금과부족잔액 정리
⑤ 소모품정리	⑥ 외화자산, 부채 평가
⑦ 단기매매증권 평가	⑧ 선납세금정리
⑨ 총액법 적용 시 대손충당금의 환입	

3) 자동결산 – 실무편 'Chapter 05. 결산' 참조할 것

[결산자료입력] 메뉴에 해당금액을 입력한 후 "전표추가" 키를 이용하여 결산을 완료한다.

① 기말재고자산	② 퇴직급여충당부채
③ 유형자산, 무형자산 감가상각	④ 매출채권에 대한 대손충당금설정
⑤ 미지급법인세계상	

◢ 02 수동결산(손익의 이연과 예상)

구분	기준서
비용의 이연	(차) 선급비용 ××× / (대) 해당비용 ×××
수익의 이연	(차) 해당수익 ××× / (대) 선수수익 ×××
비용의 발생	(차) 해당비용 ××× / (대) 미지급비용 ×××
수익의 발생	(차) 미수수익 ××× / (대) 해당수익 ×××

📖 **예제 38**

다음 자료에 대하여 분개하시오.

본사건물 화재보험에 가입하여 1년분(20×1년 10/1 ~ 20×2년 9/30) 보험료 1,200,000원을 전액 보험회사에 현금으로 지급하였다(단, 월할계산할 것).

[해설]

[1년분 보험료 ÷ 12월 = 월 보험료 100,000원]이다. 따라서 귀속연도를 구분하면 다음과 같다.

20×1년 당해 보험료	20×2년 차기 선급비용
3개월 × 100,000 = 300,000	9개월 × 100,000 = 900,000

20×2년 차기분을 12월 31일자에 다음과 같이 수정분개를 한다.
(차) 선급비용 900,000 / (대) 보험료 900,000

📖 **예제 39**

다음 자료에 대하여 분개하시오.

건물에 대해 임대계약을 맺고 임대료 1년분 240,000원(20×1년 7/1 ~ 20×2년 6/30)을 전액 현금으로 받았다(단, 월할계산할 것).

[해설]

[1년분 임대료 ÷ 12월 = 월 임대료 20,000원]이다. 따라서 귀속연도를 구분하면 다음과 같다.

20×1년 당해 임대료	20×2년 차기 선수수익
6개월 × 20,000 = 120,000	6개월 × 20,000 = 120,000

20×2년 차기분을 12월 31일자에 다음과 같이 수정분개를 한다.
(차) 임대료 120,000 / (대) 선수수익 120,000

📖 **예제 40**

다음 자료에 대하여 분개하시오.

12월분 급여 1,500,000원을 결산 시점에서 미지급하였다.

[해설]

12월 31일자에 다음과 같이 수정분개를 한다.
(차) 급여 1,500,000 / (대) 미지급비용 1,500,000

PART
01

📖 **예제 41**

다음 자료에 대하여 분개하시오.

> 은행 정기예금 7,500,000원에 대한 결산이자를 계상하여 원본에 전입하였다(단, 연이율 5%, 예금가입일 20×1년 9/1, 만기 3년).

[해설]

이자는 7,500,000원 × 5% × 4/12 = 125,000원
12월 31일자에 다음과 같이 수정분개를 한다.
(차) 미수수익 125,000 / (대) 이자수익 125,000

◢ 03 수동결산분개(일반전표입력)

기타 거래내용 및 결산 수정분개
① 단기매매증권평가이익(장부가액 10,000 < 결산 공정가액 12,000)
(차) 단기매매증권(자산의 증가)   2,000   (대) 단기매매증권평가이익(수익의 발생) 2,000
② 단기매매증권평가손실(장부가액 15,000 > 결산 공정가액 12,000)
(차) 단기매매증권평가손실(비용의 발생) 3,000   (대) 단기매매증권(자산의 감소)   3,000
③ 장부상현금 1,600,000 < 실제현금 1,680,000
(차) 현금(현금과부족, 자산의 증가)   80,000   (대) 잡이익(수익의 발생)   80,000
④ 장부상현금 1,660,000 > 실제현금 1,600,000
(차) 잡손실(비용의 발생)   60,000   (대) 현금(현금과부족, 자산의 감소)   60,000
⑤ 장기차입금을 유동성장기부채로 대체
(차) 장기차입금(부채의 감소)   10,000   (대) 유동성장기부채(부채의 증가)   10,000
⑥ 장부상 외화금액 800,000 < 결산 시 외화금액 1,000,000
(차) 외상매출금(자산의 감소)   200,000   (대) 외화환산이익(수익의 발생)   200,000
※ 외상매입금(부채)이 감소하면 외화환산이익으로 처리한다.

04 수동결산분개(소모품과 소모품비)

1) 소모품비로 나올 경우

소모품 미사용액 분개로 한다.

(차) 소모품	×××	(대) 소모품비	×××

2) 소모품으로 나올 경우

소모품 사용액 분개로 한다.

(차) 소모품비	×××	(대) 소모품	×××

예제 42

다음 자료에 대하여 분개하시오.

본사 사무실에서 구입하여 사용하는 소모품(구입 시 전액 비용계정으로 회계처리했음) 중 미사용 잔액은 100,000원이다.

[해설]

(차) 소모품	100,000원	(대) 소모품비	100,000원

05 자동결산분개(결산자료입력) - 실무편 'Chapter 05. 결산' 참조할 것

☑️이론문제 | **결산절차 및 기말결산수정분개**

01 다음 중 기말결산정리분개 대상이 아닌 것은?

① 기계장치에 대한 감가상각비 계상
② 보험료 미지급분 지급
③ 정기적금에 대한 미수이자 계상
④ 건물 화재보험료의 기간미경과분을 선급비용으로 계상

02 다음 중 결산분개와 가장 관련이 없는 것은?

① 선수임대료의 계상
② 법인세비용의 계상
③ 대손충당금의 설정
④ 단기매매증권의 취득

03 보험기간이 20×1년 9월 1일부터 20×2년 2월 28일까지인 보험료 600,000원을 지급하였다. 20×1년도 결산 시 선급비용은 얼마인가? (단, 기간은 월 단위로 계산할 것)

① 200,000원
② 300,000원
③ 400,000원
④ 600,000원

04 20×1년 10월 1일 영업용 차량의 보험료 1년분 120,000원을 현금으로 지급한 경우 20×1년 12월 31일 결산 시 선급보험료에 해당하는 금액은 얼마인가? (단, 월할계산할 것)

① 100,000원
② 110,000원
③ 80,000원
④ 90,000원

05 삼일상점은 20×1년 7월 1일 건물의 1년분 임대료 60,000원을 전액 현금으로 받고 수익계정으로 회계처리하였다. 20×1년 12월 31일 결산 재무상태표에 보고되는 선수임대료는 얼마인가?

① 20,000원
② 25,000원
③ 30,000원
④ 40,000원

06 20×1년 9월 1일 건물임대료 6개월분 30,000원을 현금으로 받고 수익으로 회계처리하였다. 20×1년 12월 31일 결산 시 선수임대료에 해당하는 금액은 얼마인가? (단, 월할계산할 것)

① 10,000원
② 15,000원
③ 20,000원
④ 25,000원

07 차입금에 의해 발생된 이자를 결산 시까지 지급하지 않았을 경우의 결산정리분개로 옳은 것은?

	(차변)	(대변)		(차변)	(대변)
①	매출채권	이자수익	②	이자비용	미지급비용
③	미수수익	이자수익	④	선급비용	이자비용

08 미지급 이자비용을 당기에 계상하지 않을 경우 당기에 어떤 영향을 미치는가?

① 부채가 과대평가된다.　　　　② 자산이 과소평가된다.
③ 이익이 과대평가된다.　　　　④ 순이익이 적어진다.

09 다음의 사항을 통해 기말(12월 31일)에 행해질 결산분개로 옳은 것은?

> • 7월 1일 사무용 소모품 2,000,000원을 구입하고 대금은 현금으로 지급하고 다음과 같이 회계처리하였다.
> 　(차) 소모품　　　　　2,000,000원　　(대) 현금　　　　　　　2,000,000원
> • 12월 31일 결산일 현재 소모품 미사용금액 : 1,200,000원

① (차) 소모품	800,000원	(대) 소모품비	800,000원
② (차) 소모품비	800,000원	(대) 소모품	800,000원
③ (차) 소모품	1,200,000원	(대) 소모품비	1,200,000원
④ 분개없음			

10 기말 현재 단기매매증권 보유상황은 다음과 같다. 올바른 분개인 것은?

구분	취득원가	공정가액
A사 주식	210,000원	250,000원
B사 주식	180,000원	150,000원

① (차) 단기매매증권	40,000원	(대) 단기매매증권평가차익	40,000원
② (차) 단기매매증권평가손실	30,000원	(대) 단기매매증권	30,000원
③ (차) 단기매매증권	10,000원	(대) 단기매매증권평가차익	10,000원
④ (차) 단기매매증권평가손실	30,000원	(대) 단기매매증권	30,000원

11 결산 결과 당기순이익이 300,000원으로 계산되었으나 아래의 사항이 누락되었음을 발견하였다. 수정 후 정확한 당기순이익을 계산하면 얼마인가?

• 임대료 선수분 : 30,000원	• 보험료 미지급액 : 50,000원

① 220,000원   ② 280,000원
③ 320,000원   ④ 380,000원

12 결산 결과 당기순이익 10,000원이 산출되었으나 아래 사항이 누락된 것을 추후에 발견하였다. 수정 후 당기순이익은 얼마인가?

• 보험료 선급분 : 2,000원	• 이자 미지급분 : 1,000원

① 9,000원   ② 11,000원
③ 12,000원   ④ 13,000원

13 다음 결산절차 중 가장 마지막에 수행하는 절차인 것은?

① 결산수정분개   ② 손익계산서계정의 마감
③ 재무상태표계정의 마감   ④ 수정전시산표의 작성

14 다음 중 결산 순서가 바르게 나열된 것은?

1. 거래의 발생   2. 시산표 작성   3. 총계정원장 기록   4. 재무제표 작성

① 1 → 2 → 3 → 4   ② 1 → 2 → 4 → 3
③ 1 → 3 → 2 → 4   ④ 1 → 4 → 2 → 3

이론문제 정답 및 해설

01 ② 보험료 미지급분 지급은 기말결산정리분개 대상이 아니다.

02 ④ 단기매매증권의 취득은 기중의 회계처리로서 결산과 관련이 없다.

03 ① 보험료 600,000원을 6개월로 나누어보면 1개월분 100,000원이 계산된다. 따라서 결산시점에서 20×2년 2개월분(100,000원 × 2 = 200,000원)이 선급비용이 된다.

04 ④ 보험료 120,000원을 12개월로 나누어보면 1개월분 10,000원이 계산된다. 따라서 결산시점에서 20×2년 9개월분(10,000원 × 9 = 90,000원)이 선급비용이 된다.

05 ③ 임대료 60,000원을 12개월로 나누어보면 1개월분 5,000원이 계산된다. 따라서 결산시점에서 20×2년 6개월분(5,000원 × 6 = 30,000원)이 선수수익이 된다.

06 ① 임대료 30,000원을 6개월로 나누어보면 1개월분 5,000원이 계산된다. 따라서 결산시점에서 20×2년 2개월분(5,000원 × 2 = 10,000원)이 선수수익이 된다.

07 ② "(차) 이자비용 ××× / (대) 미지급비용 ×××"이다.

08 ③ 미지급비용을 계상하지 않으면 비용이 과소계상되며, 이익이 과대계상된다.

09 ② 800,000원(소모품 사용액) = 2,000,000원(소모품 구입액) – 1,200,000원(소모품 미사용액)

10 ③ 취득원가의 공정가액의 차액을 계산하면 A사 주식(평가이익 40,000원)과 B사 주식(평가손실 30,000원)이고, 두 손익을 합하면 평가이익 10,000원이 발생하게 된다.

11 ① 정확한 당기순이익 : 수정 전 당기순이익 + (수익증가, 비용감소) – (수익감소, 비용증가)이다. 따라서 300,000원 – 30,000원 – 50,000원 = 220,000원이 된다.

12 ② 수정 전 당기순이익 10,000원 + 선급보험료 2,000원 – 이자미지급 1,000원 = 11,000원이 수정 후 당기순이익이 된다.

13 ③ • 결산의 예비절차 순서 : 수정전시산표 작성, 재고조사표 작성, 수정후시산표 작성(정산표)
　　• 결산 본절차 순서 : 총계정원장 마감, 재무제표 작성

14 ③ 거래의 발생 → 분개장에 분개 → 총계정원장에 전기 → 시산표 작성 → 재고조사표 작성 → 정산표 작성 → 총계정원장 마감 → 재무제표 작성

PART

02

전산회계 2급
전산실무

01 프로그램의 설치 및 회사등록

01 프로그램의 설치

교육용프로그램을 통하여 전산실무를 수행하기 위해서는 가장 먼저 교육용프로그램을 다운로드하여 설치를 해야 한다.

한국세무사회자격시험 홈페이지(https://license.kacpta.or.kr/)에서 교육용프로그램 케이렙(수험용)을 다운로드한 후 설치를 하고 바탕화면에서 ![icon] 아이콘을 실행하면 아래의 화면을 확인할 수 있다.

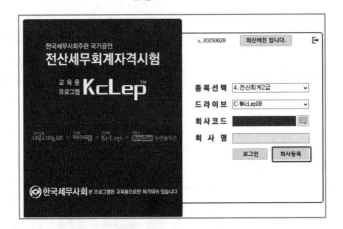

02 회사등록

1) 프로그램 실행 후 첫 화면에서 종목선택 : 4. 전산회계 2급을 선택하고, 프로그램을 처음 실행한 경우 회사데이터가 없으므로 [회사등록] 아이콘을 눌러서 회사등록을 먼저 한다.

실습하기

스마트문구의 사업자등록증상의 내용을 확인하여 [회사등록] 메뉴에 등록한다.

- 회사코드 : 1000
- 구분 : 2 : 개인
- 회계연도 : 제9기 2025년 1월 1일~2025년 12월 31일
- 대표이사 주민등록번호 : 750728-1774915
- 대표이사 자택주소 : 서울특별시 양천구 가로공원로 70(신월동)
- 주업종코드 : 513430
- 소득구분 : 사업소득
- 사업장동코드 : 1147010300
- 주소지동코드 : 1147010300

사업자등록증

(일반과세자)

등록번호 : 117-23-24750

상   호 : 스마트문구
성   명 : 공 도 윤   생년월일 : 1975년 7월 28일
개 업 년 월 일 : 2017년 1월 21일
사업장 소재지 : 서울 양천구 가로공원로 66(신월동)
사 업 의 종 류 : [업태] 도·소매업   [종목] 문구
교 부 사 유 : 신규
공 동 사 업 자 :

사업자단위과세 적용사업자여부 여( ) 부(√)
전자세금계산서 전용 메일주소:

2017년 1월 21일
양천세무서장 (인)

NTS 국세청 전자문서(pdf파일)로 발급된 소득공제증명서류입니다. 전자문서는 출력용으로 사용할 수 없습니다. 전자문서 진본여부 확인은 홈페이지(yesone.go.kr) 자료실을 참고 바랍니다.

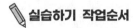 **실습하기 작업순서**

① 회사등록 기본사항 탭에서 사업자등록증상의 내용을 입력한다.

[등록 후 화면]

2) 사업자등록증상의 내역을 등록한 이후 메뉴를 닫고 프로그램 첫 화면에서 회사코드  아이콘을 누르면 스마트문구를 확인할 수 있다. 해당 창에서 확인을 눌러 스마트문구로 로그인을 한다.

[로그인 후 전체메뉴화면]

재무회계 ⇨ 기초정보관리 ⇨ 회사등록

[회사등록 메뉴 설명]

1. **코드** : 0101~9999 사이의 코드 중에서 사용하고자 하는 코드를 4자리로 입력한다.
2. **회사명** : 사업자등록증상의 상호를 입력한다.
3. **구분** : 법인사업자 1번, 개인사업자 2번
4. **사용** : 사용 0번, 미사용 1번

[기본사항 탭]

1. 회계연도 : 등록하는 회사의 기수, 회계연도를 입력한다.
2. 사업자등록번호 : 등록증에 기재된 번호를 입력한다.

> ### 사업자등록번호 체계
>
> 사업자등록번호는 예를 들면 123-45-67890 10자리로 표시한다.
> ▶ 앞의 3자리 : 사업장이 소재하고 있는 관할세무서 코드를 의미한다.
> ▶ 중간의 2자리
>
> | 개인사업자 | 01~79 | 과세사업자 | 89 | 법인이 아닌 종교단체 |
> |---|---|---|---|---|
> | | 80 | 아파트관리사무소 등 | 90~99 | 면세사업자 |
> | 법인사업자 | 81, 86, 87 | 영리법인의 본점 | 82 | 비영리법인의 본/지점 |
> | | 85 | 영리법인의 지점 | 84 | 외국법인의 본/지점 |
>
> ▶ 뒤의 5자리 : 4자리까지는 일련번호이며, 마지막 1자리는 검증번호를 의미한다.

3. **과세유형** : 일반과세자 1번, 간이과세자 2번, 면세사업자 3번

🍲 알아두기

▸ **일반과세자** : 법인사업자도 해당하며 개인사업자 중에서도 직전연도 공급대가 합계액이 연 1억400만원을 초과하는 사업자를 말한다.

▸ **간이과세자** : 법인사업자는 해당 없으며 개인사업자 중에서 직전연도 공급대가 합계액이 연 1억400만원에 미달하는 사업자를 말한다.

▸ **면세사업자** : 법인세법 또는 소득세법상에 따라 사업자등록을 하였으며 사업장현황 신고의무는 있으나 부가가치세 납부의무가 없는 사업자를 말한다.

4. **대표자명, 대표자거주구분** : 사업자등록증에 기재된 대표자 이름을 입력하며 거주구분은 소득세법상의 거주자 여부에 따라 "거주자 1번, 비거주자 2번"을 입력한다.

5. **대표자주민번호** : 사업자등록증에 기재된 주민등록번호를 입력한다.

6. **사업장주소** : [F2 코드도움] 또는 💬 아이콘을 눌러서 도로명을 입력하여 검색을 한다.

7. **자택주소** : [F2 코드도움] 또는 💬 아이콘을 눌러서 도로명을 입력하여 검색을 한다.

8. ~ 10. 업태, 종목, 주업종코드를 입력한다.

11. ~ 13. 사업장전화번호, 팩스번호, 자택전화번호를 입력한다.

14. ~ 16. 공동사업장여부는 2인 이상의 공동사업을 하는 경우 "여"를 입력한다. 소득구분은 [30.부동산임대, 32.주택임대, 40.사업소득] 중에서 해당하는 것을 선택한다. 전산회계 2급은 사업소득을 선택한다. 중소기업여부는 "여"를 선택한다.

17. ~ 18. 개업연월일은 사업자등록상의 개업연월일을 입력하며 폐업할 경우 폐업일자를 입력한다.

19. ~ 20. 사업장동코드와 주소지동코드는 각종 납부서에 반영될 사업장주소의 동코드와 대표자주소지의 동코드를 입력한다.

21. ~ 22. 사업장관할세무서는 사업장주소의 관할세무서를 입력하고 주소지관할세무서는 대표자 주소지의 관할세무서를 입력한다.

23. ~ 24. 지방소득세납세지는 지방소득세납부서에 반영될 납세지명을 입력하며 주소지지방소득세납세지는 대표자 주소지의 지방소득세 납부서에 반영될 납세지명을 입력한다.

02 기초정보관리

01 환경등록

재무회계 ⇨ 기초정보관리 ⇨ 환경등록

환경등록 메뉴는 프로그램을 본격적으로 사용하기 이전에 시스템의 환경설정을 등록하는 메뉴로서 회사 설정에 맞는 환경을 등록하는 메뉴이다. 프로그램 전반에 걸쳐 영향을 미치기 때문에 초기 설정값을 신중하게 고려하여 등록하며 초기에 등록한 내역은 가급적 변경하지 않고 사용하는 것이 좋다.

실습하기

스마트문구의 환경등록 메뉴에서 [10.고정자산 간편자동등록 사용]을 [0.사용안함]으로 설정한다.

실습하기 작업순서

회계	원천	개인

1 부가세 소수점 관리

	자 리 수	끝 전 처 리
수 량	0	
단 가	0	1.절사
금 액		2.올림

2 분개유형 설정

매 출	0401	상품매출
매 출 채 권	0108	외상매출금
매 입	0146	상품
매 입 채 무	0251	외상매입금
신용카드매출채권	0120	미수금
신용카드매입채무	0253	미지급금

3 추가계정 설정

구 분	유 형	계 정 과 목 추 가
매 출	매 출	
	매출채권	
매 입	매 입	
	매입채무	

4 부가세 포함 여부

카과, 현과의 공급가액에 부가세 포함	1.전체포함
건별 공급가액에 부가세 포함	1.포함
과세 공급가액에 부가세 포함	0.전체미포함

5 봉사료 사용 여부	0.사용안함
6 유형:불공(54)의 불공제 사유	2
유형:영세율매출(12.16) 구분	
7 단가 표시	1.사용
8 표준(법인세)용 재무제표	1.일반법인
9 건물외 유형고정자산 상각방법	1.정률법
10 고정자산 간편자동등록 사용	0.사용안함
11 현장코드 엔터키 자동복사	0.사용안함
12 부서사원코드 엔터키 자동복사	0.사용안함
13 프로젝트코드 엔터키 자동복사	0.사용안함
14 세금계산서 인쇄시 복수거래 정렬 방법	1.입력순
15 의제류 자동 설정	0.없음
의제매입공제율	6 / 106
재활용매입공제율	6 / 106
구리 스크랩등	5 / 105
16 신용카드매입 입력창 사용여부(일반전표)	0.사용안함
17 휴일 표시 사용여부	1.사용

⊙ 수량의 자리수를 입력합니다.

02 거래처등록

재무회계 ⇨ 기초정보관리 ⇨ 거래처등록

거래처등록 메뉴는 경영활동에서 발생할 수 있는 매출처, 매입처, 사업자등록증이 없는 개인거래처 등을 등록하여 관리하고자 할 경우 사용한다. 기업의 채권, 채무의 관리목적과 세금계산서, 계산서, 신용카드매출전표 등 증빙발행목적으로도 사용된다. 거래처등록 메뉴는 일반거래처, 금융기관, 신용카드의 탭으로 구성되어 있다.

[일반거래처등록 화면]

[일반거래처등록 메뉴 설명]

1. **코드** : 0101~97999 사이의 코드로 입력한다.

2. **거래처명** : 한글 30자, 영문 30자 이내로 입력을 한다. 거래처명은 등록 이후 변경이 가능하다.

3. **등록번호** : 사업자등록증상의 사업자등록번호를 입력한다. 화면 우측에서 사업자등록번호에 입력을 하면 반영된다. [사업자등록상태조회]를 클릭할 경우 국세청 홈페이지로 연결되어 등록하고자 하는 사업자등록번호를 조회하여 폐업자 또는 간이과세 등을 확인할 수 있다.

4. **유형** : 유형은 [1.매출, 2.매입, 3.동시]이며, 동시는 매출과 매입 동시에 해당될 때 선택한다. 선택 없이 엔터를 누를 경우 [3.동시]가 선택된다.

5. **주민등록번호** : 사업자등록증이 없는 개인과의 거래에서 주민등록번호로 세금계산서를 발행해야 하므로 주민등록번호를 기재하고 우측에서 주민기재분란에 [1:여]를 선택한다.

PART
02

6. **대표자명** : 사업자등록증상의 대표자명을 입력한다.

7. **업종** : 사업자등록증상의 업태와 종목을 입력한다.

8. **주소** : 우편번호란에 커서를 두고 [F2 코드도움] 또는 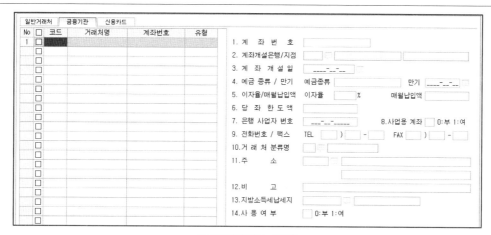 아이콘을 눌러서 거래처 사업장의 주소를 입력한다.

9. **업체담당자연락처** : 전자세금계산서를 수령할 거래처 담당자의 이메일, 전화번호, 메신저아이디 등을 입력한다. [사용]으로 체크된 사원에게 전자세금계산서가 발행된다.

[금융기관등록 화면]

[금융기관등록 메뉴 설명]

1. **코드** : 98000~99599 사이의 코드를 입력한다.

   코드를 일련번호순으로 부여하고자 하는 경우에는 금융기관 코드에서 일련번호 숫자를 넣으면 자동으로 완성된다. 예를 들어, [98001]로 부여하고자 할 때 [1]을 입력하면 [98001]로 완성된다.

2. **거래처명** : 보통예금, 당좌예금 등의 해당계좌 금융기관명을 입력한다.

3. **계좌번호** : 화면 우측에서 입력한 계좌번호가 자동반영된다.

4. **유형** : 예금의 종류이며 [1.보통예금, 2.당좌예금, 3.정기적금, 4.정기예금] 중 해당하는 것을 선택한다.

5. **계좌개설은행/지점** : 계좌개설은행 및 지점을 [F2 코드도움]으로 조회하여 선택한다.

6. **계좌개설일** : 계좌개설일을 입력한다.

[신용카드등록 화면]

[신용카드등록 메뉴 설명]

1. **코드** : 99600~99999 사이의 코드를 입력한다.

2. **거래처명** : 신용카드사 상호명을 입력한다.

3. **가맹점(카드)번호** : 유형이 매출인 경우에는 가맹점번호를 입력하며 매입인 경우에는 카드번호를 입력한다.

4. **유형** : 매출인 경우에는 [1.매출], 매입인 경우에는 [2.매입]을 선택한다.

5. **사업자등록번호** : 신용카드 거래처의 사업자등록번호를 입력한다.

6. **가맹점 번호** : [매출]인 경우 가맹점번호를 입력한다.

7. **카드번호(매입)** : [매입]인 경우 카드번호를 입력한다.

8. **카드종류(매입)** : [매입]인 경우 카드종류를 선택한다.

   [1.일반카드, 2.복지카드, 3.사업용카드] 중 하나를 선택하며 이 구분입력은 신용카드 매출전표 등 수령명세서에 반영된다.

알아두기

사업자등록번호 및 주민등록번호는 잘못 입력한 경우 붉은색으로 표기가 된다. 붉은색으로 표기가 되었다면 확인 후 재입력을 하도록 한다.

실습하기

스마트문구의 거래처등록을 수행하시오(단, 사업장주소는 직접 입력하고 우편번호는 생략할 것).

코드		거래처명	사업자 등록번호	유형	대표자 성명	업태	종목	사업장주소
일반거래처	101	대성문구	122-56-12346	동시	이신영	도매	문구	서울 강남구 강남대로 252
	102	서남문구	305-09-37894	동시	박영진	소매	문구	서울 동대문구 망우로 121
	103	한영잡화	112-85-34528	동시	이진수	소매	문구 잡화	서울 동작구 동작대로 103
	104	행복물산	107-26-34039	동시	송민국	도매	사무 용품	서울 강북구 덕릉로 100
	105	현대상사	110-13-34068	동시	김일승	도매	문구	서울시 강서구 가로공원로 174
	106	나이스상사	135-43-11116	동시	홍명희	소매	잡화	서울 양천구 오목로 100-11
	107	베스트전자	117-23-11236	동시	손윤기	도매	전자 제품	경기도 고양시 일산동구 강석로 113
금융기관	98001	국민은행 (당좌예금)	계좌번호 : 804601-02-100265 계좌개설일 : 2017년 1월 25일					
	98002	우리은행 (보통예금)	계좌번호 : 1002-145-223633 계좌개설일 : 2017년 1월 25일					
신용카드	99601	국민카드	카드번호 : 2279-8852-1234-1234 유형 : 매입 카드종류(매입) : 3.사업용 카드					
	99602	우리카드사	가맹점번호 : 123123123 유형 : 매출					

✎ **실습하기 작업순서** ─────────────────────────────

① 거래처등록의 일반거래처 탭에서 거래처정보를 입력한다.

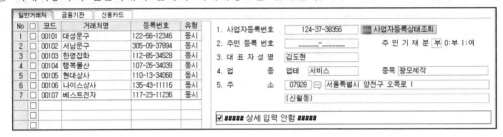

② 거래처등록의 금융기관 탭에서 거래처정보를 입력한다.

③ 거래처등록의 신용카드 탭에서 거래처정보를 입력한다.

☕ 알아두기

1. 거래처등록은 중요한 정보이므로 정확하게 입력하는 것이 좋다. 만약 코드를 잘못 입력하였다면 화면 상단에서 삭제아이콘을 사용해 삭제하고 다시 입력한다. 거래처명을 잘못 입력한 경우에도 재입력을 하면 된다. 하지만 코드를 잘못 입력한 후 전표입력을 하였다면 삭제는 불가능하다.
2. 전산회계 2급 시험에서는 실무수험 수행 시 채권·채무와 관련된 거래처명은 반드시 기등록되어 있는 거래처 코드를 선택해서 입력하여야 한다. 금융거래처가 제시되었다면 금융거래처도 입력을 하도록 한다.

03 계정과목 및 적요등록

재무회계 ⇨ 기초정보관리 ⇨ 계정과목 및 적요등록

거래가 발생하면 기업의 자산, 부채, 자본, 수익, 비용의 증감변동 금액이 발생하는데 이러한 증감변화를 구체적인 항목을 세워 기록 및 계산을 하여야 한다. 이러한 단위를 계정이라 하며 계정에 표현하는 이름을 계정과목이라고 말한다.

계정과목은 일반기업회계기준에 따라 가장 일반적인 체계로 설정되어 있으며 필요에 따라 추가 등록하거나 기존에 사용하고 있는 계정과목을 수정하여 사용할 수 있으며, 계정과목에 필요한 적요사항(현금적요와 대체적요)도 기본적으로 등록된 것 이외에도 추가로 등록하여 사용할 수 있다.

[계정과목 및 적요등록 화면]

[계정과목 및 적요등록 설명]

1. **계정체계** : 자산, 부채, 자본, 수익, 비용의 계정과목이 항목별로 계정코드의 범위가 설정되어 있다.

2. **코드/계정과목** : 일반적인 계정과목은 자동으로 설정되어 있으며 101~999까지의 코드로 구성되어 있다.

3. **성격** : 일반적인 항목은 초기값이 설정되어 있으며, 계정과목에 따라 성격이 다르므로 추가한 계정과목에 대해서는 사용자가 직접 선택한다.

   ▶ **차감** : 차감은 본 계정의 차감성질로서 재무제표 등에 차감하는 형식으로 표시 가능
   ▶ **일반** : 일반적인 성질의 계정과목
   ▶ **상각** : 감가상각이 필요한 자산

4. **관계** : 서로 관련이 있는 계정들을 연결하는 도구이다. 예를 들어 [451.상품매출원가] 계산 시 [146.상품]이 필요하듯이 서로 관계있는 계정을 연결하여 사용하게 된다.

5. **적요입력** : 각 과목별로 현금적요와 대체적요로 구분되어 있으며 전표입력 시 각 전표의 성격에 맞게 적요를 선택하기 위해 등록한다.

   ▶ **현금적요** : 전표입력에서 입금전표와 출금전표와 같은 현금거래에서 해당 거래에 대한 사유를 입력하는 것으로 추가 또는 내용을 수정할 수 있다.
   ▶ **대체적요** : 전표입력에서 대체전표의 거래에서 해당 거래에 대한 사유를 입력하는 것으로 추가 또는 내용을 수정할 수 있다.
   ▶ **비용계정과목 입력 시 주의사항**
   전산회계 2급에서는 도소매업 가정하에 시험이 진행되기 때문에 800번대 판매비와관리비로 회계처리한다.

🐾 알아두기

계정과목 추가 또는 수정방법

▶ **신규 계정과목 등록** : 계정과목 중 [사용자설정계정과목]은 신규계정과목을 등록할 수 있는 곳이므로 추가하고자 하는 계정과목을 입력하면 된다.

▶ **계정과목 수정** : 검정색 계정과목은 수정하고자 하는 계정과목을 직접 입력하여 수정하고, 붉은색 계정과목의 수정은 붉은색 계정과목을 클릭하고 [Ctrl + F2]를 동시에 누른 후 수정하고자 하는 계정과목을 입력한다.

▶ **자산의 차감적평가항목 대손충당금, 감가상각누계액을 입력할 경우** : 해당 계정과목 코드의 다음 코드로 등록한다.
예를 들어 [108.외상매출금]의 대손충당금은 108번의 다음코드 [109.대손충당금]을 사용하며 [202.건물]의 감가상각누계액은 202번의 다음코드 [203.감가상각누계액]을 사용한다.

실습하기

스마트문구의 계정과목 및 적요등록을 수행하시오.

1. 138. 전도금을 "소액현금"으로 수정하여 등록하시오.
2. 811. 복리후생비 계정과목의 대체적요 3번 란에 "종업원 명절선물대금"을 등록하시오.
3. 851. 사용자설정계정과목을 "피복비"로 수정하여 등록하고 현금적요와 대체적요를 등록하시오(성격 : [3.경비]).

현금적요	1. 작업복 구입 시 현금지급
대체적요	1. 작업복 구입 시 미지급금 발생

4. 영업외수익의 아래 계정과목을 수정하시오.

905.단기투자자산평가이익 → 단기매매증권평가이익

906.단기투자자산처분이익 → 단기매매증권처분이익

실습하기 작업순서

[1번 예제 풀어보기]

① 계정과목 코드 아무 곳이나 클릭한 후 숫자 138을 입력하면 전도금으로 이동하게 된다.

② 계정과목을 클릭한 후 [Ctrl + F2]를 동시에 누른 후 손을 떼고 우측의 계정코드(명)칸에서 소액현금을 입력하면 수정이 된다.

[2번 예제 풀어보기]

① 계정과목을 찾는 방법은 코드를 입력해서 찾는 방법도 있고, 계정체계에서 해당 계정과목 코드 범위 내에서 찾는 경우도 있다. 또는 [Ctrl + F]를 눌러서 찾을 내용을 입력하여 찾는 방법도 있다.

② 복리후생비 계정과목의 대체적요 3번에 내용을 입력한다.

0809	사 용 자설정계정과목			적요NO	대체적요
0810	사 용 자설정계정과목			1	직원식당운영비 대체
0811	복 리 후 생 비	3.경	비	2	직원회식대 미지급
0812	여 비 교 통 비	3.경	비	3	종업원 명절선물대금

[3번 예제 풀어보기]

① 코드란에 851을 입력하면 [851.사용자설정계정과목]으로 이동하게 된다.
② 오른쪽 계정코드(명)에서 피복비를 입력한 후 하단에서 현금적요와 대체적요를 입력한다.

[4번 예제 풀어보기]

① 905.단기투자자산평가이익 계정과목을 단기매매증권평가이익으로 수정한다.

② 906.단기투자자산처분이익 계정과목을 단기매매증권처분이익으로 수정한다.

03 전기분재무제표

01 전기분재무상태표

재무회계 ⇨ 전기분재무제표 ⇨ 전기분재무상태표

계속사업자가 결산을 수행한 후 [마감후이월] 작업을 한다면 전기분 자료는 자동 반영되지만, 프로그램을 처음 구입하는 경우에는 전기분 자료를 직접 입력하게 된다.

전기분재무상태표는 전기분재무상태표의 내용을 입력하는 메뉴로서 전기분과 당기분의 비교식 재무상태표를 작성할 수 있다.

[전기분재무상태표 설명]

1. 전산회계 2급은 도소매업 개인사업자를 가정하여 자격증시험을 진행하므로 전기분재무상태표와 전기분손익계산서만 작성한다.

2. 전기분재무상태표상의 기말상품재고액은 전기분손익계산서의 상품매출원가 계산 시 기말상품재고액으로 자동반영된다.

3. 왼쪽에는 자산항목별로 입력을 하고 오른쪽에서는 부채 및 자본을 항목별로 입력을 한다. 자본금 계정에는 기초자본금과 대표자 인출금, 당기순이익의 합계액을 입력한다.

4. 입력하는 방법

▶ 계정과목을 입력하는 방법

 ① [F2 코드도움]을 누르고 계정코드도움창이 뜨면 계정과목을 2글자 입력하여 계정과목을 선택한다.

 ② 코드란에 찾고자 하는 계정과목을 2글자 입력한 후 엔터를 치면 계정과목코드도움창이 뜨고 계정과목을 선택한다.

▶ 금액을 입력하는 방법

 ① 키보드 오른쪽의 "+"를 누르면 "000"이 입력되어 큰 금액을 입력할 경우 유용하게 사용할 수 있다.

 예를 들어 2,000,000원을 입력할 경우 2++를 누르면 된다.

▶ 대손충당금과 감가상각누계액 입력하는 방법

 ① 대손충당금과 감가상각누계액은 자산의 차감적 평가항목으로서 해당 자산 계정과목 코드의 다음 코드를 사용한다.

 예를 들어 108. 외상매출금   → 109. 대손충당금

 　　　　　 110. 받을어음   → 111. 대손충당금

 　　　　　 202. 건물   → 203. 감가상각누계액

208.차량운반구 → 209.감가상각누계액

212.비품 → 213.감가상각누계액

5. 재무상태표에서 작업을 완료한 후 반드시 대차차액이 0원인 것을 확인해야 한다.

📕 **실습하기**

스마트문구의 전기분재무상태표를 입력하시오.

재무상태표

회사명 : 스마트문구　　　　　제8기 2024년 12월 31일 현재　　　　　(단위 : 원)

자산		금액	부채와 자본		금액
현　　　　　금		26,000,000	외 상 매 입 금		16,000,000
당 좌 예 금		10,000,000	지 급 어 음		15,500,000
보 통 예 금		19,000,000	선　수　금		10,000,000
외 상 매 출 금	12,000,000		미 지 급 금		6,500,000
대 손 충 당 금	120,000	11,880,000	단 기 차 입 금		36,000,000
받 을 어 음	3,500,000		자　본　금		65,995,000
대 손 충 당 금	35,000	3,465,000	(당기순이익 :		
미　수　금		650,000	28,690,000)		
상　　　　　품		6,000,000			
차 량 운 반 구	21,000,000				
감가상각누계액	4,000,000	17,000,000			
비　　　　품	8,500,000				
감가상각누계액	2,500,000	6,000,000			
임 차 보 증 금		50,000,000			
자 산 총 계		149,995,000	부채와자본총계		149,995,000

✏️ **실습하기 작업순서**

① 자산은 화면 왼쪽에서 입력하고 부채와 자본은 화면 우측에서 입력한다.

② 정확하게 입력한 후 차변합계와 대변합계 금액이 일치하는지 확인하며 대차차액이 없는 것을 확인한다.

③ 대손충당금, 감가상각누계액은 해당 계정과목의 차감적평가항목으로 다음 코드를 선택하여 입력한다.

④ 전기분재무상태표의 상품금액은 전기의 기말상품재고액으로 전기분손익계산서의 상품매출원가탭의 기말상품재고액 금액과 반드시 일치하여야 한다.

PART
02

자산			부채 및 자본			계정별 합계	
코드	계정과목	금액	코드	계정과목	금액	1. 유동자산	76,995,000
0101	현금	26,000,000	0251	외상매입금	16,000,000	①당좌자산	70,995,000
0102	당좌예금	10,000,000	0252	지급어음	15,500,000	②재고자산	6,000,000
0103	보통예금	19,000,000	0259	선수금	10,000,000	2. 비유동자산	73,000,000
0108	외상매출금	12,000,000	0253	미지급금	6,500,000	①투자자산	
0109	대손충당금	120,000	0260	단기차입금	36,000,000	②유형자산	23,000,000
0110	받을어음	3,500,000	0331	자본금	65,995,000	③무형자산	
0111	대손충당금	35,000				④기타비유동자산	50,000,000
0120	미수금	650,000				자산총계(1+2)	149,995,000
0146	상품	6,000,000				3. 유동부채	84,000,000
0208	차량운반구	21,000,000				4. 비유동부채	
0209	감가상각누계액	4,000,000				부채총계(3+4)	84,000,000
0212	비품	8,500,000				5. 자본금	65,995,000
0213	감가상각누계액	2,500,000				6. 자본잉여금	
0232	임차보증금	50,000,000				7. 자본조정	
						8. 기타포괄손익누계액	
						9. 이익잉여금	
						자본총계(5+6+7+8+9)	65,995,000
						부채 및 자본 총계	149,995,000
차 변 합 계		149,995,000	대 변 합 계		149,995,000	대 차 차 액	

퇴직급여충당부채(295) :	제 조		도 급		보 관	
	분 양		운 송		판 관 비	
퇴직연금충당부채(329) :	제 조		도 급		보 관	
	분 양		운 송		판 관 비	

코드을(를) 입력하세요.

---

02 전기분손익계산서

재무회계 ▷ 전기분재무제표 ▷ 전기분손익계산서

전년도 말의 손익계산서 자료를 입력하는 메뉴로서 비교식 손익계산서 작성자료로 제공된다. 전기분손익계산서 역시 프로그램을 처음 구입하는 경우 전기의 자료가 없으므로 입력하여야 한다. 계속사업자는 결산 시 [마감후이월] 작업으로 자동 반영된다.

[전기분손익계산서 설명]

1. 입력방식은 전기분재무상태표와 동일하다. 계정과목별로 금액을 정확하게 입력한 후 당기순이익을 확인한다.

2. 전기분재무상태표상의 기말상품재고액은 전기분손익계산서의 상품매출원가 계산 시 기말상품재고액으로 자동반영된다. 기말상품재고액을 수정하거나 금액이 반영되지 않았을 경우에는 전기분재무상태표에서 수정하거나 추가 등록을 해주어야 한다.

3. 계정과목을 입력하는 방법
   ① [F2 코드도움]을 누르고 계정과목을 검색하여 입력한다.

② 코드란에 찾고자 하는 계정과목 2글자를 입력한 후 엔터를 치면 계정과목코드도움창이 뜨고 계정과목을 선택하면 된다.

③ 금액을 입력할 경우에는 키보드 오른쪽의 "+"를 누르면 "000"이 입력되어 큰 금액을 입력할 경우 유용하게 사용할 수 있다.

예를 들어 2,000,000원을 입력할 경우 2++를 누르면 된다.

실습하기

스마트문구의 전기분손익계산서를 입력하시오.

손익계산서

회사명 : 스마트문구　　　제8기 2024년 1월 1일부터 2024년 12월 31일까지　　　　(단위 : 원)

과목	금액	과목	금액
Ⅰ. 매　　출　　액	110,000,000	Ⅴ. 영　업　이　익	30,790,000
상　품　매　출	110,000,000	Ⅵ. 영　업　외　수　익	3,900,000
Ⅱ. 상 품 매 출 원 가	34,000,000	이　자　수　익	3,900,000
기 초 상 품 재 고 액	10,000,000	Ⅶ. 영　업　외　비　용	6,000,000
당 기 상 품 매 입 액	30,000,000	이　자　비　용	4,800,000
기 말 상 품 재 고 액	6,000,000	기　부　금	1,200,000
Ⅲ. 매 출 총 이 익	76,000,000	Ⅷ. 소득세차감전순이익	28,690,000
Ⅳ. 판 매 비 와 관 리 비	45,210,000	Ⅸ. 소　득　세　등	
급　　　　　여	20,000,000	Ⅹ. 당　기　순　이　익	28,690,000
복 리 후 생 비	6,200,000		
여 비 교 통 비	3,500,000		
기 업 업 무 추 진 비	1,800,000		
통　　신　　비	1,200,000		
수 도 광 열 비	5,400,000		
세 금 과 공 과	500,000		
임　　차　　료	3,900,000		
차 량 유 지 비	2,100,000		
광 고 선 전 비	610,000		

실습하기 작업순서

① 상품매출 금액을 입력하면 매출액에 자동집계된다.

② [451.상품매출원가]를 입력하면 매출원가를 계산해주는 창이 뜬다. 해당 화면에서의 기말상품 재고액은 전기분재무상태표에서 자동반영된 금액이다.

매출원가	
기 초 상 품 재 고 액	10,000,000
당 기 상 품 매 입 액 +	30,000,000
매 입 환 출 및 에 누 리 -	
매 입 할 인 -	
타 계 정 에 서 대 체 액 +	
타 계 정 으 로 대 체 액 -	
관 세 환 급 금 -	
상 품 평 가 손 실 +	
상 품 평 가 손 실 환 입 -	
기 말 상 품 재 고 액 -	6,000,000
매 출 원 가 =	34,000,000
	확인(Tab)

③ 급여부터 계정과목과 금액을 순차적으로 입력하고 당기순이익을 확인한다.

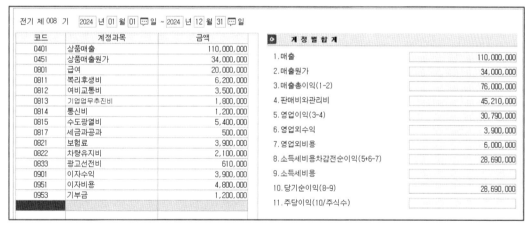

전기 제 008 기 2024 년 01 월 01 일 ~ 2024 년 12 월 31 일

코드	계정과목	금액
0401	상품매출	110,000,000
0451	상품매출원가	34,000,000
0801	급여	20,000,000
0811	복리후생비	6,200,000
0812	여비교통비	3,500,000
0813	기업업무추진비	1,800,000
0814	통신비	1,200,000
0815	수도광열비	5,400,000
0817	세금과공과	500,000
0821	보험료	3,900,000
0822	차량유지비	2,100,000
0833	광고선전비	610,000
0901	이자수익	3,900,000
0951	이자비용	4,800,000
0953	기부금	1,200,000

계 정 별 합 계

1.매출	110,000,000
2.매출원가	34,000,000
3.매출총이익(1-2)	76,000,000
4.판매비와관리비	45,210,000
5.영업이익(3-4)	30,790,000
6.영업외수익	3,900,000
7.영업외비용	6,000,000
8.소득세비용차감전순이익(5+6-7)	28,690,000
9.소득세비용	
10.당기순이익(8-9)	28,690,000
11.주당이익(10/주식수)	

03 거래처별초기이월

재무회계 ⇨ 전기분재무제표 ⇨ 거래처별초기이월

전기분재무상태표의 데이터가 자동반영되므로 반드시 전기분재무상태표를 먼저 입력하여야 한다. 거래처별초기이월은 거래처별로 채권, 채무 등을 관리하기 위한 목적으로 입력하는 메뉴이며 입력 후 거래처원장에 전기이월란에 표기된다.

[거래처별초기이월 설명]

1. [F4 불러오기]를 눌러서 전기분재무상태표의 데이터를 반영한다.

2. 초기이월을 직접 입력 시 발생할 수 있는 오류를 방지하기 위하여 전기분재무상태표에서 입력 된 각각의 계정과목에 따른 금액에 준하여 거래처별로 입력할 수 있도록 되어 있다.

3. 채권, 채무별로 거래처별 금액을 입력하며 재무상태표금액과 거래처별 금액의 합계가 반드시 일치하여야 차액이 발생하지 않는다.

▌실습하기

스마트문구의 거래처별초기이월을 수행하시오.

계정과목	코드	거래처	금액
보통예금	98002	우리은행	19,000,000
외상매출금	00101	대성문구	5,000,000
	00102	서남문구	7,000,000
받을어음	00103	한영잡화	3,500,000
외상매입금	00104	행복물산	12,000,000
	00105	현대상사	4,000,000
지급어음	00107	베스트전자	15,500,000
단기차입금	98001	국민은행	36,000,000

✏️ **실습하기 작업순서**

① 코드란에 커서를 두고 왼쪽 상단에서 [F4 불러오기]를 눌러서 전기분재무상태표의 데이터를 반영한다.

② 왼쪽 화면에서 계정과목을 클릭하고 오른쪽에 거래처별로 금액을 입력하고 반드시 엔터를 눌러서 다음 칸으로 내려와야 저장이 된다.

③ 입력한 후에는 반드시 우측하단에서 차액이 없는 것을 확인한다.

▶ **보통예금 입력화면**

코드	계정과목	재무상태표금액	코드	거래처	금액
0103	보통예금	19,000,000	98002	우리은행	19,000,000
0108	외상매출금	12,000,000			
0109	대손충당금	120,000			
0110	받을어음	3,500,000		합 계	19,000,000
0111	대손충당금	35,000		차 액	0

▶ **외상매출금 입력화면**

코드	계정과목	재무상태표금액	코드	거래처	금액
0108	외상매출금	12,000,000	00101	대성문구	5,000,000
0109	대손충당금	120,000	00102	서남문구	7,000,000
0110	받을어음	3,500,000			
0111	대손충당금	35,000		합 계	12,000,000
0120	미수금	650,000		차 액	0

▶ **받을어음 입력화면**

코드	계정과목	재무상태표금액		코드	거래처	금액
0110	받을어음	3,500,000		00103	한영잡화	3,500,000
0111	대손충당금	35,000				
0120	미수금	650,000				
0146	상품	6,000,000			합 계	3,500,000
0208	차량운반구	21,000,000			차 액	0

▶ **외상매입금 입력화면**

코드	계정과목	재무상태표금액		코드	거래처	금액
0251	외상매입금	16,000,000		00104	행복물산	12,000,000
0252	지급어음	15,500,000		00105	현대상사	4,000,000
0253	미지급금	6,500,000				
0259	선수금	10,000,000			합 계	16,000,000
0260	단기차입금	36,000,000			차 액	0

▶ **지급어음 입력화면**

코드	계정과목	재무상태표금액		코드	거래처	금액
0252	지급어음	15,500,000		00107	베스트전자	15,500,000
0253	미지급금	6,500,000				
0259	선수금	10,000,000				
0260	단기차입금	36,000,000			합 계	15,500,000
0331	자본금	65,995,000			차 액	0

▶ **단기차입금 입력화면**

코드	계정과목	재무상태표금액		코드	거래처	금액
0253	미지급금	6,500,000		98001	국민은행	36,000,000
0259	선수금	10,000,000				
0260	단기차입금	36,000,000				
0331	자본금	65,995,000			합 계	36,000,000
					차 액	0

04 일반전표입력 및 오류 수정

01 일반전표입력

일반전표입력 메뉴는 부가가치세 신고와 관련 없는 거래를 입력하는 메뉴이다. 부가가치세와 관련이 있는 거래(세금계산서, 계산서, 수입세금계산서, 신용카드와 현금영수증거래) 외의 모든 거래자료를 입력한다. 전산회계 2급 시험은 부가가치세와 관련이 없는 일반전표의 거래자료입력만 시험범위에 해당한다. 전표를 입력하면 각종 제장부에 자동으로 반영된다.

재무회계 ⇨ 전표입력 ⇨ 일반전표입력

[일반전표입력 메뉴 설명]

1. **월** : 입력하고자 하는 전표의 해당 월 2자리 숫자를 입력하거나 마우스를 클릭하여 1월~12월 중 해당 월을 선택한다.

2. **일** : 전표일자는 사용자 편의를 위하여 두 가지 방법으로 입력할 수 있다.
   ① 해당 월만 입력 후 일자별 거래를 계속하여 입력
   ② 해당 일자를 입력 후 해당 일 거래를 입력

3. **번호** : 전표번호는 각 일자별로 1부터 자동 부여되며, 한번 부여 후 삭제된 번호는 다시 부여되지 않는다.
   대체분개 입력 시에는 차변, 대변 합계가 일치할 때까지 1개의 전표로 인식하여 동일한 번호가 부여되며, 차변, 대변의 합계가 일치된 다음 입력되는 전표는 새로운 전표로 보아 다음 번호로 부여된다.
   ▶ 전표번호를 수정하고자 하는 경우에는 상단에서 [SF2 번호수정]을 클릭한 후 수정하고자 하는 번호를 입력하여 수정한다.

4. **구분** : 전표의 유형을 입력하는 곳이다.

   > 💬 구분을 입력하세요. 1.출금, 2.입금, 3.차변, 4.대변, 5.결산차변, 6.결산대변

   현금전표 - 1 : 출금전표, 2 : 입금전표
   대체전표 - 3 : 차변, 4 : 대변
   결산전표 - 5 : 결차, 6 : 결대, 결차 - 결산차변, 결대 - 결산대변

5. **계정과목을 입력하는 방법**
   ① [F2 코드도움]을 누르고 계정코드도움창이 뜨면 계정과목을 2글자 입력하여 계정과목을 선택한다.

② 코드란에 찾고자 하는 계정과목을 2글자 입력한 후 엔터를 치면 계정과목코드도움창이 뜨고 계정과목을 선택한다.

▶ **비용계정과목 입력 시 주의사항**

전산회계 2급에서는 도소매업 가정하에 시험이 진행되기 때문에 800번대 판매비와관리비로 회계처리를 한다.

6. **거래처** : 전산회계 2급 시험에서는 채권, 채무에 관련한 계정과목은 반드시 거래처를 입력해야 한다.

▶ **실무시험 수행 시 거래처를 반드시 입력해야 하는 계정과목**

채권	채무
외상매출금	외상매입금
받을어음	지급어음
미수금	미지급금
대여금(장기, 단기)	차입금(장기, 단기)
선급금	선수금
보통예금, 당좌예금(은행명이 제시된 경우)	유동성장기부채
가지급금	가수금
임차보증금	임대보증금

▶ **거래처 코드를 입력하는 방법**

① 커서를 거래처 코드란에 두고 [F2 코드도움]을 누르고 거래처도움창이 뜨면 해당 화면에서 입력하고자 하는 거래처를 선택하고 확인을 누른다.

② 커서를 거래처 코드란에 두고 입력하고자 하는 거래처명을 두 글자 입력하면 해당 글자가 포함된 거래처가 거래처도움창에 뜬다. 해당 화면에서 입력하고자 하는 거래처를 선택하고 확인을 누른다.

③ 거래처 코드를 알고 있는 경우에는 거래처 코드란에 코드를 입력하면 자동으로 반영된다.

▶ **신규거래처를 등록하는 경우**

커서가 거래처 코드란에 있을 때 "+"를 누르면 "00000"이 자동으로 표기된다. 입력하고자 하는 거래처명을 입력하고 엔터를 누르면 거래처등록창이 뜬다. 등록하고자 하는 거래처 코드를 입력하고 등록을 누르면 세부사항등록 없이 거래처가 등록된다. 거래처의 사업자등록증상의 상세 정보를 등록하고자 할 경우에는 수정을 누르고 화면 하단에서 거래처등록 박스에 상세 정보를 등록하면 된다.

7. **적요** : [F2 코드도움]을 눌러서 적요도움창에서 해당하는 적요를 선택하여 등록한다. 화면 하단에 나타나는 적요는 내장적요이며 사업장에서 필요하다고 판단되는 적요를 등록하고자 하는 경우에는 [F8 수정적요등록]을 눌러서 내장적요를 수정할 수도 있고 추가로 등록하여 사용할 수도 있다.

8. **금액** : 금액을 입력할 경우에는 키보드 오른쪽의 "+"를 누르면 "000"이 입력되어 큰 금액을 입력할 경우 유용하게 사용할 수 있다. 예를 들어 2,000,000원을 입력할 경우 2++를 누르면 된다.

1) 거래와 전표

기업은 경영활동상에서 회계상의 거래가 발생하였을 경우 거래의 8요소에 의해서 전표를 발행하게 된다. 전표는 부가가치세와 관련이 없는 일반전표와 부가가치세와 관련이 있는 매입매출전표로 나뉘게 되며 일반전표는 입금전표, 출금전표, 대체전표로 구분할 수 있다.

입금전표는 거래총액이 전액 현금으로 입금된 경우에 발행하며 출금전표는 거래총액이 전액 현금으로 지출된 경우에 발행한다. 대체전표는 거래총액 중 현금을 전혀 수반하지 않은 거래이거나 거래총액 중 일부가 현금의 수입과 지출이 있는 경우에 발행한다.

2) 입금전표, 출금전표, 대체전표 이해하기

구분	내용	분개			
입금전표	전액 현금으로 입금된 경우	(차) 현금	×××	(대) 상품매출	×××
출금전표	전액 현금으로 지출된 경우	(차) 이자비용	×××	(대) 현금	×××
대체전표	현금거래가 전혀 없는 경우	(차) 비품	×××	(대) 미지급금	×××
	거래금액 중 일부 현금의 수입과 지출이 있는 경우	(차) 현금 받을어음	××× ×××	(대) 상품매출	×××

실습하기

스마트문구의 출금전표, 입금전표, 대체전표의 일반전표입력을 수행하시오.

[출금전표 실습하기]
1월 2일 직원들의 간식으로 피자를 구입하고 200,000원을 현금으로 지급하였다.

[입금전표 실습하기]
1월 4일 대성문구에 상품 5,000,000원을 판매하기로 하고 계약금 500,000원을 자기앞수표로 입금받았다.

[대체전표 실습하기]
1월 7일 회사의 영업용 승용차에 엔진오일을 교체하고 대금 88,000원을 국민카드로 결제하였다.

✏️ **실습하기 작업순서**

[출금전표 실습하기]

1. 1월 2일을 입력하고 구분에서 1을 입력한다. 화면 하단 왼쪽 메시지박스에서 구분을 확인할 수 있다.

> 💬 구분을 입력하세요. 1.출금, 2.입금, 3.차변, 4.대변, 5.결산차변, 6.결산대변

2. 계정과목을 입력하는 방법
① [F2 코드도움]을 누르고 계정코드도움창이 뜨면 계정과목을 2글자 입력하여 계정과목을 선택한다.
② 코드란에 찾고자 하는 계정과목을 2글자 입력한 후 엔터를 치면 계정과목코드도움창이 뜨고 계정과목을 선택한다.

3. 거래처는 채권, 채무, 금융거래처(지문에서 제시한 경우)만 입력한다.

4. 시험에서 적요의 입력은 생략한다(단, 타계정으로 대체에 해당하는 경우에는 입력한다).

[입금전표 실습하기]

1. 1월 4일을 입력하고 구분에서 2를 입력한다. 화면 하단 왼쪽 메시지박스에서 구분을 확인할 수 있다.

> 💬 구분을 입력하세요. 1.출금, 2.입금, 3.차변, 4.대변, 5.결산차변, 6.결산대변

2. 계정과목을 입력하는 방법

① [F2 코드도움]을 누르고 계정코드도움창이 뜨면 계정과목을 2글자 입력하여 계정과목을 선택한다.

② 코드란에 찾고자 하는 계정과목을 2글자 입력한 후 엔터를 치면 계정과목코드도움창이 뜨고 계정과목을 선택한다.

3. 거래처는 채권, 채무, 금융거래처(지문에서 제시한 경우)만 입력한다.

거래처 코드를 입력하는 방법

① [F2 코드도움]을 누르고 거래처도움창이 뜨면 거래처명 2글자를 입력하여 거래처명을 선택한다.

② 거래처 코드란에서 입력하고자 하는 거래처명을 2글자 입력한 후 거래처도움창에서 거래처를 선택하고 확인을 누른다.

③ 거래처 코드를 알고 있는 경우에는 거래처 코드란에 코드를 입력하면 자동으로 반영된다.

4. 시험에서 적요의 입력은 생략한다(단, 타계정으로 대체에 해당하는 경우에는 반드시 입력한다).

[대체전표 실습하기]

1. 1월 7일을 입력하고 구분에서 차변은 3, 대변은 4를 입력한다.

차변이나 대변 어느 쪽을 먼저 입력해도 상관없으나 반드시 입력 후에 차변과 대변의 금액은 일치하여야 한다.

> 💬 구분을 입력하세요. 1.출금, 2.입금, 3.차변, 4.대변, 5.결산차변, 6.결산대변

2. 계정과목을 입력하는 방법

① [F2 코드도움]을 누르고 계정코드도움창이 뜨면 계정과목을 2글자 입력하여 계정과목을 선택한다.

② 코드란에 찾고자 하는 계정과목을 2글자 입력한 후 엔터를 치면 계정과목코드도움창이 뜨고 계정과목을 선택한다.

3. 거래처는 채권, 채무, 금융거래처(지문에서 제시한 경우)만 입력한다.

거래처 코드를 입력하는 방법

① [F2 코드도움]을 누르고 거래처도움창이 뜨면 거래처명 2글자를 입력하여 거래처명을 선택한다.

② 거래처 코드란에서 입력하고자 하는 거래처명을 2글자 입력한 후 거래처도움창에서 거래처를 선택하고 확인을 누른다.

③ 거래처 코드를 알고 있는 경우에는 거래처 코드란에 코드를 입력하면 자동으로 반영된다.

4. 시험에서 적요의 입력은 생략한다(단, 타계정으로 대체에 해당하는 경우에는 반드시 입력한다).

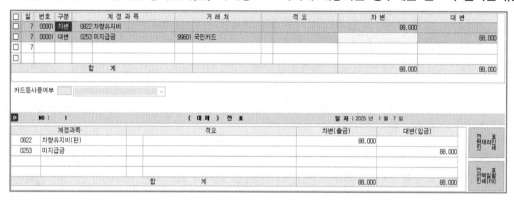

실습하기

신규거래처 등록하기

1월 8일 사업주 개인용도로 사용하기 위해 한양가전에서 신형카메라 800,000원을 구매하고 결제는 7일 뒤 지급하기로 하였다(신규거래처 코드등록 108).

1권		5호	거래명세표(보관용)						
2025 년 1 월 8 일				공급자	등록번호	104-08-56781			
스마트문구		귀하			상호	한양가전	성명	최선일 ㉑	
					사업장소재지	서울특별시 양천구 공항대로 538			
아래와 같이 계산합니다.					업태	도소매업	종목	가전제품	
합계금액		팔십만 원정 (₩ 800,000)							
월 일	품 목		규 격	수 량	단 가	공 급 가 액		세 액	
1/8	카메라1080					800,000			
	계								
전잔금					합 계		800,000		
입 금		잔 금			인수자		공도윤 ㉑		
비 고									

✏️ **실습하기 작업순서** ──────────────────────────────

① 1월 8일을 입력하고 구분에서 3.차변을 입력하고 388.인출금 계정과목을 입력한 후 금액은 800,000원을 입력한다.

② 다음 줄에서 구분에서 4.대변을 입력하고 253.미지급금 계정과목을 입력한 후 커서가 거래처 코드란에 있을 때 "+"를 누르면 "00000"이 자동으로 표기가 된다. 입력하고자 하는 거래처명을 입력하고 엔터를 누르면 거래처등록창이 뜨게 된다.

③ 거래처의 상세정보를 입력하기 위해서 수정을 누른 후 화면 하단 거래처등록에서 내용을 입력한다.

④ 입력된 화면

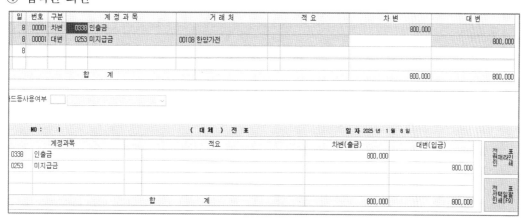

월별 일반전표입력 연습하기

01 1월 전표입력

① 01월 05일 사업장 이전을 위하여 베스트전자와 사무실 임차 계약을 하고 사업용 보통예금 계좌에서 1개월분 월세 3,000,000원을 송금하였다. 해당 사무실에 대한 실제 임차개시일은 1월 20일이다.

② 01월 06일 상품을 판매하고 발급한 거래명세서이다. 대금 중 복사용지 대금은 당좌예금 계좌로 입금받고, 줄무늬노트 대금은 외상으로 하였다.

1권		5호		거래명세표(보관용)				
2025 년 1 월 6 일			공급자	등록번호	117-23-24750			
나이스상사		귀하		상호	스마트문구	성명	공도윤 ㉑	
				사업장소재지	서울시 양천구 가로공원로 66			
아래와 같이 계산합니다.				업태	도소매업	종목	문구	
합계금액	사백만원정 (₩ 4,000,000)							
월 일	품 목		규 격	수 량	단 가	공 급 가 액		세 액
1/6	복사용지					3,000,000		
1/6	줄무늬노트					1,000,000		
계								
전잔금				합 계				4,000,000
입 금	3,000,000		잔 금	1,000,000		인수자	윤희수 ㉑	
비 고								

③ 01월 10일 거래처 행복물산으로부터 외상매입금 1,500,000원의 지급을 면제받았다.

④ 01월 15일 매출처의 체육행사에 협찬으로 제공하기 위해 스마트폰을 1,200,000원에 구매하고 회사 국민카드(신용카드)로 결제하다.

⑤ 01월 21일 본사 사옥을 신축할 목적으로 토지를 취득하면서 토지대금 30,000,000원, 취득세 5,000,000원을 당좌수표를 발행하여 지급하였다.

⑥ 01월 25일 2년 후에 상환할 목적으로 국민은행에서 50,000,000원을 차입하여 우리은행 보통예금에 입금하였다.

PART
02

[1월 전표입력 해설]

① 01월 05일 일반전표입력

    (차) 선급금(베스트전자)   3,000,000원   (대) 보통예금   3,000,000원

② 01월 06일 일반전표입력

    (차) 당좌예금   3,000,000원   (대) 상품매출   4,000,000원

    외상매출금(나이스상사)   1,000,000원

③ 01월 10일 일반전표입력

    (차) 외상매입금(행복물산)   1,500,000원   (대) 채무면제이익   1,500,000원

④ 01월 15일 일반전표입력

    (차) 기업업무추진비(판)   1,200,000원   (대) 미지급금(국민카드)   1,200,000원

⑤ 01월 21일 일반전표입력

    (차) 토지   35,000,000원   (대) 당좌예금   35,000,000원

⑥ 01월 25일 일반전표입력

    (차) 보통예금(우리은행)   50,000,000원   (대) 장기차입금(국민은행)   50,000,000원

[1월 전표입력 화면]

일	구분	계정과목		거래처		차변	대변
2	출금	0811	복리후생비			200,000	(현금)
4	입금	0259	선수금	00101	대성문구	(현금)	500,000
5	차변	0131	선급금	00107	베스트전자	3,000,000	
5	대변	0103	보통예금				3,000,000
6	대변	0401	상품매출				4,000,000
6	차변	0102	당좌예금			3,000,000	
6	차변	0108	외상매출금	00106	나이스상사	1,000,000	
7	차변	0822	차량유지비			88,000	
7	대변	0253	미지급금	99601	국민카드		88,000
8	차변	0338	인출금			800,000	
8	대변	0253	미지급금	00108	한양가전		800,000
10	차변	0251	외상매입금	00104	행복물산	1,500,000	
10	대변	0918	채무면제이익				1,500,000
15	차변	0813	기업업무추진비			1,200,000	
15	대변	0253	미지급금	99601	국민카드		1,200,000
21	차변	0201	토지			35,000,000	
21	대변	0102	당좌예금				35,000,000
25	차변	0103	보통예금	98002	우리은행	50,000,000	
25	대변	0293	장기차입금	98001	국민은행		50,000,000
		합계				96,288,000	96,288,000

02 2월 전표입력

① 02월 10일 대성문구에 외상으로 매출한 상품 중 불량품 500,000원이 반품되었다. 반품액은 외상매출금과 상계하기로 하였다.

② 02월 15일 영업부서에서 거래처 직원과 식사를 하고 회사카드인 국민카드로 결제하였다.

카드매출전표
카드종류 : 국민카드
회원번호 : 2279-8852-1234-1234
거래일시 : 2025.2.15. 13:01
거래유형 : 신용승인
매   출 : 65,000원
합   계 : 65,000원
결제방법 : 일시불
승인번호 : 2356877
가맹점명 : 이탈리안스파게티
– 이 하 생 략 –

③ 02월 19일 상품 5,000,000원을 현대상사에 외상으로 판매하고 운송비 50,000원을 현금으로 지급하였다(단, 하나의 거래로 입력할 것).

④ 02월 20일 관리부 소속 건물의 외벽에 피난 시설을 설치하면서 설치비 20,000,000원을 우리은행 보통예금으로 지급하고, 외벽 도장공사비 3,000,000원은 현금으로 지급하였다(단, 피난시설 설치비는 자본적 지출, 도장공사는 수익적 지출로 처리함).

⑤ 02월 25일 신규로 구입한 승용차의 취득세를 국민은행에 현금으로 납부하였다.

경기도	차량취득세(전액)		납부(납입) 서		납세자보관용 영수증	
납세자	스마트문구					
주소	서울특별시 양천구 가로공원로 66					
납세번호	기관번호 5567991	세목 10101503		납세년월기		과세번호
과 세 내 역	차번	325로 9999	년식	2025	과 세 표 준 액	
	목적	신규등록(일반등록)	특례	세율특례 없음		65,000,000
	차명	K9				
	차종	승용자동차	세율	70/1000		
세목	납부세액		납부할 세액 합계		전용계좌로도 편리하게 납부!!	
취득세	3,150,000				우리은행	021-08-3703795
가산세	0				신한은행	661-53-21533
지방교육세	0		신고납부기한		기업은행	123-59-33333
농어촌특별세	0				국민은행	624-24-0142-911
합계세액	3,150,000		2025.2.25.까지			
지방세법 제6조~제22조, 제30조의 규정에 의하여 위와 같이 신고하고 납부합니다.					■ 전용계좌 납부안내(뒷면 참조)	
담당자			위의 금액을 영수합니다.		서울시 양천구청	수납인
이은아	납부장소 : 전국은행(한국은행 제외) 우체국 농협				2025년 2월 25일	

⑥ 02월 27일 단기보유목적으로 (주)삼선의 주식 1000주(주당 액면가액 1,000원)를 주당 1,200
원에 취득하고 대금은 보통예금으로 지급하였다. 주식 취득 시 발생한 수수료
100,000원은 현금으로 지급하였다.

[2월 전표입력 해설]

① 02월 10일 일반전표입력

| (차) 매출환입및에누리(402) | 500,000원 | (대) 외상매출금(대성문구) | 500,000원 |

② 02월 15일 일반전표입력

| (차) 기업업무추진비(판) | 65,000원 | (대) 미지급금(국민카드) | 65,000원 |

③ 02월 19일 일반전표입력

| (차) 외상매출금(현대상사) | 5,000,000원 | (대) 상품매출 | 5,000,000원 |
| 운반비(판) | 50,000원 | 현금 | 50,000원 |

④ 02월 20일 일반전표입력

| (차) 건물 | 20,000,000원 | (대) 보통예금(우리은행) | 20,000,000원 |
| 수선비(판) | 3,000,000원 | 현금 | 3,000,000원 |

⑤ 02월 25일 일반전표입력

| (차) 차량운반구 | 3,150,000원 | (대) 현금 | 3,150,000원 |

⑥ 02월 27일 일반전표입력

| (차) 단기매매증권 | 1,200,000원 | (대) 보통예금 | 1,200,000원 |
| 수수료비용(영업외비용) | 100,000원 | 현금 | 100,000원 |

[2월 전표입력 화면]

일	구분		계정과목	거래처		차변	대변
10	차변	0402	매출환입및에누리			500,000	
10	대변	0108	외상매출금	00101	대성문구		500,000
15	차변	0813	기업업무추진비			65,000	
15	대변	0253	미지급금	99601	국민카드		65,000
19	대변	0401	상품매출				5,000,000
19	대변	0101	현금				50,000
19	차변	0108	외상매출금	00105	현대상사	5,000,000	
19	차변	0824	운반비			50,000	
20	차변	0202	건물			20,000,000	
20	차변	0820	수선비			3,000,000	
20	대변	0103	보통예금	98002	우리은행		20,000,000
20	대변	0101	현금				3,000,000
25	차변	0208	차량운반구			3,150,000	
25	대변	0101	현금				3,150,000

27	차변	0107	단기매매증권		1,200,000	
27	차변	0984	수수료비용		100,000	
27	대변	0103	보통예금			1,200,000
27	대변	0101	현금			100,000
			합계		33,065,000	33,065,000

03 3월 전표입력

① 03월 01일 출장을 마치고 돌아온 영업부 김영석 대리로부터 출장비 정산내역을 보고받고 부족액은 현금으로 추가지급하였다(단, 거래처는 고려하지 말 것).

여비정산서					
소속	영업부	직위	대리	성명	김영석
출장일정	일 시	2025년 2월 25일 ~ 2025년 2월 27일			
	출장지	광주 일원			
출장비	지급받은 금액	350,000원	지출한 금액	400,000원	잔액	50,000원
지출내역	숙박비	200,000원	교통비		200,000원	
2025년 3월 1일 정산인 성명 윤희수(인)					

② 03월 03일 전기에 경동상사의 파산으로 대손처리하였던 외상매출금 300,000원을 보통예금으로 회수하였다.

③ 03월 10일 급여지급 시 원천징수한 근로소득세 120,000원과 지방소득세 12,000원을 현금으로 납부하다.

④ 03월 11일 판매장 직원용 유니폼을 300,000원에 누리패션에서 제작하고 신용카드(국민카드)로 결제하다.

⑤ 03월 12일 판매용 학용품세트 5,000,000원과 업무용 컴퓨터 2,000,000원을 서남문구에서 구입하였다. 대금 중 판매용 학용품세트는 당좌수표를 발행하여 지급하고, 업무용 컴퓨터는 외상으로 하였다.

⑥ 03월 15일 영업부 사무실의 냉장고가 고장이 나서 이를 수리하고 수리비 65,000원을 현금으로 지급하였다.

⑦ 03월 18일 대성문구의 외상매출금 1,280,000원이 우리은행 보통예금 계좌에 1,000,000원, 나머지는 국민은행 당좌예금 계좌에 입금되었다.

⑧ 03월 31일 회계부에서 구독한 신문구독료를 현금으로 지급하였다(단, 도서인쇄비로 처리할 것).

```
2025년도 3월분 구독료
기간 : 2025. 03. 01. ~ 03. 31.
월구독료 : 30,000원
상기와 같이 영수함.
2025. 03. 31.
한겨레신문사
구독해주셔서 감사합니다.
```

[3월 전표입력 해설]

① 03월 01일 일반전표입력

(차) 여비교통비(판)	400,000원	(대) 가지급금	350,000원
		현금	50,000원

② 03월 03일 일반전표입력

(차) 보통예금	300,000원	(대) 대손충당금(109)	300,000원

③ 03월 10일 일반전표입력

(차) 예수금	132,000원	(대) 현금	132,000원

④ 03월 11일 일반전표입력

(차) 복리후생비(판)	300,000원	(대) 미지급금(국민카드)	300,000원

⑤ 03월 12일 일반전표입력

(차) 상품	5,000,000원	(대) 당좌예금	5,000,000원
비품	2,000,000원	미지급금(서남문구)	2,000,000원

⑥ 03월 15일 일반전표입력

(차) 수선비(판)	65,000원	(대) 현금	65,000원

⑦ 03월 18일 일반전표입력

(차) 당좌예금(국민은행)	280,000원	(대) 외상매출금(대성문구)	1,280,000원
보통예금(우리은행)	1,000,000원		

⑧ 03월 31일 일반전표입력

(차) 도서인쇄비(판)	30,000원	(대) 현금	30,000원

[3월 전표입력 화면]

일	구분		계정과목	거래처	차변	대변
1	차변	0812	여비교통비		400,000	
1	대변	0134	가지급금			350,000
1	대변	0101	현금			50,000

3	차변	0103	보통예금			300,000	
3	대변	0109	대손충당금				300,000
10	차변	0254	예수금			132,000	
10	대변	0101	현금				132,000
11	차변	0811	복리후생비			300,000	
11	대변	0253	미지급금	99601	국민카드		300,000
12	차변	0146	상품			5,000,000	
12	차변	0212	비품			2,000,000	
12	대변	0102	당좌예금				5,000,000
12	대변	0253	미지급금	00102	서남문구		2,000,000
15	차변	0820	수선비			65,000	
15	대변	0101	현금				65,000
18	차변	0103	보통예금	98002	우리은행	1,000,000	
18	차변	0102	당좌예금	98001	국민은행	280,000	
18	대변	0108	외상매출금	00101	대성문구		1,280,000
31	차변	0826	도서인쇄비			30,000	
31	대변	0101	현금				30,000
			합계			9,507,000	9,507,000

04 4월 전표입력

① 04월 03일 당사는 보유하고 있는 창고를 나이스상사에 임대하는 임대차계약을 아래와 같이 체결하여 임대보증금의 10%를 계약일에 나이스상사가 발행한 당좌수표로 받고 잔금은 임대를 개시하는 다음달 1월 1일에 받기로 하였다.

<table>
<tr><th colspan="7">부동산임대차계약서   ■월세   □전세</th></tr>
<tr><td colspan="7">1. 부동산의 표시
임대인과 임차인 쌍방은 표기 부동산에 관하여 다음 계약내용과 같이 임대차계약을 체결한다.</td></tr>
<tr><td>소재지</td><td colspan="6" align="center">경기도 광명시 소하동 102</td></tr>
<tr><td>토지</td><td>지목</td><td>대지</td><td></td><td></td><td>면적</td><td>500㎡</td></tr>
<tr><td>건물</td><td>구조</td><td>창고</td><td>용도</td><td>사업용</td><td>면적</td><td>200㎡</td></tr>
<tr><td>임대할 부분</td><td colspan="4" align="center">전체</td><td>면적</td><td>530㎡</td></tr>
<tr><td colspan="7">2. 계약내용
제1조 (목적) 위 부동산의 임대차에 한하여 임대인과 임차인은 합의에 의하여 임차보증금 및 차임을 아래와 같이 지불하기로 한다.</td></tr>
<tr><td>보증금</td><td>金</td><td colspan="5" align="center">200,000,000 원정</td></tr>
<tr><td>계약금</td><td>金</td><td colspan="3">20,000,000 원정은 계약 시에 지불하고 영수함</td><td colspan="2">영수자(   )   (인)</td></tr>
<tr><td>중도금</td><td>金</td><td colspan="3" align="center">원정은</td><td colspan="2">년   월   일에 지불하며</td></tr>
<tr><td>잔금</td><td>金</td><td colspan="3">180,000,000 원정은</td><td colspan="2">2025 년 5 월 1일에 지불한다.</td></tr>
<tr><td>차임</td><td>金</td><td colspan="3">5,000,000 원정은</td><td colspan="2">매월 25 일 (후불)에 지불한다.</td></tr>
</table>

② 04월 05일 업무용 차량의 주유비 50,000원을 현금으로 결제하고 현금영수증을 수취하였다.

③ 04월 07일 행복물산의 외상매입금 1,000,000원을 약정기일 이전에 지급함으로써 100,000원을 할인받고, 잔액은 당좌수표를 발행하여 지급하였다.

④ 04월 09일 한영잡화에 상품을 7,000,000원에 판매하기로 계약하고, 계약금 2,000,000원을 한영잡화 발행 약속어음으로 수취하였다.

⑤ 04월 12일 현대상사에 상품 1,000,000원을 판매하고, 대금은 전월에 수령한 계약금 100,000원을 차감한 잔액 중 600,000원은 보통예금으로 이체받고 잔액은 외상으로 하다.

⑥ 04월 20일 당사는 거래처 대성문구로부터 상품을 30,000,000원에 매입하고, 그 대금으로 당좌수표를 발행하여 지급하였다(국민은행 당좌예금잔액 20,000,000원, 국민은행 당좌차월 한도 50,000,000원이라고 가정한다).

⑦ 04월 21일 베스트전자에서 매입계약(3월 27일)한 판매용 계산기 50개를 인수받고, 계약금 400,000원을 차감한 잔액은 외상으로 하였다.

1권		2호	거래명세표(보관용)					
2025 년 04 월 21 일								
스마트문구		귀하	공급자	등록번호		117-23-11236		
				상호	베스트전자	성명	손윤기	㊞
				사업장소재지	경기도 고양시 일산동구 당석로 113			
아래와 같이 계산합니다.				업태	도매	종목	전자제품	
합계금액	백사십만원정 (₩ 1,400,000)							
월 일	품 목		규 격	수 량	단 가	공 급 가 액	세 액	
4/21	계산기			50	28,000원	1,400,000원		
계								
전잔금				합 계			1,400,000	
입금	3/27 계약금 400,000원		잔금	1,000,000원		인수자	송중기	㊞
비 고								

⑧ 04월 25일 당사는 사무실에서 사용하던 비품인 냉난방기의 고장으로 새로운 냉난방기를 설치하기로 하였다. 엘지마트㈜에서 새로운 냉난방기를 구입하고 구입대금 1,600,000원은 이달 20일에 지급하기로 하고 설치비 150,000원은 현금으로 지급하였다(신규거래처 등록 109).

⑨ 04월 28일 윤희수 직원의 출장을 명하고 여비개산액 500,000원을 현금으로 지급하였다(단, 거래처입력은 생략할 것).

⑩ 04월 30일 서남문구에 판매용 문구용품 200,000,000원을 판매하고 대금 중 50,000,000원은 현대상사가 발행한 약속어음으로 받고 100,000,000원은 당좌예금 통장으로 입금받았으며 나머지 잔액은 보통예금 계좌로 입금받았다.

[4월 전표입력 해설]

① 04월 03일 일반전표입력

(차) 현금	20,000,000원	(대) 선수금(나이스상사)	20,000,000원

② 04월 05일 일반전표입력

(차) 차량유지비(판)	50,000원	(대) 현금	50,000원

③ 04월 07일 일반전표입력

(차) 외상매입금(행복물산)	1,000,000원	(대) 당좌예금	900,000원
		매입할인(148)	100,000원

④ 04월 09일 일반전표입력

(차) 받을어음(한영잡화)	2,000,000원	(대) 선수금(한영잡화)	2,000,000원

⑤ 04월 12일 일반전표입력

(차) 보통예금	600,000원	(대) 상품매출	1,000,000원
선수금(현대상사)	100,000원		
외상매출금(현대상사)	300,000원		

⑥ 04월 20일 일반전표입력

(차) 상품	30,000,000원	(대) 당좌예금(국민은행)	20,000,000원
		단기차입금(국민은행)	10,000,000원

⑦ 04월 21일 일반전표입력

(차) 상품	1,400,000원	(대) 선급금(베스트전자)	400,000원
		외상매입금(베스트전자)	1,000,000원

⑧ 04월 25일 일반전표입력

(차) 비품	1,750,000원	(대) 현금	150,000원
		미지급금(엘지마트㈜)	1,600,000원

⑨ 04월 28일 일반전표입력

(차) 가지급금	500,000원	(대) 현금	500,000원

⑩ 04월 30일 일반전표입력

(차) 받을어음(현대상사)	50,000,000원	(대) 상품매출	200,000,000원
당좌예금	100,000,000원		
보통예금	50,000,000원		

[4월 전표입력 화면]

일	구분	계정과목		거래처		차변	대변
3	차변	0101	현금			20,000,000	
3	대변	0259	선수금	00106	나이스상사		20,000,000
5	차변	0822	차량유지비			50,000	
5	대변	0101	현금				50,000
7	차변	0251	외상매입금	00104	행복물산	1,000,000	
7	대변	0148	매입할인				100,000
7	대변	0102	당좌예금				900,000
9	차변	0110	받을어음	00103	한영잡화	2,000,000	
9	대변	0259	선수금	00103	한영잡화		2,000,000
12	차변	0259	선수금	00105	현대상사	100,000	
12	차변	0103	보통예금			600,000	
12	차변	0108	외상매출금	00105	현대상사	300,000	
12	대변	0401	상품매출				1,000,000
20	차변	0146	상품			30,000,000	
20	대변	0102	당좌예금	98001	국민은행		20,000,000
20	대변	0260	단기차입금	98001	국민은행		10,000,000
21	차변	0146	상품			1,400,000	
21	대변	0131	선급금	00107	베스트전자		400,000
21	대변	0251	외상매입금	00107	베스트전자		1,000,000
25	차변	0212	비품			1,750,000	
25	대변	0253	미지급금	00109	엘지마트(수)		1,600,000
25	대변	0101	현금				150,000
28	차변	0134	가지급금			500,000	
28	대변	0101	현금				500,000
30	차변	0110	받을어음	00105	현대상사	50,000,000	
30	차변	0102	당좌예금			100,000,000	
30	차변	0103	보통예금			50,000,000	
30	대변	0401	상품매출				200,000,000
		합계				257,700,000	257,700,000

05 5월 전표입력

① 05월 01일 사무직 직원들이 사용할 소모품 130,000원을 다이써에서 구입하고 사업용 신용카드(국민카드)로 결제하였으며, 비용계정으로 처리하였다.

```
                        [신용카드매출전표]

    단말기번호      8002124738              120524128234
    카드종류        국민카드                신용승인
    회원번호        2279-8852-1234-1234     일반
    거래일자        2025/05/01              금액        130,000원
    일시불                                  합계        130,000원


    대표자          박 주 하
    사업자등록번호   117-09-52793
    가맹점명        다이써
    가맹점주소      서울 양천구 신정동        서명        스마트문구
                   973-12
```

② 05월 03일 관리부 직원이 시내 출장용으로 교통카드를 충전하고, 대금은 현금으로 지급하였다.

```
              [교통카드 충전영수증]

    역사명    : 신정역
    장비번호  : 163
    카드번호  : 5089346652536693
    결제방식  : 현금
    충전일시  : 2025. 05. 03.
    ──────────────────────────
    충전전잔액 :              500원
    충전금액   :           50,000원
    충전후잔액 :           50,500원
    ──────────────────────────
    대표자명: 서울메트로 사장
    사업자번호: 108-12-16397
    주소: 서울특별시 서초구 반포로 23
```

③ 05월 07일 여유자금을 확보하기 위하여 한영잡화 발행의 약속어음 3,500,000원을 은행에서 할인받고, 할인료 300,000원을 제외한 금액을 당좌예입하다(단, 매각거래임).

④ 05월 10일 국민연금 회사부담분 170,000원과 직원부담분 170,000원을 보통예금통장에서 이체하였다(단, 국민연금 회사부담분은 세금과공과로 회계처리한다).

⑤ 05월 12일 나무기획과 4월 25일에 체결한 광고대행계약 관련하여 옥외광고를 진행하였고 잔금 14,000,000원을 보통예금 계좌에서 이체하였다. 계약금 1,000,000원은 계약일인 4월 25일에 지급하고 선급비용으로 회계처리하였다(신규거래처 등록 00200.나무기획, 124-37-38356, 대표자 : 김도현).

⑥ 05월 15일 보관하고 있던 나이스상사가 발행한 당좌수표 5,000,000원을 당사 당좌예금 계좌에 예입하였다.

⑦ 05월 18일 행복물산의 외상매입금 1,000,000원을 결제하기 위해 매출처 한영잡화에서 받아 보관 중인 약속어음 1,000,000원을 배서양도하였다.

⑧ 05월 19일 베스트전자에 납품하기 위한 상품의 상차작업을 위해 고용한 일용직 근로자에게 일당 150,000원을 현금으로 지급하였다.

[5월 전표입력 해설]

① 05월 01일 일반전표입력

| (차) 소모품비(판) | 130,000원 | (대) 미지급금(국민카드) | 130,000원 |

② 05월 03일 일반전표입력

| (차) 여비교통비(판) | 50,000원 | (대) 현금 | 50,000원 |

③ 05월 07일 일반전표입력

| (차) 당좌예금 | 3,200,000원 | (대) 받을어음(한영잡화) | 3,500,000원 |
| 매출채권처분손실 | 300,000원 | | |

④ 05월 10일 일반전표입력

| (차) 세금과공과 | 170,000원 | (대) 보통예금 | 340,000원 |
| 예수금 | 170,000원 | | |

⑤ 05월 12일 일반전표입력

| (차) 광고선전비(판) | 15,000,000원 | (대) 선급비용(나무기획) | 1,000,000원 |
| | | 보통예금 | 14,000,000원 |

⑥ 05월 15일 일반전표입력

| (차) 당좌예금 | 5,000,000원 | (대) 현금 | 5,000,000원 |

⑦ 05월 18일 일반전표입력

| (차) 외상매입금(행복물산) | 1,000,000원 | (대) 받을어음(한영잡화) | 1,000,000원 |

⑧ 05월 19일 일반전표입력

| (차) 잡급(판) | 150,000원 | (대) 현금 | 150,000원 |

[5월 전표입력 화면]

일	구분		계정과목	거래처		차변	대변
1	차변	0830	소모품비			130,000	
1	대변	0253	미지급금	99601	국민카드		130,000
3	차변	0812	여비교통비			50,000	
3	대변	0101	현금				50,000
7	차변	0102	당좌예금			3,200,000	
7	차변	0956	매출채권처분손실			300,000	
7	대변	0110	받을어음	00103	한영잡화		3,500,000
10	차변	0817	세금과공과			170,000	
10	차변	0254	예수금			170,000	
10	대변	0103	보통예금				340,000
12	차변	0833	광고선전비			15,000,000	
12	대변	0133	선급비용	00200	나무기획		1,000,000
12	대변	0103	보통예금				14,000,000
15	차변	0102	당좌예금			5,000,000	
15	대변	0101	현금				5,000,000
18	차변	0251	외상매입금	00104	행복물산	1,000,000	
18	대변	0110	받을어음	00103	한영잡화		1,000,000
19	차변	0805	잡급			150,000	
19	대변	0101	현금				150,000
			합계			25,170,000	25,170,000

06 6월 전표입력

① 06월 04일 대성문구에서 상품 4,000,000원을 구입하기로 계약하고, 대금의 20%를 당좌예금 계좌에서 이체하였다.

② 06월 05일 폭우로 인한 자연재해 피해자를 돕기 위해 현금 1,500,000원을 양천구청에 기부하였다.

③ 06월 10일 건강보험료 회사부담분 150,000원과 직원부담분 150,000원을 보통예금통장에서 이체하였다.

④ 06월 15일 영업부에서 사용하는 차량에 대한 보험료 4,800,000원을 보통예금에서 이체하였다.

⑤ 06월 21일 다음의 휴대폰 이용요금 청구서를 수령하고 납부해야 할 총금액을 현금으로 지급하였다.

기본내역

휴대폰서비스이용요금	37,700원
기본료	35,000원
국내이용료	4,800원
메세지이용료	0원
할인 및 조정	−2,100원
기타금액	18,000원
당월청구요금	55,700원
미납요금	0원
납부하실 총 금액	**55,700원**

⑥ 06월 30일 업무용 차량에 대한 제1기분 자동차세를 사업용카드(국민카드)로 납부하고 다음과 같은 영수증을 수령하였다.

2025년분 자동차세 세액 신고납부서					납세자 보관용 영수증
납 세 자 주　　소	공도윤 서울특별시 양천구 가로공원로 66				
납세번호	기관번호		세목	납세년월기	과세번호
과세대상	387바 5555 (비영업용, 1990cc)	구분	자동차세	지방교육세	납부할 세액 합계
		당초산출세액	325,000	(자동차세액 × 30%)	422,500원
과세기간	2025.01.01. ~2025.06.30.	선납공제액(10%)			
		요일제감면액(5%)			
		납부할세액	325,000	97,500	
〈납부장소〉		위의 금액을 영수합니다. 2025년 06월 30일			
		*수납인이 없으면 이 영수증은 무효입니다.　*공무원은 현금을 수납하지 않습니다.			

[6월 전표입력 해설]

① 06월 04일 일반전표입력

    (차) 선급금(대성문구)   800,000원   (대) 당좌예금   800,000원

② 06월 05일 일반전표입력

    (차) 기부금   1,500,000원   (대) 현금   1,500,000원

③ 06월 10일 일반전표입력

    (차) 예수금   150,000원   (대) 보통예금   300,000원

       복리후생비(판)   150,000원

④ 06월 15일 일반전표입력

    (차) 보험료(판)   4,800,000원   (대) 보통예금   4,800,000원

⑤ 06월 21일 일반전표입력

    (차) 통신비(판)   55,700원   (대) 현금   55,700원

⑥ 06월 30일 일반전표입력

    (차) 세금과공과(판)   422,500원   (대) 미지급금(국민카드)   422,500원

[6월 전표입력 화면]

일	구분	계정과목		거래처		차변	대변
4	차변	0131	선급금	00101	대성문구	800,000	
4	대변	0102	당좌예금				800,000
5	차변	0953	기부금			1,500,000	
5	대변	0101	현금				1,500,000
10	차변	0811	복리후생비			150,000	
10	차변	0254	예수금			150,000	
10	대변	0103	보통예금				300,000
15	차변	0821	보험료			4,800,000	
15	대변	0103	보통예금				4,800,000
21	차변	0814	통신비			55,700	
21	대변	0101	현금				55,700
30	차변	0817	세금과공과			422,500	
30	대변	0253	미지급금	99601	국민카드		422,500
합계						7,878,200	7,878,200

07 7월 전표입력

① 07월 02일 거래처 행복물산의 파산으로 외상매출금 1,000,000원이 회수불가능하게 되었다. 대손충당금 잔액을 조회하여 회계처리하시오.

② 07월 04일 대표이사 자택에서 사용할 목적으로 TV를 800,000원에 구입하고 현금으로 결제하였다.

③ 07월 07일 단기보유목적으로 보유하고 있던 (주)삼선의 주식 1,000주를(장부가액 1,200,000원) 주당 1,500원에 처분하고 처분 시 발생한 수수료 50,000원을 제외한 금액을 보통예금 계좌로 입금받았다.

④ 07월 09일 현대상사에서 상품 2,200,000원을 구입하고 대금은 약속어음을 발행하여 지급하였다.

⑤ 07월 10일 전월 급여 시 원천징수한 소득세 및 지방소득세 110,000원을 보통예금 계좌에서 이체하였다.

⑥ 07월 15일 현대상사에서 받아서 보관 중인 약속어음 30,000,000원이 만기가 되어 추심수수료 100,000원을 차감한 금액이 당좌예금 계좌에 입금되었다.

⑦ 07월 21일 장부상 현금잔액보다 현금실제잔액이 70,000원이 부족한 것을 확인하였다.

⑧ 07월 25일 종업원의 급여를 보통예금 계좌에서 이체하여 지급하였다.

성명	부서	급여	4대보험 등 원천징수액	차인지급액
윤희수	회계부	3,000,000	300,000	2,700,000
김영석	영업부	5,000,000	500,000	4,500,000
이성준	자재부	3,500,000	350,000	3,150,000

⑨ 07월 26일 6월 국민카드 대금 3,650,000원이 보통예금 계좌에서 자동이체되었다.

[7월 전표입력 해설]

① 07월 02일 일반전표입력

(차) 대손충당금(109)	420,000원	(대) 외상매출금(행복물산)	1,000,000원
대손상각비	580,000원		

② 07월 04일 일반전표입력

(차) 인출금	800,000원	(대) 현금	800,000원

③ 07월 07일 일반전표입력

(차) 보통예금	1,450,000원	(대) 단기매매증권	1,200,000원
		단기매매증권처분이익	250,000원

④ 07월 09일 일반전표입력

(차) 상품	2,200,000원	(대) 지급어음(현대상사)	2,200,000원

⑤ 07월 10일 일반전표입력

(차) 예수금	110,000원	(대) 보통예금	110,000원

⑥ 07월 15일 일반전표입력

(차) 수수료비용(판)	100,000원	(대) 받을어음(현대상사)	30,000,000원
당좌예금	29,900,000원		

⑦ 07월 21일 일반전표입력

(차) 현금과부족	70,000원	(대) 현금	70,000원

⑧ 07월 25일 일반전표입력

(차) 급여	11,500,000원	(대) 예수금	1,150,000원
		보통예금	10,350,000원

⑨ 07월 26일 일반전표입력

(차) 미지급금(국민카드)	3,650,000원	(대) 보통예금	3,650,000원

[7월 전표입력 화면]

일	구분		계정과목	거래처		차변	대변
2	차변	0109	대손충당금			420,000	
2	차변	0835	대손상각비			580,000	
2	대변	0108	외상매출금	00104	행복물산		1,000,000
4	차변	0338	인출금			800,000	
4	대변	0101	현금				800,000
7	차변	0103	보통예금			1,450,000	
7	대변	0107	단기매매증권				1,200,000
7	대변	0906	단기매매증권처분이익				250,000
9	차변	0146	상품			2,200,000	
9	대변	0252	지급어음	00105	현대상사		2,200,000
10	차변	0254	예수금			110,000	
10	대변	0103	보통예금				110,000
15	차변	0831	수수료비용			100,000	
15	차변	0102	당좌예금			29,900,000	
15	대변	0110	받을어음	00105	현대상사		30,000,000
21	차변	0141	현금과부족			70,000	
21	대변	0101	현금				70,000
25	차변	0801	급여			11,500,000	
25	대변	0254	예수금				1,150,000
25	대변	0103	보통예금				10,350,000
26	차변	0253	미지급금	99601	국민카드	3,650,000	
26	대변	0103	보통예금				3,650,000
			합계			50,780,000	50,780,000

02 오류 수정

일반전표에 입력된 내용 중에서 오류가 있다면 수정을 하여야 한다. 예를 들어, 거래처를 잘못 입력하였거나 동일전표를 이중으로 발행하였거나 계정과목이나 금액의 오류가 있을 경우 전표를 수정하거나 추가입력을 해야 한다. 전산회계 2급 시험에서는 2문제가 출제된다.

실습하기

스마트문구의 일반전표입력 메뉴에 입력된 내용 중 다음과 같은 오류가 발견되었다. 입력된 내용을 확인하여 정정 또는 추가입력하시오.

1. 01월 15일 매출처 체육행사에 협찬으로 제공하기 위해 스마트폰을 구입한 금액 1,200,000원 중 600,000원은 영업부 직원의 사기진작을 위한 복리후생 목적으로 구입한 것이다.

2. 01월 21일 사옥을 신축할 목적으로 구입한 토지는 투자목적으로 구입한 토지로 확인되었다.

3. 04월 07일 현대상사의 외상매입금 1,000,000원을 약정기일 이전에 지급함으로써 100,000원을 할인받고, 잔액은 당좌수표를 발행하여 지급한 것을 행복물산으로 잘못 처리한 것으로 확인되었다.

4. 05월 01일 사무직 직원들이 사용할 소모품 130,000원을 다이써에서 구입하고 사업용 신용카드 (국민카드)로 결제하였으며, 자산계정으로 처리하여야 하나 비용계정으로 잘못 처리한 것을 발견하였다.

5. 07월 26일 6월 국민카드 대금 3,560,000원이 보통예금 계좌에서 자동이체되었으나 금액을 3,650,000원으로 잘못 기재한 것을 확인하였다.

6. 07월 21일 장부상 현금잔액보다 현금실제잔액이 70,000원이 부족한 것으로 회계처리한 건은 장부상 현금잔액보다 현금실제잔액 40,000원이 더 많은 것이었음이 확인되었다.

실습하기 정답

1. [수정 전]
   01월 15일 일반전표입력

   | (차) 기업업무추진비 | 1,200,000원 | (대) 미지급금(국민카드) | 1,200,000원 |

   [수정 후]
   01월 15일 일반전표입력

   | (차) 기업업무추진비 | 600,000원 | (대) 미지급금(국민카드) | 1,200,000원 |
   | 복리후생비 | 600,000원 | | |

2. [수정 전]
   01월 21일 일반전표입력
   (차) 토지   35,000,000원   (대) 당좌예금   35,000,000원

   [수정 후]
   01월 21일 일반전표입력
   (차) 투자부동산   35,000,000원   (대) 당좌예금   35,000,000원

3. [수정 전]
   04월 07일 일반전표입력
   (차) 외상매입금(행복물산)   1,000,000원   (대) 당좌예금   900,000원
                                                매입할인   100,000원

   [수정 후]
   04월 07일 일반전표입력
   (차) 외상매입금(현대상사)   1,000,000원   (대) 당좌예금   900,000원
                                                매입할인   100,000원

4. [수정 전]
   05월 01일 일반전표입력
   (차) 소모품비(판)   130,000원   (대) 미지급금(국민카드)   130,000원

   [수정 후]
   05월 01일 일반전표입력
   (차) 소모품   130,000원   (대) 미지급금(국민카드)   130,000원

5. [수정 전]
   07월 26일 일반전표입력
   (차) 미지급금(국민카드)   3,650,000원   (대) 보통예금   3,650,000원

   [수정 후]
   07월 26일 일반전표입력
   (차) 미지급금(국민카드)   3,560,000원   (대) 보통예금   3,560,000원

6. [수정 전]
   07월 21일 일반전표입력
   (차) 현금과부족   70,000원   (대) 현금   70,000원

   [수정 후]
   07월 21일 일반전표입력
   (차) 현금   40,000원   (대) 현금과부족   40,000원

05 결산

01 결산의 절차

결산이란 일 년 동안 기업의 경영활동에서 발생한 거래를 마감하고 외부정보이용자에게 정보전달을 하기 위한 수단인 재무제표를 작성하는 과정을 말한다.

1) 수동결산 → 일반전표입력 메뉴에서 12월 31일자로 입력한다.

2) 자동결산 → 결산자료입력 메뉴에서 결산정리 항목에 대한 금액을 결산반영금액란에 입력하면 자동으로 대체분개되어 결산이 완료된다. 고정자산등록메뉴에서 등록하였던 고정자산의 감가상각비를 반영할 수 있다.

3) 손익계산서 → 손익계산서를 열어서 전표추가를 눌러 당기의 순손익을 확정하고 손익대체분개가 이루어진다.

4) 재무상태표 → 재무상태표를 열어서 결산자료를 확인한다.

🐾 알아두기

> 전산회계 2급은 도소매업 개인사업자를 가정하여 시험을 응시하기 때문에 제조원가명세서는 학습하지 않는다.

02 수동결산 항목

결산정리사항에 대해서 일반전표입력 메뉴에서 12월 31일자로 입력한다.

- 재고자산감모손실과 재고자산평가손실
- 소모품과 소모품비 정리
- 인출금계정의 정리
- 가지급급과 가수금 정리
- 손익의 이연과 예상
- 단기매매증권의 평가
- 현금과부족의 정리
- 외화자산, 외화부채의 평가

1) 재고자산감모손실과 재고자산평가손실

① 재고자산감모손실 : 장부상 재고수량과 실제 재고수량의 차이가 발생하였을 경우 회계처리한다.

구분	회계처리
정상적감모 (= 원가성이 있다)	회계처리하지 않는다.
비정상적감모[수동결산] (= 원가성이 없다)	(차) 재고자산감모손실 ××× (대) 상품 ×××(적요 8번: 타계정으로의 대체액)

② 재고자산평가손실 : 장부상 금액과 순실현가능액의 차이가 발생하였을 경우 회계처리한다.

> [수동결산]　　　(차) 재고자산평가손실　×××　　(대) 상품평가충당금　×××

2) 소모품 미사용액과 소모품 사용액 처리

① **자산처리법** : 구입할 때 "소모품"으로 처리하고 기말에 당기 사용액을 "소모품비"로 대체한다.

> [수동결산]　　　(차) 소모품비　　　×××　　(대) 소모품　　　×××

② **비용처리법** : 구입할 때 "소모품비"로 처리하고 기말에 미사용액을 "소모품"으로 대체한다.

> [수동결산]　　　(차) 소모품　　　×××　　(대) 소모품비　　　×××

3) 단기매매증권의 평가

기말 결산시점에서 장부가액(=취득가액)과 공정가액을 비교하여 "공정가액"으로 평가해야 한다.

① **장부가액 < 공정가액** : 단기매매증권평가이익

> [수동결산]　　　(차) 단기매매증권　　×××　　(대) 단기매매증권평가이익 ×××

② **장부가액 > 공정가액** : 단기매매증권평가손실

> [수동결산]　　　(차) 단기매매증권평가손실 ×××　(대) 단기매매증권　　×××

4) 인출금계정의 정리

기업주가 개인적인 용도 또는 가사용도로 기업의 현금이나 상품 등을 사용할 경우에는 기중에는 "인출금"계정으로 회계처리하였다가 기말에 인출금 잔액을 "자본금"계정에서 차감하는 대체분개가 필요하다.

> [수동결산]　　　(차) 자본금　　　×××　　(대) 인출금　　　×××

5) 손익의 예상과 이연

거래는 회계연도 중에 발생하였지만 거래 자체가 다음 연도로 이연(= 선급비용 또는 선수수익)되거나 당기 회계연도에 발생 또는 예상(= 미수수익 또는 미지급비용)되는 것을 회계기말에 결산분개를 만드는 것을 말한다.

구분	결산내용	결산분개
① 미수수익	결산시점까지 이자(수익)에 대한 미수액이 있다면 결산분개한다.	[수동결산] (차) 미수수익 ××× (대) 이자수익 ×××
② 미지급비용	결산시점까지 급여(비용)에 대한 미지급액이 있다면 결산분개한다.	[수동결산] (차) 급여 ××× (대) 미지급비용 ×××
③ 선수수익	결산시점에서 차기(다음 연도) 분의 임대료(수익)를 먼저 받은 것이 있다면 결산분개한다.	[수동결산] (차) 임대료 ××× (대) 선수수익 ×××
④ 선급비용	결산시점에서 보험료(비용) 미경과액(= 선급)분을 먼저 지급한 것이 있다면 결산분개한다.	[수동결산] (차) 선급비용 ××× (대) 보험료 ×××

알아두기

취득 시에 선급비용(자산)으로 처리한 경우

취득 시 : (차) 선급비용 10,000원 / (대) 현금 10,000원

이 회계처리 방법은 자산처리법을 이용한 경우로서, 예를 들어 경과액 6,000원과 미경과액 4,000원이라면 경과액 6,000원을 당기비용으로 인식한다.

[수동결산] 결산분개 : (차) 보험료 6,000원 / (대) 선급비용 6,000원

6) 현금과부족의 정리

① 장부상 현금잔액 < 실제 현금잔액

| [수동결산] | (차) 현금과부족 ××× | (대) 잡이익 ××× |

② 장부상 현금잔액 > 실제 현금잔액

| [수동결산] | (차) 잡손실 ××× | (대) 현금과부족 ××× |

③ 결산일에 현금이 불일치하면 "잡손실" 또는 "잡이익"으로 바로 처리하며, 현금과부족 계정과목은 사용하지 않는다.

7) 유동성대체

차입 당시의 비유동부채(1년을 초과하는)에 해당하는 장기차입금이 있는 경우로서 현재 결산시점에서 미래에 상환기간이 1년 이내로 도래한 경우에는 유동부채로 볼 수 있다. 이것을 결산시점에 회계처리를 하면 재무상태표 대변에 유동부채항목으로 표시가 되며 유동성장기부채라고 한다. 반드시 차변과 대변에 거래처를 등록해주는 것을 잊지 말자.

| [수동결산] | (차) 장기차입금 ××× | (대) 유동성장기부채 ××× |

03 자동결산 항목

결산정리사항에 대해서 결산자료입력 메뉴에서 결산반영금액란에 금액을 입력하고 전표추가를 한다. 자동결산 항목을 수동결산을 해도 된다.

- 채권의 대손충당금 설정
- 재고자산의 매출원가 계상
- 소득세비용 계상
- 유형자산, 무형자산의 감가상각비 설정
- 퇴직급여충당부채 설정

1) 매출채권의 대손충당금 설정

① 합계잔액시산표상에서 매출채권(외상매출금, 받을어음)과 대손충당금의 기말잔액을 파악한다.

② 대손추산액이 대손충당금보다 크면 "대손상각비"로 부족분을 설정하고, 대손추산액이 대손충당금보다 작으면 "대손충당금환입"으로 초과분을 설정한다.

> ※(매출채권기말잔액×설정률) − 결산전대손충당금잔액 = 대손상각비 또는 대손충당금환입
> Ⓐ   Ⓑ
>
> [수동결산]   일반전표입력 메뉴에서 12월 31일자로 직접 입력한다.
>   Ⓐ > Ⓑ : (차) 대손상각비 ×××   (대) 대손충당금 ×××
>   Ⓐ < Ⓑ : (차) 대손충당금 ×××   (대) 대손충당금환입 ×××
>   (판매비와관리비의 부(−)의 계정)
> [또는 자동결산]
> 결산자료입력 메뉴에서 [F8 대손상각]을 클릭한다.
> 대손률을 확인하고 입력한다.
> 결산반영을 누르면 결산반영금액란에 자동으로 반영되고 전표추가를 누른다.

2) 감가상각비 계상

토지, 건설중인자산, 투자부동산을 제외한 건물, 기계장치, 차량운반구, 비품 등은 사용하거나 시간의 경과 또는 기술적 진보에 따라 물리적·경제적으로 그 가치가 점차 감소되어 가는데 이러한 가치감소분을 재무상태와 경영성과에 반영시키는 절차를 감가상각이라고 한다.

> [수동결산]   일반전표입력 메뉴에서 12월 31일자로 직접 입력한다.
>   (차) 감가상각비 ×××   (대) 감가상각누계액 ×××
> [또는 자동결산]
> [F7 감가상각]을 누르면 고정자산등록에 등록되어 있는 감가상각대상 자산의 당기 감가상각비가 반영되며 결산반영을 누르면 결산반영금액란에 자동으로 반영되고 전표추가를 누른다.
> 또는 결산반영금액란에 직접 입력하고 전표추가를 누른다.

3) 재고자산(상품매출원가)의 계상

결산자료입력 메뉴에서 기말상품재고액을 결산반영금액란에 입력한 후 전표추가를 클릭하면 상품매출원가의 분개가 일반전표입력 메뉴에서 12월 31일자로 자동반영된다.

[수동결산] 재고자산(상품매출원가)의 계상

수동결산을 하고자 하는 경우에는 합계잔액시산표를 12월로 열어서 상품계정 차변잔액금액(기초상품재고액 + 당기매입액)을 확인한다. 그리고 시험에서 제시한 기말상품재고액을 차감하면 매출원가 금액이 된다.

[상품매출원가 = 기초상품재고액 + 당기상품매입액 - 기말상품재고액]

금액을 산정하여 아래와 같이 일반전표입력 메뉴에서 12월 31일자로 직접 입력한다.

```
[수동결산        (차) 상품매출원가      × × ×    (대) 상품              × × ×
[또는 자동결산]   결산자료입력 메뉴에서 기말상품재고액을 입력하고 전표추가
```

4) 퇴직급여충당부채

결산자료입력 메뉴에서 퇴직급여충당부채 설정액을 퇴직급여(전입액)란에 직접 입력하고 전표추가를 하거나, 상단에 퇴직충당 아이콘을 눌러서 금액을 확인하고 결산반영을 한 후 전표추가를 한다.

[결산자료입력 메뉴 설명]

1. **F3전표추가** : 결산반영금액란에 금액을 입력하고 전표추가를 누르면 일반전표입력 메뉴에 결산분개가 자동으로 반영된다.

2. **F4원가설정** : 매출원가 계정코드와 관련된 원가경비를 설정한다.
   전산회계 2급에서 사용하는 상품매출원가는 입력하지 않고 확인을 누른다.

매출원가 및 경비선택

사용여부	매출원가코드 및 계정과목		원가경비		화면
부	0455	제품매출원가	1	0500번대	제조
부	0452	도급공사매출원가	2	0600번대	도급
부	0457	보관매출원가	3	0650번대	보관
부	0453	분양공사매출원가	4	0700번대	분양
부	0458	운송매출원가	5	0750번대	운송

[참고사항]
1. 편집(tab)을 선택하면 사용여부를 1.여 또는 0.부로 변경하실 수 있습니다.
2. 사용여부를 1.여로 입력 되어야만 매출원가코드를 변경하실 수 있습니다.
   (편집(tab)을 클릭하신 후에 변경하세요)
3. 사용여부가 1.여인 매출원가코드가 중복 입력되어 있는 경우 본 화면에 입력하실 수 없습니다.

확인(Enter) 편집(Tab) 자동설정(F3) 취소(Esc)

3. **CF5결산분개삭제** : 일반전표입력 메뉴에 반영된 자동분개한 결산분개를 삭제하는 기능이다.

4. **F7감가상각** : 고정자산등록 메뉴에 입력된 유형자산 및 무형자산의 당기 감가상각비를 결산에 반영한다. F7감가상각을 사용할 수도 있고 결산반영금액란에 직접 금액을 입력하고 전표추가를 해도 되며 일반전표입력 메뉴에서 12월 31일자로 감가상각비의 분개를 직접 입력할 수도 있다.

5. **F8대손상각** : 채권에 대한 대손충당금 설정액을 결산에 반영한다.

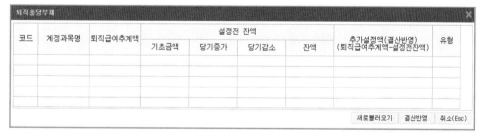

대손율(%)	1.00						
코드	계정과목명	금액	설정전 충당금 잔액			추가설정액(결산반영) [(금액x대손율)-설정전충당금잔액]	유형
			코드	계정과목명	금액		
0108	외상매출금	15,520,000	0109	대손충당금		155,200	판관
0110	받을어음	21,000,000	0111	대손충당금	35,000	175,000	판관
0120	미수금	650,000	0121	대손충당금		6,500	영업외
0131	선급금	3,400,000	0132	대손충당금		34,000	영업외
	대손상각비 합계					330,200	판관
	기타의 대손상각비					40,500	영업외

새로불러오기 결산반영 취소(Esc)

- **대손율** : 대손율은 시험에서 제시된 대손율을 직접 입력해서 반영할 수 있다.
- **추가설정액** : 추가설정액은 직접 입력하여 수정 및 삭제할 수 있다.
- 채권의 금액과 설정 전 충당금잔액은 합계잔액시산표상의 금액이 자동반영된다.
  대손충당금 설정액 역시 F8대손상각을 활용할 수 있고 결산반영금액란에 직접 금액을 입력하고 전표추가를 해도 되며 일반전표입력 메뉴에서 12월 31일자로 대손충당금설정 분개를 직접 입력할 수도 있다.

6. **CF8퇴직충당** : 퇴직급여충당부채 추가 설정액을 결산에 반영한다.

코드	계정과목명	퇴직급여추계액	설정전 잔액				추가설정액(결산반영) (퇴직급여추계액-설정전잔액)	유형
			기초금액	당기증가	당기감소	잔액		

새로불러오기 결산반영 취소(Esc)

- **퇴직급여추계액** : 결산일 현재 전 종업원에게 지급하여야 할 퇴직금을 산정하여 입력한다.
- **당기감소** : 퇴직급여를 지급할 경우 분개 시 차변에 퇴직급여충당부채로 회계처리를 하게 되는데 적요를 선택하면 자동반영된다.
- 설정전잔액에서 잔액은 퇴직급여충당부채 기초금액 + 당기증가 + 당기감소액으로서 결산시점 퇴직급여충당부채의 잔액을 의미한다.
- 추가설정액(결산반영)은 퇴직급여추계액에서 설정전잔액금액을 차감한 것으로서 당기의 퇴직급여충당부채 추가설정액을 의미한다.

- 퇴직급여충당부채 설정액 = 퇴직급여추계액 - 퇴직급여충당부채 잔액
- CF8퇴직충당을 활용하여 결산에 반영할 수 있고 퇴직급여(전입액) 결산반영금액란에 입력한 후 전표추가를 할 수도 있으며 일반전표입력 메뉴에서 12월 31일자로 퇴직급여충당부채 추가 설정 분개를 직접 입력할 수도 있다.

실습하기

스마트문구의 결산정리사항을 입력하여 결산을 완료하시오(단, 제시된 것 이외의 자료는 없다고 가정한다).

1. 결산일 현재 단기매매증권의 장부가액은 2,000,000원이며 공정가액은 2,700,000원이다.

2. 인출금계정 잔액을 정리하시오(합계잔액시산표를 조회하여 분개하시오).

3. 결산일 현재 현금과부족계정으로 처리되어 있는 금액은 원인이 밝혀지지 않았다(합계잔액시산표를 조회하여 분개하시오).

4. 결산일 현재 단기차입금에 대한 이자경과분이 1,000,000원이다.

5. 보험료에 대한 기간미경과분은 2,100,000원이다(당사는 보험료 지급 시 비용으로 회계처리하였다).

6. 당사는 소모품 구입 시 자산으로 처리하였다. 기말 현재 소모품 미사용액은 30,000원이다(합계잔액시산표를 조회하여 분개하시오).

7. 결산일 현재 가지급금 계정의 잔액은 거래처 행복물산에 대한 외상매입금 상환액으로 판명되었다. 단, 가지급금에 대한 거래처 입력은 생략한다(합계잔액시산표를 조회하여 분개하시오).

8. 외상매출금과 받을어음의 기말잔액에 대하여 1%의 대손충당금을 보충법으로 설정하다(합계잔액시산표를 조회하여 분개하시오).

9. 결산일 현재 기말상품재고액은 11,200,000원이다. 단, 전표입력에서 5.결산차변, 6.결산대변을 사용하여 입력한다(합계잔액시산표를 조회하여 분개하시오).

10. 2년 전 취득하였던 차량운반구(취득원가 15,000,000원, 잔존가액 0원, 내용연수 10년, 정액법)의 당기분 감가상각비를 계상하다.

실습하기 작업순서

[수동결산 → 일반전표입력 메뉴에서 12월 31일자로 입력한다.]

1. 결산일 현재 단기매매증권의 장부가액은 2,000,000원이며 공정가액은 2,700,000원이다.
   (차) 단기매매증권　　　　　700,000원　　(대) 단기매매증권평가이익　　700,000원

2. 인출금계정 잔액을 정리하시오.
   (차) 자본금　　　　　1,600,000원　　(대) 인출금　　　　1,600,000원

3. 결산일 현재 현금과부족계정으로 처리되어 있는 금액은 원인이 밝혀지지 않았다.
   (차) 현금과부족　　　　40,000원　　(대) 잡이익　　　　40,000원

4. 결산일 현재 단기차입금에 대한 이자경과분이 1,000,000원이다.
   (차) 이자비용　　　　1,000,000원　　(대) 미지급비용　　　1,000,000원

5. 보험료에 대한 기간미경과분은 2,100,000원이다(당사는 보험료 지급 시 비용으로 회계처리하였다).
   (차) 선급비용　　　　2,100,000원　　(대) 보험료　　　　2,100,000원

6. 당사는 소모품 구입 시 자산으로 처리하였다. 기말 현재 소모품 미사용액은 30,000원이다.
   (차) 소모품비　　　　100,000원　　(대) 소모품　　　　100,000원

7. 결산일 현재 가지급금 계정의 잔액은 거래처 행복물산에 대한 외상매입금 상환액으로 판명되었다. 단, 가지급금에 대한 거래처 입력은 생략한다.
   (차) 외상매입금(행복물산)　150,000원　　(대) 가지급금　　　150,000원

[자동결산 → 결산자료입력 메뉴를 열어 기간을 2025년 1월 ~ 2025년 12월로 입력한 후 매출원가 및 경비선택 창에서 확인을 누른다.]

8. 외상매출금과 받을어음의 기말잔액에 대하여 1%의 대손충당금을 보충법으로 설정하다.

[자동결산을 하는 경우]

[F8 대손상각]을 클릭한 후 대손율 1%을 확인하고 외상매출금과 받을어음에 대한 대손충당금만 설정할 것이므로 미수금과 선급금의 추가설정액 금액을 삭제한다. 그리고 결산반영을 눌러 결산반영금액란에 자동반영한다.

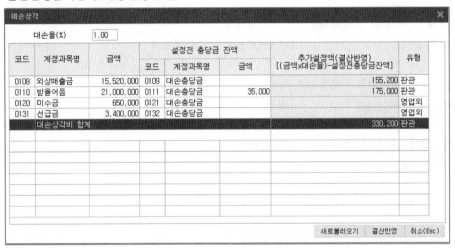

[수동결산을 하는 경우]

합계잔액시산표를 12월 31일로 조회하여 매출채권의 대손충당금 설정액을 계산한 후 일반전표입력 메뉴에서 12월 31일자로 직접 입력한다.

15,520,000	18,300,000	외 상 매 출 금	2,780,000	
	420,000	대 손 충 당 금	420,000	
21,000,000	55,500,000	받 을 어 음	34,500,000	
		대 손 충 당 금	35,000	35,000

① 외상매출금의 대손충당금 설정액
    = (15,520,000원 × 1%) − 0 = 155,200원
② 받을어음의 대손충당금 설정액
    = (21,000,000원 × 1%) − 35,000원 = 175,000원

[12월 31일 일반전표입력]

(차) 대손상각비   330,200원   (대) 대손충당금(109)   155,200원
                                        대손충당금(111)   175,000원

9. 결산일 현재 기말상품재고액은 11,200,000원이다. 단, 전표입력에서 5.결산차변, 6.결산대변을 사용하여 입력한다.

[자동결산을 하는 경우]

결산자료입력 메뉴에서 기말상품재고액 결산반영금액란에 11,200,000원을 입력한다. 상품매출원가 금액이 33,300,000원으로 산정된다.

	2. 매출원가			44,500,000	33,300,000
0451	상품매출원가				33,300,000
0146	① 기초 상품 재고액			6,000,000	6,000,000
0146	② 당기 상품 매입액			38,600,000	38,600,000
0148	④ 매 입 할 인			100,000	100,000
0146	⑩ 기말 상품 재고액			11,200,000	11,200,000

[수동결산을 하는 경우]

합계잔액시산표를 12월 31일로 입력하여 조회한다.

44,630,000	44,730,000	<재 고 자 산>		200,000	100,000
44,600,000	44,600,000	상 품			
		매 입 할 인		100,000	100,000

상품매출원가 = 기초상품재고액 + 당기매입액 − 매입할인 − 기말상품재고액

= 44,600,000원 − 100,000원 − 11,200,000원

= 33,300,000원

합계잔액시산표를 12월 31일로 조회하였을 경우 상품계정의 차변금액 44,600,000원은 기초상품재고액 + 당기매입액의 합계액이다.

[12월 31일 일반전표입력]

(결차) 상품매출원가   33,300,000원   (결대) 상품   33,300,000원

10. 2년 전 취득하였던 차량운반구(취득원가 15,000,000원, 잔존가액 0원, 내용연수 10년, 정액법)의 당기분 감가상각비를 계상하다.

[자동결산을 하는 경우]

감가상각비를 계산한 후 해당금액을 결산자료입력 메뉴 결산반영금액에 입력한다.

감가상각비 = (15,000,000 − 0) ÷ 10 = 1,500,000원

0818	4). 감가상각비			1,500,000	1,500,000
0202	건물				
0208	차량운반구			1,500,000	1,500,000
0212	비품				

[수동결산을 하는 경우]

[12월 31일 일반전표입력]

(차) 감가상각비   1,500,000원   (대) 감가상각누계액(209)   1,500,000원

[결산반영금액에 금액을 입력한 후 반드시 F3전표추가를 눌러서 일반전표입력 메뉴에 결산분개를 자동반영시켜야 한다.]

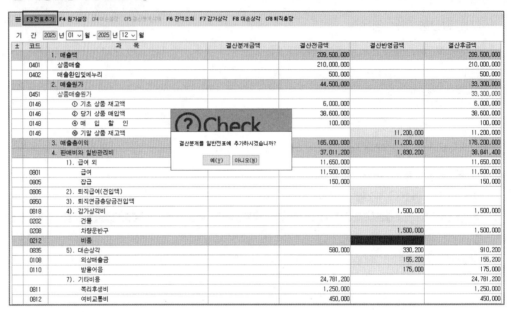

±	코드	과 목	결산분개금액	결산전금액	결산반영금액	결산후금액
		1. 매출액		209,500,000		209,500,000
	0401	상품매출		210,000,000		210,000,000
	0402	매출환입및에누리		500,000		500,000
		2. 매출원가		44,500,000		33,300,000
	0451	상품매출원가				33,300,000
	0146	① 기초 상품 재고액		6,000,000		6,000,000
	0146	② 당기 상품 매입액		38,600,000		38,600,000
	0148	④ 매 입 할 인		100,000		100,000
	0146	⑩ 기말 상품 재고액			11,200,000	11,200,000
		3. 매출총이익		165,000,000	11,200,000	176,200,000
		4. 판매비와 일반관리비		37,011,200	1,830,200	38,841,400
		1). 급여 외		11,650,000		11,650,000
	0801	급여		11,500,000		11,500,000
	0805	잡급		150,000		150,000
	0806	2). 퇴직급여(전입액)				
	0850	3). 퇴직연금충당금전입액				
	0818	4). 감가상각비			1,500,000	1,500,000
	0202	건물				
	0208	차량운반구			1,500,000	1,500,000
	0212	비품				
	0835	5). 대손상각		580,000	330,200	910,200
	0108	외상매출금			155,200	155,200
	0110	받을어음			175,000	175,000
		7). 기타비용		24,781,200		24,781,200
	0811	복리후생비		1,250,000		1,250,000
	0812	여비교통비		450,000		450,000

결산분개를 일반전표에 추가하면 화면 상단에서 자동결산분개 완료를 확인할 수 있다.

---

04 재무제표 작성

수동결산과 자동결산을 수행하고 재무제표 작성을 수행한다.

전산회계 2급에서는 도소매업 개인사업자 가정의 시험이므로 손익계산서와 재무상태표를 작성한다.

1) 손익계산서

일정기간의 경영성과를 보여주는 재무제표로서 당기순손익을 확정하게 된다.

[CF5 전표추가]를 눌러 손익대체분개를 일반전표입력 메뉴에 반영한다.

관리용, 제출용, 표준용으로 구분하여 조회할 수 있다.

[12월 31일 일반전표입력]

	31	00012	대변	0824	운반비		손익계정에 대체		50,000
	31	00012	대변	0825	도서인쇄비		손익계정에 대체		30,000
	31	00012	대변	0830	소모품비		손익계정에 대체		100,000
	31	00012	대변	0831	수수료비용		손익계정에 대체		100,000
	31	00012	대변	0833	광고선전비		손익계정에 대체		15,000,000
	31	00012	대변	0835	대손상각비		손익계정에 대체		910,200
	31	00012	대변	0951	이자비용		손익계정에 대체		1,000,000
	31	00012	대변	0953	기부금		손익계정에 대체		1,500,000
	31	00012	대변	0956	매출채권처분손실		손익계정에 대체		300,000
	31	00012	대변	0984	수수료비용		손익계정에 대체		100,000
	31	00012	차변	0400	손익		비용에서 대체	75,041,400	
	31	00013	차변	0400	손익		당기순손익 자본금에 대:	136,948,600	
	31	00013	대변	0331	자본금		당기순손익 자본금에 대:		136,948,600
	31								
			합 계					465,300,200	465,300,200

2) 재무상태표

기업의 일정시점의 재무상태를 보여주는 재무제표로서 12월 31일 기말현재 재무상태표를 확인할 수 있다. 관리용, 제출용, 표준용으로 구분하여 조회할 수 있다.

과 목	제 9(당)기 2025년1월1일 ~ 2025년12월31일		제 8(전)기 2024년1월1일 ~ 2024년12월31일	
		금액		금액
자산				
Ⅰ.유동자산		238,527,100		76,995,000
① 당좌자산		227,297,100		70,995,000
현금		30,922,300		26,000,000
당좌예금		89,680,000		10,000,000
보통예금		64,690,000		19,000,000
단기매매증권		700,000		
외상매출금	15,520,000		12,000,000	
대손충당금	155,200	15,364,800	120,000	11,880,000
받을어음	21,000,000		3,500,000	
대손충당금	210,000	20,790,000	35,000	3,465,000
미수금		650,000		650,000
선급금		3,400,000		
선급비용		1,100,000		
② 재고자산		11,230,000		6,000,000
상품		11,200,000		6,000,000
소모품		30,000		
Ⅱ.비유동자산		133,400,000		73,000,000
① 투자자산		35,000,000		
투자부동산		35,000,000		
② 유형자산		48,400,000		23,000,000
건물		20,000,000		
차량운반구	24,150,000		21,000,000	
감가상각누계액	5,500,000	18,650,000	4,000,000	17,000,000
비품	12,250,000		8,500,000	
감가상각누계액	2,500,000	9,750,000	2,500,000	6,000,000
③ 무형자산				
④ 기타비유동자산		50,000,000		50,000,000
임차보증금		50,000,000		50,000,000
자산총계		371,927,100		149,995,000
부채				
Ⅰ.유동부채		120,583,500		84,000,000
외상매입금		13,350,000		16,000,000
지급어음		17,700,000		15,500,000
미지급금		9,545,500		6,500,000
예수금		588,000		
선수금		32,400,000		10,000,000
단기차입금		46,000,000		36,000,000
미지급비용		1,000,000		
Ⅱ.비유동부채		50,000,000		
장기차입금		50,000,000		
부채총계		170,583,500		84,000,000
자본				
Ⅰ.자본금		201,343,600		65,995,000
자본금		201,343,600		65,995,000
(당기순이익)				
당기: 136,948,600				
전기: 28,690,000				
자본총계		201,343,600		65,995,000
부채와자본총계		371,927,100		149,995,000

06 제장부조회

회계정보를 전표에 입력하게 되면 제장부에 반영되어 조회할 수 있다.

전산회계 2급 시험에서는 제장부를 조회하는 문제가 3문제 출제된다. 거래처원장, 총계정원장 등 제장부에서 조회할 수 있다.

01 거래처원장

재무회계 ⇨ 장부관리 ⇨ 거래처원장

잔액 탭에서는 계정과목별로 거래처별 잔액을 조회할 수 있으며 거래처별 전기이월금액은 거래처별 초기이월에 입력된 데이터가 반영된다. 내용탭에서는 계정과목별로 거래처별 일자별 거래 내용을 조회할 수 있다.

실습하기

1. 당기의 외상매입금 잔액이 가장 많은 거래처와 금액은 얼마인가?
2. 당기의 현대상사의 외상매입금 상환액은 얼마인가?
3. 결산일 현재 대성문구의 외상매출금 잔액은 얼마인가?
4. 결산일 현재 받을어음의 잔액이 가장 작은 거래처 코드는 무엇인가?

실습하기 작업순서

1. 당기의 외상매입금 잔액이 가장 많은 거래처와 금액은 얼마인가?

거래처원장 선택, 기간 2025년 1월 1일 ~ 2025년 12월 31일, 계정과목 [251.외상매입금]을 입력하고 모든 거래처를 확인할 경우에는 거래처에서 엔터를 연속 눌러주면 거래처 시작 번호부터 끝 번호까지 반영된다.

→ 행복물산, 9,350,000원

잔 액	내 용	총괄잔액	총괄내용								

기 간 2025 년 1 월 1 일 ~ 2025 년 12 월 31 일 계정과목 0251 외상매입금   잔액 0 포함 미등록 포함

거래처분류 ___ ~ ___ 거 래 처 00101 대성문구 ~ 99602 우리카드사

코드	거 래 처	등록번호	대표자명	전기이월	차 변	대 변	잔 액	(담당)부서/사원
00104	행복물산	107-26-34039	송민국	12,000,000	2,650,000		9,350,000	
00105	현대상사	110-13-34068	김일승	4,000,000	1,000,000		3,000,000	
00107	베스트전자	117-23-11236	손윤기			1,000,000	1,000,000	

2. 당기의 현대상사의 외상매입금 상환액은 얼마인가?

거래처원장 선택, 기간 2025년 1월 1일 ~ 2025년 12월 31일, 계정과목 [251.외상매입금]을 입력하고 거래처 칸에서 F2를 눌러 현대상사를 검색하여 입력한다. 거래처 양쪽 네모상자에 00105. 현대상사만 입력하고 조회를 한다. 외상매입금은 부채이고 상환할 경우 부채의 감소 차변에 발생하게 된다. 차변금액을 확인한다.

→ 1,000,000원

잔 액	내 용	출괄잔액	출괄내용								
기 간 2025 년 1 월 1 일 ~ 2025 년 12 월 31 일 계정과목 0251 외상매입금									잔액 0 포함	미등록 포함	
거래처분류	~	거래처 00105 현대상사			~	00105 현대상사					
□ 코드	거래처	등록번호	대표자명	전기이월	차 변	대 변	잔 액	(담당)부서/사원			
□ 00105	현대상사	110-13-34068	김일승	4,000,000	1,000,000		3,000,000				
□											

3. 결산일 현재 대성문구의 외상매출금 잔액은 얼마인가?

거래처원장 선택, 기간 2025년 1월 1일 ~ 2025년 12월 31일, 계정과목 [108.외상매출금]을 입력하고 거래처 칸에서 F2를 눌러 대성문구를 검색하여 입력한다. 거래처 양쪽 네모상자에 00101. 대성문구만 입력하고 조회를 한다.

→ 3,220,000원

잔 액	내 용	출괄잔액	출괄내용								
기 간 2025 년 1 월 1 일 ~ 2025 년 12 월 31 일 계정과목 0108 외상매출금									잔액 0 포함	미등록 포함	
거래처분류	~	거래처 00101 대성문구			~	00101 대성문구					
□ 코드	거래처	등록번호	대표자명	전기이월	차 변	대 변	잔 액	(담당)부서/사원			
□ 00101	대성문구	122-56-12346	이신영	5,000,000		1,780,000	3,220,000				

4. 결산일 현재 받을어음의 잔액이 가장 작은 거래처 코드는 무엇인가?

거래처원장 선택, 기간 2025년 1월 1일 ~ 2025년 12월 31일, 계정과목 [110.받을어음]을 입력하고 모든 거래처를 확인할 경우에는 거래처에서 엔터를 연속 눌러주면 거래처 시작번호부터 끝번호까지 반영된다. 시험에서 거래처 코드를 물어볼 경우 코드를 잘 확인하여 이론문제답안에서 정확하게 입력한다.

→ 00103

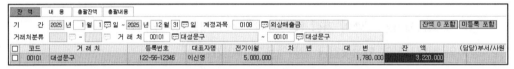

잔 액	내 용	출괄잔액	출괄내용								
기 간 2025 년 1 월 1 일 ~ 2025 년 12 월 31 일 계정과목 0110 받을어음									잔액 0 포함	미등록 포함	
거래처분류	~	거래처 00101 대성문구			~	99602 우리카드사					
□ 코드	거래처	등록번호	대표자명	전기이월	차 변	대 변	잔 액	(담당)부서/사원			
□ 00103	한영잡화	112-85-34528	이진수	3,500,000	2,000,000	4,500,000	1,000,000				
□ 00105	현대상사	110-13-34068	김일승		50,000,000	30,000,000	20,000,000				
□											

02 거래처별계정별원장

재무회계 ⇨ 장부관리 ⇨ 거래처별계정별원장

거래처별로 계정과목별 잔액을 조회할 수 있고 계정과목별 잔액의 상세내용을 총괄조회할 수도 있다. 거래처별 전기이월 금액은 거래처별 초기이월에 입력된 데이터가 반영된다.

코드	거래처명	등록번호	대표자명	코드	계정과목명	전기이월	차 변	대 변	잔 액
00101	대성문구	122-56-12346	이신영	0101	현금		500,000		500,000
00102	서남문구	305-09-37894	박영진	0108	외상매출금	5,000,000		1,780,000	3,220,000
00103	한영잡화	112-85-34528	이진수	0131	선급금		800,000		800,000
00104	행복물산	107-26-34039	송민국	0259	선수금			500,000	500,000
00105	현대상사	110-13-34068	김일승						
00106	나이스상사	135-43-11116	홍명희						
00107	베스트전자	117-23-11236	손윤기						
00108	한양가전	104-08-56781	최선일						
00109	엘지마트(주)								
00200	나무기획	124-37-38356	김도현						
98001	국민은행	304601-02-100261							
98002	우리은행	1002-145-223633							
99601	국민카드	79-8852-1234-12							
100000	미등록 거래처								

기 간 2025 년 1 월 1 일 ~ 2025 년 12 월 31 일 계정과목 0101 현금 ~ 0999 소득세비용 잔액 0 포함
거래처분류 ~ 거래처 00101 대성문구 ~ 99602 우리카드사 미등록 포함

03 계정별원장

재무회계 ⇨ 장부관리 ⇨ 계정별원장

계정과목별로 기간별로 거래내역을 조회할 수 있는 메뉴이며 부서별, 사원별, 현장별, 전체탭으로 구성되어 있다. 오른쪽에서 일자별 거래내역을 더블클릭하면 하단에 분개내역이 반영되고 수정 및 삭제할 수 있다. 계정별원장에서는 현금계정과목은 조회할 수 없다.

📖 실습하기

1. 6월 한 달 동안 당좌수표를 발행한 금액은 얼마인가?
2. 1월 한 달 동안 미지급금 발생 건수는 몇 건인가?
3. 4월 한 달 동안 상품 매입건수는 몇 건이며 4월의 매입금액은 얼마인가?

✏️ 실습하기 작업순서

1. 6월 한 달 동안 당좌수표를 발행한 금액은 얼마인가?

계정별원장을 열어 기간 2025년 6월 1일 ~ 2025년 6월 30일을 입력한 후 계정과목 [102.당좌예금]을 입력하고 조회를 한다.

→ 800,000원

계정별	부서별	사원별	현장별	전 체									

기 간 2025 년 6 월 1 일 ~ 2025 년 6 월 30 일
계정과목 0102 당좌예금 ~ 0102 당좌예금

□ 코드	계 정 과 목	일자	적 요	코드	거 래 처	차 변	대 변	잔 액	번호	등록번호	코드
□ 0102	당좌예금		[전 월 이 월]			121,480,000	60,900,000	60,580,000			
□		06-04					800,000	59,780,000	00001		
□			[월 계]				800,000				
□			[누 계]			121,480,000	61,700,000				

2. 1월 한 달 동안 미지급금 발생 건수는 몇 건인가?

계정별원장을 열어 기간 2025년 1월 1일 ~ 2025년 1월 31일을 입력한 후 계정과목 [253.미지급금]을 입력하고 조회를 한다.

→ 3건

계정별	부서별	사원별	현장별	전 체									

기 간 2025 년 1 월 1 일 ~ 2025 년 1 월 31 일
계정과목 0253 미지급금 ~ 0253 미지급금

□ 코드	계 정 과 목	일자	적 요	코드	거 래 처	차 변	대 변	잔 액	번호	등록번호	코드
□ 0253	미지급금		[전 기 이 월]				6,500,000	6,500,000			
□		01-07		99601	국민카드		88,000	6,588,000	00001	279-8852-1234-123	
□		01-08		00108	한양가전		800,000	7,388,000	00001	104-08-56781	
□		01-15		99601	국민카드		1,200,000	8,588,000	00001	279-8852-1234-123	
□			[월 계]				2,088,000				
□			[누 계]				8,588,000				

3. 4월 한 달 동안 상품 매입건수는 몇 건이며 4월의 매입금액은 얼마인가?

계정별원장을 열어 기간 2025년 4월 1일 ~ 2025년 4월 30일을 입력한 후 계정과목 [146.상품]을 입력하고 조회를 한다.

→ 2건, 31,400,000원

계정별	부서별	사원별	현장별	전 체							

기 간 2025 년 4 월 1 일 ~ 2025 년 4 월 30 일
계정과목 0146 상품 ~ 0146 상품

□ 코드	계 정 과 목	일자	적 요	코드	거 래 처	차 변	대 변	잔 액	번호	등록번호
□ 0146	상품		[전 월 이 월]			11,000,000		11,000,000		
□		04-20				30,000,000		41,000,000	00001	
□		04-21				1,400,000		42,400,000	00001	
□			[월 계]			31,400,000				
□			[누 계]			42,400,000				

◢ 04 현금출납장

재무회계 ⇨ 장부관리 ⇨ 현금출납장

현금계정의 입금, 출금 내역을 조회하는 메뉴이며 전기이월 금액은 전기분재무상태표에 입력된 금액이 반영되고 전월이월의 금액은 조회시작일 전의 잔액이 반영된다.

실습하기

1. 3월 한 달 동안 현금 출금액은 얼마인가?
2. 4월 한 달 동안 현금 입금액은 얼마인가?
3. 6월 말 현재 현금 잔액은 얼마인가?

실습하기 작업순서

1. 3월 한 달 동안 현금 출금액은 얼마인가?

현금출납장 선택, 기간 2025년 3월 1일 ～ 2025년 3월 31일을 입력한 후 조회하여 출금 월계를 확인한다.

→ 277,000원

전체	부서별	사원별	현장별	프로젝트별				
기 간	2025 년 3 월 1 일 - 2025 년 3 월 31 일							
일자	코드	적 요	코드	거 래 처	입 금	출 금	잔 액	
		[전 월 이 월]			26,500,000	6,500,000	20,000,000	
03-01						50,000	19,950,000	
03-10						132,000	19,818,000	
03-15						65,000	19,753,000	
03-31						30,000	19,723,000	
	[월 계]					277,000		
	[누 계]				26,500,000	6,777,000		

2. 4월 한 달 동안 현금 입금액은 얼마인가?

현금출납장 선택, 기간 2025년 4월 1일 ～ 2025년 4월 30일을 입력한 후 조회하여 입금 월계를 확인한다.

→ 20,000,000원

전체	부서별	사원별	현장별	프로젝트별				
기 간	2025 년 4 월 1 일 - 2025 년 4 월 30 일							
일자	코드	적 요	코드	거 래 처	입 금	출 금	잔 액	
		[전 월 이 월]			26,500,000	6,777,000	19,723,000	
04-03					20,000,000		39,723,000	
04-05						50,000	39,673,000	
04-25						150,000	39,523,000	
04-28						500,000	39,023,000	
	[월 계]				20,000,000	700,000		
	[누 계]				46,500,000	7,477,000		

3. 6월 말 현재 현금 잔액은 얼마인가?

현금출납장 선택, 기간 2025년 6월 1일 ～ 2025년 6월 30일을 입력한 후 조회하여 잔액을 확인한다.

→ 32,267,300원

전체	부서별	사원별	현장별	프로젝트별				
기 간	2025 년 6 월 1 일 - 2025 년 6 월 30 일							
일자	코드	적 요	코드	거 래 처	입 금	출 금	잔 액	
		[전 월 이 월]			46,500,000	12,677,000	33,823,000	
06-05						1,500,000	32,323,000	
06-21						55,700	32,267,300	
	[월 계]					1,555,700		
	[누 계]				46,500,000	14,232,700		

05 일계표(월계표)

재무회계 ⇨ 장부관리 ⇨ 일계표(월계표)

일별, 월별로 거래내역의 분개사항을 계정과목별로 집계한 메뉴이다. 현금을 수반한 거래와 현금을 수반하지 않은 거래로 나누어 각각 현금과 대체란에 반영된다.

- **차변란의 현금** : 각 계정별로 현금이 출금된 것을 의미한다.
- **차변란의 대체** : 각 계정별로 현금이 수반되지 않은 거래를 의미한다.
- **대변란의 현금** : 각 계정별로 현금이 입금된 것을 의미한다.
- **대변란의 대체** : 각 계정별로 현금이 수반되지 않은 거래를 의미한다.

실습하기

1. 1월 한 달 동안 현금으로 지급한 판매비와관리비 중 복리후생비는 얼마인가?
2. 상반기 중 판매비와관리비 중에서 지출액이 가장 많은 계정과목은 무엇인가?
3. 6월 한 달 동안 현금으로 지급한 통신비는 얼마인가?
4. 4월의 상품매입액은 얼마인가?

실습하기 작업순서

1. 1월 한 달 동안 현금으로 지급한 판매비와관리비 중 복리후생비는 얼마인가?

   월계표 탭에서 2025년 1월 ~ 2025년 1월로 입력한 후 복리후생비의 현금 지출한 금액을 확인한다.
   → 200,000원

	차 변		계정과목	대 변		
계	대체	현금		현금	대체	계
			장 기 차 입 금		50,000,000	50,000,000
800,000	800,000		5.자 본 금			
800,000	800,000		인 출 금			
			6.매 출		4,000,000	4,000,000
			상 품 매 출		4,000,000	4,000,000
1,488,000	1,288,000	200,000	7.판매비및일반관리비			
800,000	600,000	200,000	복 리 후 생 비			
600,000	600,000		업 무 추 진 비			
88,000	88,000		차 량 유 지 비			
			8.영 업 외 수 익		1,500,000	1,500,000
			채 무 면 제 이 익		1,500,000	1,500,000
95,788,000	95,588,000	200,000	금월소계	500,000	95,588,000	96,088,000
26,300,000		26,300,000	금월잔고/전월잔고	26,000,000		26,000,000
122,088,000	95,588,000	26,500,000	합계	26,500,000	95,588,000	122,088,000

2. 상반기 중 판매비와관리비 중에서 지출액이 가장 많은 계정과목은 무엇인가?

   월계표탭에서 2025년 1월 ~ 2025년 6월로 입력한 후 판매비와관리비 중에서 지출액이 가장 많은 계정과목을 확인한다.
   → 광고선전비

일계표	월계표						

조회기간 2025 년 01 월 ~ 2025 년 06 월

차 변			계정과목	대 변		
계	대체	현금		현금	대체	계
26,246,200	22,545,500	3,700,700	7.판매비및일반관리비			
150,000		150,000	잡 급			
1,250,000	1,050,000	200,000	복 리 후 생 비			
450,000	350,000	100,000	여 비 교 통 비			
665,000	665,000		업 무 추 진 비			
55,700		55,700	통 신 비			
592,500	592,500		세 금 과 공 과			
3,065,000		3,065,000	수 선 비			
4,800,000	4,800,000		보 험 료			
138,000	88,000	50,000	차 량 유 지 비			
50,000		50,000	운 반 비			
30,000		30,000	도 서 인 쇄 비			
15,000,000	15,000,000		광 고 선 전 비			
409,108,200	394,875,500	14,232,700	금월소계	20,500,000	394,875,500	415,375,500
32,267,300		32,267,300	금월잔고/전월잔고	26,000,000		26,000,000
441,375,500	394,875,500	46,500,000	합계	46,500,000	394,875,500	441,375,500

3. 6월 한 달 동안 현금으로 지급한 통신비는 얼마인가?

월계표 탭에서 2025년 6월 ~ 2025년 6월로 입력한 후 현금으로 지급한 통신비를 확인한다.
→ 55,700원

일계표	월계표						

조회기간 2025 년 06 월 ~ 2025 년 06 월

차 변			계정과목	대 변		
계	대체	현금		현금	대체	계
			당 좌 예 금		800,000	800,000
			보 통 예 금		5,100,000	5,100,000
800,000	800,000		선 급 금			
150,000	150,000		2.유 동 부 채		422,500	422,500
			미 지 급 금		422,500	422,500
150,000	150,000		예 수 금			
5,428,200	5,372,500	55,700	3.판매비및일반관리비			
150,000	150,000		복 리 후 생 비			
55,700		55,700	통 신 비			
422,500	422,500		세 금 과 공 과			
4,800,000	4,800,000		보 험 료			
1,500,000		1,500,000	4.영 업 외 비 용			
1,500,000		1,500,000	기 부 금			
7,878,200	6,322,500	1,555,700	금월소계		6,322,500	6,322,500
32,267,300		32,267,300	금월잔고/전월잔고	33,823,000		33,823,000
40,145,500	6,322,500	33,823,000	합계	33,823,000	6,322,500	40,145,500

4. 4월의 상품매입액은 얼마인가?

월계표탭에서 2025년 4월 ~ 2025년 4월로 입력한 후 상품매입액을 확인한다.
→ 31,400,000원

일계표	월계표						

조회기간 2025 년 04 월 ~ 2025 년 04 월

차 변			계정과목	대 변		
계	대체	현금		현금	대체	계
234,800,000	234,300,000	500,000	1.유 동 자 산		21,400,000	21,400,000
203,400,000	202,900,000	500,000	<당 좌 자 산>		21,300,000	21,300,000
100,000,000	100,000,000		당 좌 예 금		20,900,000	20,900,000
50,600,000	50,600,000		보 통 예 금			
300,000	300,000		외 상 매 출 금			
52,000,000	52,000,000		받 을 어 음			
			선 급 금		400,000	400,000
500,000		500,000	가 지 급 금			
31,400,000	31,400,000		<재 고 자 산>		100,000	100,000
31,400,000	31,400,000		상 품		100,000	100,000
			매 입 할 인			
1,750,000	1,600,000	150,000	2.비 유 동 자 산			
1,750,000	1,600,000	150,000	<유 형 자 산>			
237,700,000	237,000,000	700,000	금월소계	20,000,000	237,000,000	257,000,000
39,023,000		39,023,000	금월잔고/전월잔고	19,723,000		19,723,000
276,723,000	237,000,000	39,723,000	합계	39,723,000	237,000,000	276,723,000

06 총계정원장

재무회계 ⇨ 장부관리 ⇨ 총계정원장

계정과목별로 월별, 일별 차변의 합계, 대변의 합계, 잔액을 확인할 수 있는 메뉴이다.
전월이월 금액은 전기분재무상태표에 입력된 데이터가 반영된다.

실습하기

1. 1월부터 6월까지 외상매출금 회수액이 가장 큰 월과 가장 작은 월의 금액을 합산하면 얼마인가?
2. 4월에 발생한 차량유지비는 얼마인가?
3. 상반기 중 보통예금 출금액이 가장 큰 월은 몇 월인가?
4. 1월의 외상매입금 지급액은 얼마인가?

실습하기 작업순서

1. 1월부터 6월까지 외상매출금 발생액이 가장 큰 월과 가장 작은 월의 금액을 합산하면 얼마인가?

   총계정원장 선택, 기간 2025년 1월 1일 ~ 2025년 6월 30일, 계정과목 [108.외상매출금]을
   입력한 후 차변의 금액을 조회한다.
   가장 큰 월 2월 5,000,000원, 가장 작은 월 4월 300,000원을 더하면 5,300,000원이 된다.
   → 5,300,000원

코드	계 정 과 목	일자	차 변	대 변	잔 액
0108	외상매출금	[전기이월]	12,000,000		12,000,000
		2025/01	1,000,000		13,000,000
		2025/02	5,000,000	500,000	17,500,000
		2025/03		1,280,000	16,220,000
		2025/04	300,000		16,520,000
		2025/05			16,520,000
		2025/06			16,520,000
		합 계	18,300,000	1,780,000	

기 간 2025 년 01 월 01 일 ~ 2025 년 06 월 30 일
계정과목 0108 외상매출금 ~ 0108 외상매출금

2. 4월에 발생한 차량유지비는 얼마인가?

   총계정원장 선택, 기간 2025년 4월 1일 ~ 2025년 4월 30일, 계정과목 [822.차량유지비]를
   입력한 후 조회한다.
   → 50,000원

코드	계 정 과 목	일자	차 변	대 변	잔 액
0822	차량유지비	[전월이월]	88,000		88,000
		2025/04	50,000		138,000
		합 계	138,000		

기 간 2025 년 04 월 01 일 ~ 2025 년 04 월 30 일
계정과목 0822 차량유지비 ~ 0822 차량유지비

3. 상반기 중 보통예금 출금액이 가장 큰 월은 몇 월인가?

총계정원장 선택, 기간 2025년 1월 1일 ~ 2025년 6월 30일, 계정과목 [103.보통예금]을 입력한 후 대변 금액 중 가장 큰 금액의 월을 확인한다.

→ 2월

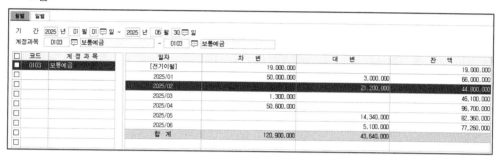

코드	계 정 과 목	일자	차 변	대 변	잔 액
0103	보통예금	[전기이월]	19,000,000		19,000,000
		2025/01	50,000,000	3,000,000	66,000,000
		2025/02		21,200,000	44,800,000
		2025/03	1,300,000		46,100,000
		2025/04	50,600,000		96,700,000
		2025/05		14,340,000	82,360,000
		2025/06		5,100,000	77,260,000
		합 계	120,900,000	43,640,000	

4. 1월의 외상매입금 지급액은 얼마인가?

총계정원장 선택, 기간 2025년 1월 1일 ~ 2025년 1월 31일, 계정과목 [251.외상매입금]을 입력한 후 차변금액을 확인한다.

→ 1,500,000원

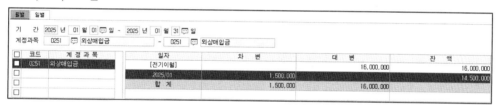

코드	계 정 과 목	일자	차 변	대 변	잔 액
0251	외상매입금	[전기이월]		16,000,000	16,000,000
		2025/01	1,500,000		14,500,000
		합 계	1,500,000	16,000,000	

PART

03

전산회계 2급
기출문제(이론 + 실무)

104회 전산회계 2급 기출문제(이론 + 실무)

이론시험

※ 다음 문제를 보고 알맞은 것을 골라 답안수록메뉴의 해당번호에 입력하시오.
(객관식 문항당 2점)

─── 〈 기본전제 〉───

문제에서 한국채택국제회계기준을 적용하도록 하는 전제조건이 없는 경우, 일반기업회계기준을 적용한다.

01 다음 중 혼합거래에 속하는 것은?

① 보험료 40,000원을 현금으로 지급하다.
② 비품 40,000원을 구입하고 대금은 신용카드로 결제하다.
③ 현금 10,000,000원을 출자하여 영업을 개시하다.
④ 단기대여금 1,000,000원과 이자 20,000원을 현금으로 받다.

02 다음 중 거래의 결합관계에서 동시에 나타날 수 없는 것은?

① 비용의 발생과 자산의 감소
② 자산의 증가와 부채의 증가
③ 자본의 증가와 부채의 증가
④ 자산의 증가와 수익의 발생

03 다음 중 기업 결산일의 경영성과를 나타내는 재무보고서의 계정과목에 해당하는 것은?

① 예수금
② 기부금
③ 선급비용
④ 미지급비용

04 다음 중 재무상태표에 대한 설명으로 옳지 않은 것은?

① 일정한 시점의 재무상태를 나타내는 보고서이다.
② 기초자본과 기말자본을 비교하여 당기순손익을 산출한다.
③ 재무상태표 등식은 '자산＝부채＋자본'이다.
④ 자산과 부채는 유동성이 낮은 순서로 기록한다.

PART
03

05 다음 자료에 의한 기말 현재 대손충당금 잔액은 얼마인가?

- 기초 대손충당금 : 150,000원
- 전년도에 대손충당금과 상계하였던 거래처 찬희상사의 외상매출금 200,000원을 회수하였다.
- 기초 매출채권 : 15,000,000원
- 기말 매출채권 : 10,000,000원
- 기말 매출채권 잔액에 대하여 1%의 대손충당금을 설정하기로 한다.

① 100,000원   ② 240,000원
③ 250,000원   ④ 300,000원

06 다음 중 재고자산에 대한 설명으로 틀린 것은?

① 재고자산의 취득원가에는 매입가액뿐만 아니라, 매입운임 등 매입부대비용까지 포함한다.
② 선입선출법은 먼저 구매한 상품이 먼저 판매된다는 가정하에 매출원가 및 기말재고액을 구하는 방법이다.
③ 후입선출법은 나중에 구매한 상품이 나중에 판매된다는 가정하에 매출원가 및 기말재고액을 구하는 방법이다.
④ 개별법은 매입단가를 개별적으로 파악하여 매출원가와 기말재고액을 결정하는 방법이다.

07 당해연도 기말재고액이 1,000원만큼 과대계상될 경우, 이 오류가 미치는 영향으로 옳지 않은 것은?

① 당해연도 매출총이익이 1,000원만큼 과대계상된다.
② 당해연도 기말재고자산이 1,000원만큼 과대계상된다.
③ 다음연도 기초재고자산이 1,000원만큼 과대계상된다.
④ 당해연도 매출원가가 1,000원만큼 과대계상된다.

08 다음 중 아래 자료의 (가)와 (나)에 들어갈 내용으로 옳은 것은?

> 자동차를 판매용으로 취득하면 (가)으로, 영업에 사용할 목적으로 취득하면 (나)으로 처리한다.

       <u>(가)</u>   <u>(나)</u>

① 재고자산   투자자산
② 투자자산   재고자산
③ 재고자산   유형자산
④ 유형자산   재고자산

09 다음 중 일반기업회계기준상 유형자산의 감가상각방법으로 인정되지 않는 것은?

① 정액법   ② 정률법
③ 평균법   ④ 연수합계법

10 외상매입금을 조기 지급하여 매입할인을 받은 경우, 당기 손익계산서에 미치는 영향으로 가장 옳은 것은?

① 순매입액의 감소   ② 순매입액의 증가
③ 매출총이익의 감소   ④ 영업이익의 감소

11 결산 시 선수이자에 대한 결산정리분개를 누락한 경우, 기말 재무제표에 미치는 영향으로 옳은 것은?

① 부채의 과소계상   ② 수익의 과소계상
③ 자산의 과대계상   ④ 비용의 과소계상

12 다음 중 자본구성 내역을 자본거래와 손익거래 결과로 구분할 때, 그 구분이 다른 것은?

① 자본금   ② 자본조정
③ 이익잉여금   ④ 자본잉여금

13 다음과 같은 자료만으로 알 수 있는 당기의 추가출자액은 얼마인가?

- 당기에 현금 50,000,000원을 출자하여 영업을 개시하다.
- 사업주가 개인사용을 목적으로 인출한 금액은 5,000,000원이다.
- 당기의 기말자본금은 70,000,000원이다.
- 당기 기말결산의 당기순이익은 10,000,000원이다.

① 5,000,000원   ② 9,000,000원

③ 15,000,000원   ④ 20,000,000원

14 다음 중 손익계산서의 영업이익에 영향을 미치는 것은?

① 기부금
② 차입금에 대한 이자 지급액
③ 판매촉진 목적으로 광고, 홍보, 선전 등을 위하여 지급한 금액
④ 유형자산을 장부가액보다 낮은 가격으로 처분하여 발생한 손실 금액

15 다음 중 자산에 속하는 계정과목이 아닌 것은?

① 구축물   ② 개발비

③ 임대보증금   ④ 단기금융상품

✛ 실무시험 ✛

※ 가온상사(코드번호:1044)는 문구 및 잡화를 판매하는 개인기업이다. 당기(제11기)의 회계기간은
2025.1.1.~2025.12.31.이다. 전산세무회계 수험용 프로그램을 이용하여 다음 물음에 답하시오.

──〈 기본전제 〉──

• 문제에서 한국채택국제회계기준을 적용하도록 하는 전제조건이 없는 경우, 일반기업회계기준을 적용하
 여 회계처리한다.
• 문제의 풀이와 답안작성은 제시된 문제의 순서대로 진행한다.

01 다음은 가온상사의 사업자등록증이다. [회사등록] 메뉴에 입력된 내용을 검토하여 누락분
 은 추가입력하고 잘못된 부분은 정정하시오(주소 입력 시 우편번호는 입력하지 않아도 무
 방함). 6점

사업자등록증

(일반과세자)

등록번호 : 113-25-00916

상 호 명 : 가온상사
대 표 자 명 : 조형오
생 년 월 일 : 1970 년 10 월 11 일
개 업 연 월 일 : 2015 년 03 월 09 일
사업장소재지 : 경기도 안산시 단원구 신길로 20(신길동)
사업자의 종류 : 업태 도소매   종목 문구 및 잡화
교 부 사 유 : 신규

사업자 단위 과세 적용사업자 여부 : 여 ( ) 부 (✓)
전자세금계산서 전용 전자우편 주소 :

2015 년 03 월 09 일

안산세무서장

02 다음은 가온상사의 전기분 재무상태표이다. 입력되어 있는 자료를 검토하여 오류부분은 정정하고 누락된 부분은 추가입력하시오. <u>6점</u>

재무상태표

회사명 : 가온상사　　　　　　제10기 2024.12.31. 현재　　　　　　(단위 : 원)

과목	금액		과목	금액
현　　　　　금		50,000,000	외 상 매 입 금		45,000,000
보 통 예 금		30,000,000	지 급 어 음		20,000,000
정 기 예 금		20,000,000	선　　수　　금		20,000,000
외 상 매 출 금	50,000,000		단 기 차 입 금		40,000,000
대 손 충 당 금	500,000	49,500,000	자　　본　　금		212,200,000
받 을 어 음	30,000,000		(당 기 순 이 익		
대 손 충 당 금	300,000	29,700,000	: 15,000,000)		
단 기 대 여 금		10,000,000			
미　　수　　금		20,000,000			
상　　　　품		80,000,000			
차 량 운 반 구	52,000,000				
감 가 상 각 누 계 액	23,000,000	29,000,000			
비　　　　품	20,000,000				
감 가 상 각 누 계 액	1,000,000	19,000,000			
자산총계		337,200,000	부채와 자본총계		337,200,000

03 다음 자료를 이용하여 입력하시오. <u>6점</u>

[1] 가온상사는 상품을 매입하고 상품매입대금을 어음으로 지급하는 금액이 커지고 있다. 146. 상품 계정과목에 다음의 적요를 추가 등록하시오. <u>3점</u>

> 대체적요 : NO. 5 상품 어음 매입

[2] 다음은 가온상사의 신규거래처이다. 아래의 자료를 이용하여 [거래처등록] 메뉴에 추가등록하시오(주어진 자료 외의 다른 항목은 입력할 필요 없음). <u>3점</u>

- 상호 : 모닝문구
- 대표자명 : 최민혜
- 업태 : 도소매
- 유형 : 매출
- 사업장소재지 : 대전광역시 대덕구 한밭대로 1000(오정동)
- 회사코드 : 1001
- 사업자등록번호 : 305-24-63212
- 종목 : 문구 및 잡화

※ 주소입력 시 우편번호는 입력하지 않아도 무방함

04 다음의 거래 자료를 [일반전표입력] 메뉴를 이용하여 입력하시오. 24점

─────── 〈 입력 시 유의사항 〉───────

- 적요의 입력은 생략한다.
- 부가가치세는 고려하지 않는다.
- 채권·채무와 관련된 거래처명은 반드시 기등록되어 있는 거래처코드를 선택하는 방법으로 거래처명을 입력한다.
- 회계처리 시 계정과목은 등록되어 있는 계정과목 중 가장 적절한 과목으로 한다.

[1] 07월 15일 대전중앙신협에서 사업운영자금으로 50,000,000원을 차입하여 즉시 보통예금 계좌에 입금하다(1년 만기, 만기일 2026년 7월 14일, 이자율 연 4%, 이자 지급은 만기 시 일괄 지급한다). 3점

[2] 07월 16일 다음은 로뎀문구에서 상품을 매입하고 받은 거래명세표이다. 7월 5일 지급한 계약금을 제외하고, 당좌수표를 발행하여 잔금 5,940,000원을 지급하다. 3점

권		호				거래명세표(거래용)			
2025 년 7 월 16 일									
가온상사 귀하			공급자	사업자등록번호		220-34-00176			
				상호	로뎀문구		성명	최한대 ㉵	
				사업장소재지	경기도 안산시 상록구 반석로 44				
아래와 같이 계산합니다.				업태	도소매		종목	문구 및 잡화	
합계금액				육백육십만원정 (₩ 6,600,000)					
월 일	품 목		규 격	수 량	단 가		공 급 대 가		
7월 16일	문구			1,000개	6,600원		6,600,000원		
계							6,600,000원		
전잔금	없음				합 계		6,600,000원		
입 금	660,000원		잔 금		5,940,000원	인수자	조형오 ㉵		
비 고	입금 660,000원은 계약금으로, 7월 5일 공급대가의 10%를 현금으로 수령한 것임.								

[3] 07월 28일 영업부 사원의 출장경비 중 신한카드(사업용카드)로 지급한 영수증을 받다(출장 경비는 여비교통비로 처리할 것). **3점**

시설물 이용 영수증(주차비)	
명　　　칭	유성주차장
주　　　소	대전광역시 유성구 궁동 220
사업자번호	305-35-65424
사 업 자 명	이진식
발 행 일 자	2025-7-28
차 량 번 호	54거3478
지 불 방 법	신한카드
승 인 번 호	20006721
카 드 번 호	54322362****3564
입 차 일 시	2025-7-28 13:22:22
출 차 일 시	2025-7-28 14:52:22
주 차 시 간	1시간 30분
정 산 요 금	5,000원
이용해 주셔서 감사합니다.	

[4] 08월 28일 씨엔제이상사에 상품을 판매하고 발급한 거래명세표이다. 판매대금 중 20,000,000원은 당좌수표로 받고, 잔액은 6개월 만기 동점 발행 약속어음으로 받았다. **3점**

권		호		거래명세표(보관용)				
2025 년 8 월 28 일								
씨엔제이상사　　　귀하			공급자	사업자등록번호		113-25-00916		
				상호	가온상사	성명	조형오 ㉑	
				사업장소재지	경기도 안산시 단원구 신길로 20			
아래와 같이 계산합니다.				업태	도소매	종목	문구 및 잡화	
합계금액				이천오백만원정 (₩ 25,000,000)				
월 일	품 목		규 격	수 량	단 가	공 급 대 가		
8월 28일	문구류			100	250,000원	25,000,000원		
계						25,000,000원		
전잔금	없음			합 계		25,000,000원		
입 금	20,000,000원	잔 금		5,000,000원	인수자	최찬희 ㉑		
비 고	당좌수표 수령, 잔금은 6개월 만기 약속어음으로 수령							

[5] 09월 20일 반월상사에 외상으로 9월 3일에 판매하였던 상품 3,000,000원이 견본과 다르다는 이유로 반품되었다. 반품액은 매출환입및에누리로 처리한다(단, 음수로 회계처리하지 말 것). **3점**

[6] 10월 15일 조선상사에 대한 외상매입금 1,300,000원을 지급하기 위하여 발해상사로부터 매출대금으로 받은 약속어음 1,200,000원을 배서양도하고 나머지는 현금으로 지급하다. **3점**

[7] 11월 27일 거래처인 비전상사의 미지급금 12,500,000원 중 10,000,000원은 당좌수표를 발행하여 지급하고, 나머지는 면제받았다(단, 매입할인은 아님). **3점**

[8] 12월 30일 신규 취득한 업무용 차량에 대한 취득세를 현금으로 납부하고, 다음과 같은 영수증을 수령하였다. **3점**

인천광역시		차량취득세납부영수증		납부(납입)서		납세자보관용 영수증	
납세자		가온상사					
주소		경기도 안산시 단원구 신길로 20					
납세번호		**기관번호** 3806904	**제목** 10101502	**납세년월기** 202511		**과세번호** 0001070	
과세내역	차번	45조4079		년식 2025		과 세 표 준 액	
	목적	신규등록(일반등록)	특례	세율특례없음			37,683,000
	차명	그랜저					
	차종	승용자동차		세율 70/1000			
세목		납 부 세 액	납부할 세액 합계			전용계좌로도 편리하게 납부!!	
취 득 세		2,637,810				우리은행	620-441829-64-125
가산세		0				신한은행	563-04433-245814
지방교육세		0		2,637,810 원		하나은행	117-865254-74125
농어촌특별세		0	신고납부기한			국민은행	4205-84-28179245
합계세액		2,637,810	2025. 12. 30. 까지			기업은행	528-774145-58-247
지방세법 제6조~22조, 제30조의 규정에 의하여 위와 같이 신고하고 납부합니다.						■ **전용계좌 납부안내**(뒷면참조)	
담당자		위의 금액을 영수합니다.					수납인
권유리		**납부장소**: 전국은행(한국은행제외) 우체국 농협				2025년 12월 30일	

05 [일반전표입력] 메뉴에 입력된 내용 중 다음의 오류가 발견되었다. 입력된 내용을 검토하고 수정 또는 삭제, 추가입력하여 올바르게 정정하시오. **6점**

─── 〈 입력 시 유의사항 〉 ───
- 적요의 입력은 생략한다.
- 부가가치세는 고려하지 않는다.
- 채권·채무와 관련된 거래처명은 반드시 기등록되어 있는 거래처코드를 선택하는 방법으로 거래처명을 입력한다.
- 회계처리 시 계정과목은 등록되어 있는 계정과목 중 가장 적절한 과목으로 한다.

[1] 09월 15일 거래처 월평문구로부터 외상매출금을 현금으로 회수하고 회계처리한 100,000원이 실제로는 월평문구와 상품 추가 판매계약을 맺고 계약금으로 현금 100,000원을 받은 것으로 확인되었다. **3점**

[2] 12월 18일 영업부의 문서 출력용 프린터를 구입하면서 소모품인 A4용지 100,000원을 포함하여 비품으로 처리하였다(단, 소모품은 비용으로 처리할 것). **3점**

06 다음의 결산정리사항을 입력하여 결산을 완료하시오. **12점**

─── 〈 입력 시 유의사항 〉 ───
- 적요의 입력은 생략한다.
- 부가가치세는 고려하지 않는다.
- 채권·채무와 관련된 거래처명은 반드시 기등록되어 있는 거래처코드를 선택하는 방법으로 거래처명을 입력한다.
- 회계처리 시 계정과목은 등록되어 있는 계정과목 중 가장 적절한 과목으로 한다.

[1] A사무실을 임대료 6,000,000원(임대기간 2025년 7월 1일~2026년 6월 30일)에 임대하는 것으로 계약하고, 임대료는 임대계약기간 종료일에 전액 수령하기로 하였다(단, 월할 계산할 것). **3점**

[2] 3개월 전 단기투자목적으로 양촌㈜의 주식 100주(액면금액 @5,000원)를 주당 25,000원에 취득하였으며, 기말 현재 이 주식의 공정가치는 주당 30,000원이다. **3점**

[3] 10월 1일에 보통예금 계좌에서 이체하여 납부한 사업장의 화재보험료 120,000원(보험기간 2025년 10월 1일~2026년 9월 30일)은 차기분이 포함된 보험료이다(단, 보험료는 월할계산할 것). **3점**

[4] 매출채권 잔액에 대하여 1%의 대손충당금을 보충법으로 설정하시오. 3점

07 다음 사항을 조회하여 알맞은 답안을 이론문제 답안작성 메뉴에 입력하시오. 10점

[1] 상반기(1월~6월) 중 상품매출액이 가장 적은 달(月)의 상품매출액은 얼마인가? 3점

[2] 3월 말 현재 비품의 장부가액은 얼마인가? 3점

[3] 6월 말 현재 거래처별 선급금 잔액 중 가장 큰 금액과 가장 적은 금액의 차액은 얼마인가?
(단, 음수로 입력하지 말 것) 4점

105회 전산회계 2급 기출문제(이론 + 실무)

÷ 이론시험 ÷

※ 다음 문제를 보고 알맞은 것을 골라 답안수록메뉴의 해당번호에 입력하시오.
(객관식 문항당 2점)

―――――――――――〈 기본전제 〉―――――――――――

문제에서 한국채택국제회계기준을 적용하도록 하는 전제조건이 없는 경우, 일반기업회계기준을 적용한다.

01 다음 중 일반기업회계기준에서 규정하고 있는 재무제표가 아닌 것은?

① 합계잔액시산표　　　　　　　　　② 재무상태표
③ 손익계산서　　　　　　　　　　　④ 주석

02 다음 중 일정 시점의 재무상태를 나타내는 재무보고서의 계정과목으로만 짝지어진 것이 아닌 것은?

① 보통예금, 현금　　　　　　　　　② 선급비용, 선수수익
③ 미수수익, 미지급비용　　　　　　④ 감가상각비, 급여

03 다음 거래요소의 결합관계와 거래의 종류에 맞는 거래내용은?

거래요소 결합관계	거래의 종류
자산의 증가–부채의 증가	교환거래

① 업무용 컴퓨터 1,500,000원을 구입하고 대금은 나중에 지급하기로 하다.
② 거래처로부터 외상매출금 500,000원을 현금으로 받다.
③ 거래처에 외상매입금 1,000,000원을 현금으로 지급하다.
④ 이자비용 150,000원을 현금으로 지급하다.

04 아래의 괄호 안에 각각 들어갈 계정과목으로 옳은 것은?

〈거래〉
- 05월 10일 ㈜무릉으로부터 상품 350,000원을 매입하고, 대금은 당좌수표를 발행하여 지급하다.
- 05월 20일 ㈜금강에 상품 500,000원을 공급하고, 대금은 매입처 발행 당좌수표로 받다.

〈분개〉
5월 10일 (차) 상품   350,000원   (대) [㉠]   350,000원
5월 20일 (차) [㉡]   500,000원   (대) 상품매출   500,000원

① ㉠ 당좌예금, ㉡ 당좌예금   ② ㉠ 당좌예금, ㉡ 현금
③ ㉠ 현금,   ㉡ 현금   ④ ㉠ 현금,   ㉡ 당좌예금

05 다음 자료를 이용하여 당기 외상 매출액을 계산하면 얼마인가?

- 외상매출금 기초잔액   300,000원   • 외상매출금 기말잔액   400,000원
- 당기 외상매출금 회수액 700,000원

① 300,000원   ② 700,000원
③ 800,000원   ④ 1,200,000원

06 다음의 자산 항목을 유동성이 높은 순서대로 바르게 나열한 것은?

- 상품   • 토지
- 개발비   • 미수금

① 미수금-개발비-상품-토지   ② 미수금-상품-토지-개발비
③ 상품-토지-미수금-개발비   ④ 상품-미수금-개발비-토지

07 다음의 회계정보를 이용하여 기말의 상품매출총이익을 계산하면 얼마인가?

- 기초상품재고액 4,000,000원   • 기말상품재고액 6,000,000원
- 당기상품매입액 10,000,000원   • 매입에누리 100,000원
- 당기상품매출액 11,000,000원

① 3,100,000원   ② 4,100,000원
③ 7,900,000원   ④ 9,100,000원

08 다음의 회계자료에 의한 당기총수익은 얼마인가?

· 기초자산 800,000원	· 기초자본 600,000원
· 당기총비용 1,100,000원	· 기말자본 1,000,000원

① 1,200,000원 ② 1,300,000원
③ 1,400,000원 ④ 1,500,000원

PART 03

09 다음 중 유동자산이 아닌 것은?

① 당좌예금 ② 현금
③ 영업권 ④ 상품

10 다음 중 상품의 매입원가에 가산하지 않는 것은?

① 상품을 100,000원에 매입하다.
② 상품 매입 시 발생한 하역비 100,000원을 지급하다.
③ 상품 매입 시 발생한 운임 100,000원을 지급하다.
④ 매입한 상품에 하자가 있어 100,000원에 해당하는 상품을 반품하다.

11 건물 일부 파손으로 인해 유리창 교체 작업(수익적 지출)을 하고, 아래와 같이 회계처리한 경우 발생하는 효과로 다음 중 옳은 것은?

(차) 건물	6,000,000원	(대) 보통예금	6,000,000원

① 부채의 과대계상 ② 자산의 과소계상
③ 순이익의 과대계상 ④ 비용의 과대계상

12 다음 중 잔액시산표에서 그 대칭 관계가 옳지 않은 것은?

	차변	대변
①	대여금	차입금
②	임대보증금	임차보증금
③	선급금	선수금
④	미수금	미지급금

13 다음 거래에서 개인기업의 자본금계정에 영향을 미치지 않는 거래는?

① 현금 1,000,000원을 거래처에 단기대여하다.
② 사업주가 단기대여금 1,000,000원을 회수하여 사업주 개인 용도로 사용하다.
③ 결산 시 인출금 계정의 차변 잔액 1,000,000원을 정리하다.
④ 사업주의 자택에서 사용할 에어컨 1,000,000원을 회사 자금으로 구입하다.

14 다음 중 손익계산서상의 판매비와일반관리비 항목에 속하지 않는 계정과목은?

① 기업업무추진비   ② 세금과공과
③ 임차료   ④ 이자비용

15 다음 중 영업손익과 관련이 없는 거래는 무엇인가?

① 영업부 급여 500,000원을 현금으로 지급하다.
② 상품광고를 위하여 250,000원을 보통예금으로 지급하다.
③ 수재민을 위하여 100,000원을 현금으로 기부하다.
④ 사무실 전기요금 150,000원을 현금으로 지급하다.

✛ 실무시험 ✛

※ 무한상사(코드번호 : 1054)는 가전제품을 판매하는 개인기업으로 당기(제15기) 회계기간은 2025.
1.1.~2025.12.31.이다. 전산세무회계 수험용 프로그램을 이용하여 다음 물음에 답하시오.

─────────〈 기본전제 〉─────────

• 문제에서 한국채택국제회계기준을 적용하도록 하는 전제조건이 없는 경우, 일반기업회계기준을 적용하
여 회계처리한다.
• 문제의 풀이와 답안작성은 제시된 문제의 순서대로 진행한다.

01 다음은 무한상사의 사업자등록증이다. [회사등록] 메뉴에 입력된 내용을 검토하여 누락분
은 추가입력하고 잘못된 부분은 정정하시오(주소 입력 시 우편번호는 입력하지 않아도 무
방함). 6점

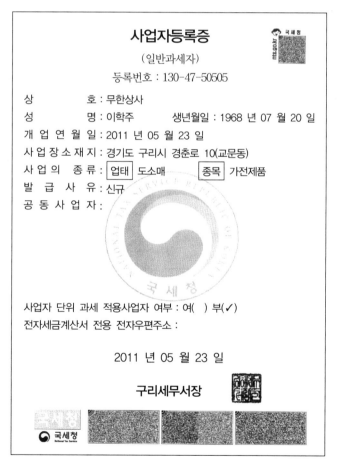

PART
03

02 다음은 무한상사의 전기분 손익계산서이다. 입력되어 있는 자료를 검토하여 오류 부분은 정정하고 누락된 부분은 추가 입력하시오. 6점

손익계산서

회사명 : 무한상사　　　　　제14기 2024.1.1.~2024.12.31.　　　　　(단위 : 원)

과목	금액	과목	금액
매 출 액	300,000,000	영 업 이 익	44,200,000
상 품 매 출	300,000,000	영 업 외 수 익	5,800,000
매 출 원 가	191,200,000	이 자 수 익	2,200,000
상 품 매 출 원 가	191,200,000	임 대 료	3,600,000
기 초 상 품 재 고 액	13,000,000	영 업 외 비 용	7,500,000
당 기 상 품 매 입 액	180,000,000	이 자 비 용	4,500,000
기 말 상 품 재 고 액	1,800,000	기 부 금	3,000,000
매 출 총 이 익	108,800,000	소 득 세 차 감 전 순 이 익	42,500,000
판 매 비 와 관 리 비	64,600,000	소 득 세 등	0
급 여	34,300,000	당 기 순 이 익	42,500,000
복 리 후 생 비	5,700,000		
여 비 교 통 비	2,440,000		
임 차 료	12,000,000		
차 량 유 지 비	3,500,000		
소 모 품 비	3,400,000		
광 고 선 전 비	3,260,000		

03 다음 자료를 이용하여 입력하시오. 6점

[1] 무한상사의 거래처별 초기이월 채권과 채무의 잔액은 다음과 같다. 주어진 자료를 검토하여 잘못된 부분을 정정하거나 추가 입력하시오(거래처코드를 사용할 것). 3점

계정과목	거래처명	금액
외상매출금	월평상사	45,000,000원
지급어음	도륜상사	150,000,000원
단기차입금	선익상사	80,000,000원

[2] 다음 자료를 이용하여 [기초정보관리]의 [거래처등록] 메뉴에서 신용카드를 추가로 등록하시오(주어진 자료 외의 다른 항목은 입력할 필요 없음). 3점

- 코드 : 99871
- 유형 : 매입
- 카드종류(매입) : 3.사업용카드

- 거래처명 : 씨엔제이카드
- 카드번호 : 1234-5678-9012-3452

04 다음의 거래 자료를 [일반전표입력] 메뉴를 이용하여 입력하시오. 24점

──── 〈 입력 시 유의사항 〉 ────
- 적요의 입력은 생략한다.
- 부가가치세는 고려하지 않는다.
- 채권·채무와 관련된 거래는 별도의 요구가 없는 한 반드시 기등록된 거래처코드를 선택하는 방법으로 거래처명을 입력한다.
- 회계처리 시 계정과목은 별도의 제시가 없는 한 등록된 계정과목 중 가장 적절한 과목으로 한다.

[1] 07월 02일 성심상사로부터 상품을 6,000,000원에 매입하고, 매입대금 중 5,500,000원은 어음(만기일 12월 31일)을 발행하여 지급하고, 나머지는 현금 지급하였다. 3점

[2] 08월 05일 토지를 매각처분하면서 발생한 부동산중개수수료를 대전부동산에 현금으로 지급하고 아래의 현금영수증을 받다. 3점

대전부동산

305-42-23567   김승환
대전광역시 유성구 노은동 63   TEL : 1577-5974

현금영수증(지출증빙용)

구매 2025/08/05/13:25   거래번호 : 11106011-114

상품명	수량	단가	금액
수수료		3,500,000원	3,500,000원
202508051325001			
	공 급 대 가		3,500,000원
	합 계		3,500,000원
	받 은 금 액		3,500,000원

[3] 08월 19일 탄방상사에서 단기 차입한 20,000,000원 및 단기차입금 이자 600,000원을 보통예금으로 지급하다(단, 하나의 전표로 입력할 것). 3점

[4] 08월 20일 판매용 노트북 15,000,000원과 업무용 노트북 1,000,000원을 다복상사에서 구입하였다. 대금은 모두 보통예금으로 지급하였다(단, 하나의 전표로 입력할 것). 3점

[5] 08월 23일 4월 1일 내용을 알 수 없는 출금 500,000원이 발견되어 가지급금으로 처리하였는데, 이는 거래처 소리상사에게 지급한 외상대금으로 판명되었다(가지급금 거래처는 입력하지 않아도 무방함). 3점

[6] 10월 10일 고구려상사에서 매입하기로 계약한 상품 3,000,000원을 인수하고, 10월 1일에 지급한 계약금 300,000원을 차감한 잔액은 외상으로 하다(단, 하나의 전표로 입력할 것). 3점

[7] 11월 18일 영업부가 사용하는 업무용 차량의 유류를 현금으로 구입하고, 다음의 영수증을 받다. 3점

NO.		영수증(공급받는자용)		
			무한상사	**귀하**
공급자	사업자등록번호	126-01-18454		
	상호	SK주유소	**성명**	김중수
	사업장소재지	경기도 구리시 동구릉로 100		
	업태	도소매업	**종목**	주유소
작성일자		금액합계		비고
2025.11.18.		30,000원		
공급내역				
월/일	품명	수량	단가	금액
11/18	일반휘발유	15L	2,000원	30,000원
합계				30,000원
위 금액을 **영수함**				

[8] 12월 20일 영업부 업무용 차량에 대한 아래의 공과금을 현대카드로 납부하였다. **3점**

PART
03

2025-2기 년분 자동차세 세액 신고납부서				납세자 보관용 영수증	
납 세 자 주 소	무한상사 경기도 구리시 경춘로 10				
납세번호	기관번호	제목	납세년월기		과세번호
과세대상	45조4079 (비영업용, 1998cc)	구 분	자동차세	지방교육세	납부할 세액 합계
		당초산출세액	199,800	59,940 (자동차세액 × 30%)	259,740 원
과세기간	2025.07.01. ~2025.12.31.	선납공제액(10%)			
		요일제감면액(5%)			
		납부할세액	199,800	59,940	

〈납부장소〉

위의 금액을 영수합니다.

2025 년   12 월   20 일

*수납인이 없으면 이 영수증은 무효입니다   *공무원은 현금을 수납하지 않습니다.

05 [일반전표입력] 메뉴에 입력된 내용 중 다음의 오류가 발견되었다. 입력된 내용을 검토하고 수정 또는 삭제, 추가 입력하여 올바르게 정정하시오. **6점**

───── 〈 입력 시 유의사항 〉 ─────

- 적요의 입력은 생략한다.
- 부가가치세는 고려하지 않는다.
- 채권·채무와 관련된 거래는 별도의 요구가 없는 한 반드시 기등록된 거래처코드를 선택하는 방법으로 거래처명을 입력한다.
- 회계처리 시 계정과목은 별도의 제시가 없는 한 등록된 계정과목 중 가장 적절한 과목으로 한다.

[1] 11월 05일 영업부 직원의 10월분 급여에서 원천징수하였던 근로소득세 110,000원을 보통예금으로 납부하면서 세금과공과로 회계처리하였음이 확인된다. **3점**

[2] 11월 28일 상품 매입 시 당사가 부담한 것으로 회계처리한 운반비 35,000원은 판매자인 양촌상사가 부담한 것으로 판명된다. **3점**

06 다음의 결산정리사항을 입력하여 결산을 완료하시오. 12점

─────────── 〈 입력 시 유의사항 〉 ───────────

- 적요의 입력은 생략한다.
- 부가가치세는 고려하지 않는다.
- 채권·채무와 관련된 거래는 별도의 요구가 없는 한 반드시 기등록된 거래처코드를 선택하는 방법으로 거래처명을 입력한다.
- 회계처리 시 계정과목은 별도의 제시가 없는 한 등록된 계정과목 중 가장 적절한 과목으로 한다.

[1] 회사의 자금사정으로 인하여 영업부의 12월분 급여 1,000,000원을 다음 달 5일에 지급하기로 하였다. 3점

[2] 결산일 현재 영업부에서 사용한 소모품비는 200,000원이다(단, 소모품 구입 시 전액 자산으로 처리하였다). 3점

[3] 기말 현재 현금과부족 70,000원은 단기차입금에 대한 이자 지급액으로 판명되었다. 3점

[4] 2022년 1월 1일에 취득하였던 비품에 대한 당기분 감가상각비를 계상하다(취득원가 65,500,000원, 잔존가액 15,500,000원, 내용연수 10년, 정액법). 3점

07 다음 사항을 조회하여 알맞은 답안을 이론문제 답안작성 메뉴에 입력하시오. 10점

[1] 5월 말 현재 외상매입금의 잔액이 가장 많은 거래처와 금액은 얼마인가? 3점

[2] 전기 말과 비교하여 당기 6월 말 현재 외상매출금의 대손충당금 증감액은 얼마인가? (단, 증가 또는 감소 여부를 기재할 것) 3점

[3] 6월 말 현재 유동자산과 유동부채의 차액은 얼마인가? (단, 음수로 기재하지 말 것) 4점

106회 전산회계 2급 기출문제(이론 + 실무)

✛ 이론시험 ✛

※ 다음 문제를 보고 알맞은 것을 골라 답안수록메뉴의 해당번호에 입력하시오.
(객관식 문항당 2점)

─── 〈 기본전제 〉───

문제에서 한국채택국제회계기준을 적용하도록 하는 전제조건이 없는 경우, 일반기업회계기준을 적용한다.

01 다음 중 일반기업회계기준상 회계의 목적에 대한 설명으로 가장 거리가 먼 것은?

① 미래 자금흐름 예측에 유용한 회계 외 비화폐적 정보의 제공
② 경영자의 수탁책임 평가에 유용한 정보의 제공
③ 투자 및 신용의사결정에 유용한 정보의 제공
④ 재무상태, 경영성과, 현금흐름 및 자본변동에 관한 정보의 제공

02 다음 중 보기의 거래에 대한 분개로 틀린 것은?

① 차용증서를 발행하고 현금 1,000,000원을 단기차입하다.
  (차) 현금   1,000,000원   (대) 단기차입금   1,000,000원
② 비품 1,000,000원을 외상으로 구입하다.
  (차) 비품   1,000,000원   (대) 외상매입금   1,000,000원
③ 상품매출 계약금으로 현금 1,000,000원을 수령하다.
  (차) 현금   1,000,000원   (대) 선수금   1,000,000원
④ 직원부담분 건강보험료와 국민연금 1,000,000원을 현금으로 납부하다.
  (차) 예수금 1,000,000원   (대) 현금   1,000,000원

03 다음 중 일정기간 동안 기업의 경영성과를 나타내는 재무보고서의 계정과목으로만 짝지어진 것은?

① 매출원가, 외상매입금   ② 매출액, 미수수익
③ 매출원가, 기부금   ④ 선급비용, 기부금

04 다음 중 거래의 8요소와 그 예시가 적절한 것을 모두 고른 것은?

> 가. 자산증가/자산감소 : 기계장치 100,000원을 구입하고, 대금은 보통예금으로 지급하다.
> 나. 자산증가/자본증가 : 현금 100,000원을 출자하여 회사를 설립하다.
> 다. 자산증가/부채증가 : 은행으로부터 100,000원을 차입하고 즉시 보통예금으로 수령하다.
> 라. 부채감소/자산감소 : 외상매입금 100,000원을 현금으로 지급하다.

① 가, 나
② 가, 나, 다
③ 가, 다, 라
④ 가, 나, 다, 라

05 다음의 잔액시산표에서 (가), (나)에 각각 들어갈 금액으로 옳은 것은?

<table>
<tr><td colspan="3" align="center">**잔액시산표**</td></tr>
<tr><td>안산㈜</td><td align="center">2025.12.31.</td><td align="right">단위 : 원</td></tr>
<tr><td align="center">차변</td><td align="center">계정과목</td><td align="center">대변</td></tr>
<tr><td align="right">100,000</td><td align="center">현금</td><td></td></tr>
<tr><td align="right">700,000</td><td align="center">건물</td><td></td></tr>
<tr><td></td><td align="center">외상매입금</td><td align="right">90,000</td></tr>
<tr><td></td><td align="center">자본금</td><td align="center">(나)</td></tr>
<tr><td></td><td align="center">이자수익</td><td align="right">40,000</td></tr>
<tr><td align="right">50,000</td><td align="center">급여</td><td></td></tr>
<tr><td align="center">(가)</td><td></td><td align="center">(가)</td></tr>
</table>

	(가)	(나)
①	140,000원	740,000원
②	850,000원	740,000원
③	140,000원	720,000원
④	850,000원	720,000원

06 다음 중 결산 시 손익으로 계정을 마감하는 계정과목에 해당하는 것은?

① 이자수익
② 자본금
③ 미지급금
④ 외상매출금

07 다음과 같은 특징을 가진 자산이 아닌 것은?

> • 보고기간 종료일로부터 1년 이상 장기간 사용 가능한 자산
> • 타인에 대한 임대 또는 자체적으로 사용할 목적의 자산
> • 물리적 형태가 있는 자산

① 상품 판매 및 전시를 위한 상가
② 상품 판매를 위한 재고자산
③ 상품 운반을 위한 차량운반구
④ 상품 판매를 위한 상가에 설치한 시스템에어컨

08 다음은 ㈜무릉의 재무제표 정보이다. 이를 이용하여 2025 회계연도 말 부채합계를 구하면 얼마인가?

구분	2024년 12월 31일	2025년 12월 31일
자산합계	8,500,000원	11,000,000원
부채합계	4,000,000원	?
2025 회계연도 중 자본변동내역	당기순이익 800,000원	

① 3,700,000원
② 4,700,000원
③ 5,700,000원
④ 6,200,000원

09 다음 중 재고자산과 관련된 지출 금액으로서 재고자산의 취득원가에서 차감하는 것은?

① 매입운임
② 매출운반비
③ 매입할인
④ 급여

10 2025년 1월 1일 취득한 건물(내용연수 10년)을 정액법에 의하여 기말에 감가상각한 결과, 당기 감가상각비는 9,000원이었다. 건물의 잔존가치가 5,000원이라고 할 때 취득원가는 얼마인가?

① 100,000원
② 95,000원
③ 90,000원
④ 85,000원

11 다음 중 유동자산에 속하지 않는 것은?

① 외상매출금
② 선급비용
③ 기계장치
④ 상품

12 다음 자료에서 당기 기말손익계산서에 계상되는 임대료는 얼마인가?

> • 당기 임대료로 3,600,000원을 현금으로 받다.
> • 당기에 받은 임대료 중 차기에 속하는 금액은 900,000원이다.

① 900,000원   ② 2,700,000원
③ 3,600,000원   ④ 4,500,000원

13 급여 지급 시 총급여 300,000원 중 근로소득세 10,000원을 차감하고 290,000원을 현금으로 지급하였다. 이 거래에서 나타날 유동부채 계정으로 적합한 것은?

① 예수금   ② 미수금
③ 가수금   ④ 선수금

14 다음의 결산일 현재 계정별원장 중 자본금 원장에 대한 설명으로 옳지 않은 것은?

자본금			
12/31 차기이월	2,900,000원	01/01 전기이월	2,000,000원
		12/31 손익	900,000원

① 기초자본금은 2,000,000원이다.
② 당기순이익 900,000원이 발생되었다.
③ 차기의 기초자본금은 2,900,000원이다.
④ 결산일 자본금 원장은 손익 2,000,000원으로 마감되었다.

15 다음 중 세금과공과 계정을 사용하여 회계처리하는 거래는 무엇인가?

① 본사 업무용 건물의 재산세를 현금으로 납부하다.
② 급여 지급 시 근로소득세를 원천징수 후 잔액을 현금으로 지급하다.
③ 차량운반구를 취득하면서 취득세를 현금으로 지급하다.
④ 회사 대표자의 소득세를 현금으로 납부하다.

✥ 실무시험 ✥

※ 백제상사(코드번호:1064)는 사무용품을 판매하는 개인기업이다. 당기(제14기)의 회계기간은
2025.1.1.~2025.12.31.이다. 전산세무회계 수험용 프로그램을 이용하여 다음 물음에 답하시오.

〈 기본전제 〉

• 문제에서 한국채택국제회계기준을 적용하도록 하는 전제조건이 없는 경우, 일반기업회계기준을 적용하
여 회계처리한다.
• 문제의 풀이와 답안작성은 제시된 문제의 순서대로 진행한다.

01 다음은 백제상사의 사업자등록증이다. [회사등록] 메뉴에 입력된 내용을 검토하여 누락분
은 추가입력하고 잘못된 부분은 정정하시오(주소 입력 시 우편번호는 입력하지 않아도 무
방함). **6점**

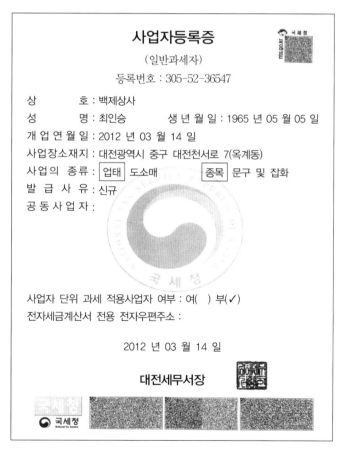

02 다음은 백제상사의 [전기분재무상태표]이다. 입력되어 있는 자료를 검토하여 오류 부분은 정정하고 누락된 부분은 추가 입력하시오. 6점

재무상태표

회사명 : 백제상사　　　　　　제13기 2024.12.31. 현재　　　　　　　　(단위 : 원)

과목	금액		과목	금액
현　　　　　금		45,000,000	외 상 매 입 금	58,000,000
당 좌 예 금		30,000,000	지 급 어 음	70,000,000
보 통 예 금		23,000,000	미 지 급 금	49,000,000
외 상 매 출 금	40,000,000		단 기 차 입 금	80,000,000
대 손 충 당 금	400,000	39,600,000	장 기 차 입 금	17,500,000
받 을 어 음	60,000,000		자 본 금	418,871,290
대 손 충 당 금	520,000	59,480,000	(당기순이익 :	
단 기 대 여 금		10,000,000	10,000,000)	
상　　　　　품		90,000,000		
토　　　　　지		274,791,290		
건　　　　　물	30,000,000			
감가상각누계액	2,500,000	27,500,000		
차 량 운 반 구	50,000,000			
감가상각누계액	14,000,000	36,000,000		
비　　　　　품	60,000,000			
감가상각누계액	2,000,000	58,000,000		
자 산 총 계		693,371,290	부채와자본총계	693,371,290

03 다음 자료를 이용하여 입력하시오. 6점

[1] 거래처의 사업자등록증이 다음과 같이 정정되었다. 확인하여 변경하시오. 3점

고구려상사 (코드 : 01111)	• 대표자명 : 이재천　　　• 사업자등록번호 : 365-35-12574
	• 업태 : 도소매　　　• 종목 : 잡화　　　• 유형 : 동시
	• 사업장소재지 : 경기도 남양주시 진접읍 장현로 83

[2] 백제상사의 거래처별 초기이월 자료는 다음과 같다. 주어진 자료를 검토하여 잘못된 부분은 오류를 정정하고, 누락된 부분은 추가하여 입력하시오. 3점

계정과목	거래처명	금액	계정과목	거래처명	금액
외상매출금	고려상사	18,000,000원	외상매입금	조선상사	22,000,000원
	부여상사	9,000,000원		신라상사	17,000,000원
	발해상사	13,000,000원		가야상사	19,000,000원

04 다음의 거래 자료를 [일반전표입력] 메뉴를 이용하여 입력하시오. 24점

─────── 〈 입력 시 유의사항 〉 ───────

• 적요의 입력은 생략한다.
• 부가가치세는 고려하지 않는다.
• 채권·채무와 관련된 거래는 별도의 요구가 없는 한 반드시 기등록된 거래처코드를 선택하는 방법으로 거래처명을 입력한다.
• 회계처리 시 계정과목은 별도의 제시가 없는 한 등록된 계정과목 중 가장 적절한 과목으로 한다.

[1] 07월 09일 영업부에서 사용할 차량 45,000,000원을 구입하고 당좌수표를 발행하여 지급하다. 3점

[2] 07월 10일 진영상사로부터 상품 1,000,000원(1,000개, 1개당 1,000원)을 매입하기로 계약하고, 계약금으로 상품 대금의 10%를 보통예금 계좌에서 이체하여 지급하다. 3점

[3] 07월 25일 광주상사에 대한 상품 외상매입금 900,000원을 약정기일보다 빠르게 현금 지급하고, 외상매입금의 1%를 할인받다(단, 할인금액은 매입할인으로 처리한다). 3점

[4] 08월 25일 보유하고 있던 건물(취득원가 30,000,000원)을 하나상사에 29,000,000원에 매각하다. 대금 중 10,000,000원은 보통예금 계좌로 받고, 잔액은 다음 달 10일에 수령하기로 하다. 단, 8월 25일까지 해당 건물의 감가상각누계액은 2,500,000원이다. 3점

[5] 10월 13일 발해상사에 상품을 2,300,000원에 판매하고 대금 중 1,200,000원은 동점 발행 약속어음을 수령하였으며, 잔액은 2개월 후에 받기로 하다. 3점

[6] 10월 30일 직원의 결혼식에 보내기 위한 축하화환을 멜리꽃집에서 주문하고 대금은 현금으로 지급하면서 아래와 같은 현금영수증을 수령하다. 3점

현금영수증

승인번호	구매자 발행번호	발행방법
G54782245	305-52-36547	지출증빙
신청구분	**발행일자**	**취소일자**
사업자번호	2025.10.30.	-

상품명		
축하3단화환		

구분	주문번호	상품주문번호
일반상품	2025103054897	2025103085414

판매자 정보

판매자상호	대표자명
멜리꽃집	김나리
사업자등록번호	**판매자전화번호**
201-17-45670	032-459-8751
판매자사업장주소	
인천시 계양구 방축로 106, 75-3	

금액

공급가액		1	0	0	0	0	0
부가세액							
봉사료							
승인금액		1	0	0	0	0	0

[7] 10월 31일 거래처 가야상사 직원인 정가야 씨의 결혼식 모바일 청첩장을 문자메시지로 받고 축의금 200,000원을 보통예금 계좌에서 지급하다. 3점

김금관 ♥ 정가야

결혼식에 초대합니다.

2025년 11월 6일 오후 13시
경북 대가야웨딩홀 3층

마음 전하실 곳

가야저축은행 100-200-300 정가야

[8] 11월 10일 회사의 사내 게시판에 부착할 사진을 우주사진관에서 현상하고, 대금은 현대카드로 결제하다. **3점**

```
              카드매출전표

  카드종류 : 현대카드
  카드번호 : 1234-4512-20**-9965
  거래일시 : 2025.11.10. 09:30:51
  거래유형 : 신용승인
  금    액 : 30,000원
  결제방법 : 일시불
  승인번호 : 12345539
  은행확인 : 신한은행

  가맹점명 : 우주사진관
         -이 하 생 략-
```

05 [일반전표입력] 메뉴에 입력된 내용 중 다음의 오류가 발견되었다. 입력된 내용을 검토하고 수정 또는 삭제, 추가 입력하여 올바르게 정정하시오. **6점**

〈 입력 시 유의사항 〉
- 적요의 입력은 생략한다.
- 부가가치세는 고려하지 않는다.
- 채권 · 채무와 관련된 거래는 별도의 요구가 없는 한 반드시 기등록된 거래처코드를 선택하는 방법으로 거래처명을 입력한다.
- 회계처리 시 계정과목은 별도의 제시가 없는 한 등록된 계정과목 중 가장 적절한 과목으로 한다.

[1] 09월 08일 거래처 신라상사의 단기차입금 25,000,000원을 보통예금 계좌에서 이체하여 상환한 것으로 회계처리하였으나 실제로는 거래처 조선상사에 대한 외상매입금 25,000,000원을 보통예금 계좌에서 이체하여 지급한 것으로 확인되었다. **3점**

[2] 11월 21일 당사가 현금으로 지급한 축의금 200,000원은 매출거래처 직원의 축의금이 아니라 대표자 개인이 부담해야 할 대표자 동창의 결혼축의금으로 판명되었다. **3점**

06 다음의 결산정리사항을 입력하여 결산을 완료하시오. 12점

─────〈 입력 시 유의사항 〉─────

• 적요의 입력은 생략한다.
• 부가가치세는 고려하지 않는다.
• 채권·채무와 관련된 거래는 별도의 요구가 없는 한 반드시 기등록된 거래처코드를 선택하는 방법으로 거래처명을 입력한다.
• 회계처리 시 계정과목은 별도의 제시가 없는 한 등록된 계정과목 중 가장 적절한 과목으로 한다.

[1] 기말 외상매입금 중에는 미국 ABC사의 외상매입금 11,000,000원(미화 $10,000)이 포함되어 있는데, 결산일 현재의 적용환율은 미화 1$당 1,250원이다. 3점

[2] 결산일 현재 실제 현금 보관액이 장부가액보다 66,000원 많음을 발견하였으나, 그 원인을 알 수 없다. 3점

[3] 기말 현재 단기차입금에 대한 이자 미지급액 125,000원을 계상하다. 3점

[4] 당기분 비품 감가상각비는 250,000원, 차량운반구 감가상각비는 1,200,000원이다. 모두 영업부서에서 사용한다. 3점

07 다음 사항을 조회하여 알맞은 답안을 이론문제 답안작성 메뉴에 입력하시오. 10점

[1] 6월 말 현재 외상매출금 잔액이 가장 많은 거래처와 금액은 얼마인가? 4점

[2] 1월부터 3월까지의 판매비와관리비 중 소모품비 지출액이 가장 많은 월의 금액과 가장 적은 월의 금액을 합산하면 얼마인가? 3점

[3] 6월 말 현재 받을어음의 회수가능금액은 얼마인가? 3점

107회 전산회계 2급 기출문제(이론 + 실무)

÷ 이론시험 ÷

※ 다음 문제를 보고 알맞은 것을 골라 답안수록메뉴의 해당번호에 입력하시오.
  (객관식 문항당 2점)

───────〈 기본전제 〉───────

문제에서 한국채택국제회계기준을 적용하도록 하는 전제조건이 없는 경우, 일반기업회계기준을 적용한다.

01 다음 중 회계상 거래에 해당하는 것은?

① 판매점 확장을 위하여 직원을 채용하고 근로계약서를 작성하다.
② 사업확장을 위하여 은행에서 운영자금을 차입하기로 결정하다.
③ 재고 부족이 예상되어 판매용 상품을 추가로 주문하다.
④ 당사 데이터센터의 화재로 인하여 서버용 PC가 소실되다.

02 다음 중 거래요소의 결합 관계가 잘못 짝지어진 것은?

① (차) 자본의 감소   (대) 자산의 증가
② (차) 수익의 소멸   (대) 자산의 감소
③ (차) 비용의 발생   (대) 부채의 증가
④ (차) 부채의 감소   (대) 자본의 증가

03 다음의 거래 중 비용이 발생하지 않는 것은?

① 업무용 자동차에 대한 당기분 자동차세 100,000원을 현금으로 납부하다.
② 적십자회비 100,000원을 현금으로 납부하다.
③ 상공회의소 회비 100,000원을 현금으로 납부하다.
④ 전월에 급여 지급 시 원천징수한 근로소득세를 현금으로 납부하다.

04 다음 계정과목 중 증가 시 재무상태표상 대변 항목이 아닌 것은?

① 자본금
② 선수이자
③ 선급금
④ 외상매입금

05 다음의 자료에서 당좌자산의 합계액은 얼마인가?

• 현금 300,000원	• 보통예금 800,000원
• 외상매입금 400,000원	• 외상매출금 200,000원
• 단기매매증권 500,000원	

① 1,700,000원
② 1,800,000원
③ 2,000,000원
④ 2,200,000원

06 다음 자료에서 설명하는 계정과목으로 옳은 것은?

상품 판매대금을 조기에 수취함에 따른 계약상 약정에 의한 일정 대금의 할인

① 매출채권처분손실
② 매출환입
③ 매출할인
④ 매출에누리

07 다음 중 일반적인 상거래에서 발생한 것으로 아직 회수되지 않은 경우의 회계처리 시 계정과목으로 올바른 것은?

① 미수수익
② 선수수익
③ 미수금
④ 외상매출금

08 다음 자료에서 기말자본은 얼마인가?

• 기초자본 1,000,000원	• 총비용 5,000,000원
• 총수익 8,000,000원	

① 2,000,000원
② 3,000,000원
③ 4,000,000원
④ 8,000,000원

09 다음은 당기 손익계산서의 일부를 발췌한 자료이다. 당기 매출액을 구하시오.

매출액	기초상품재고액	당기총매입액	기말상품재고액	매출총이익
? 원	25,000,000원	168,000,000원	15,000,000원	172,000,000원

① 350,000,000원   ② 370,000,000원

③ 372,000,000원   ④ 382,000,000원

10 다음 자료의 (　) 안에 들어갈 계정과목으로 가장 적절한 것은?

> (　　　)은 기업의 주된 영업활동인 상품 등을 판매하고 이에 대한 대금으로 상대방으로부터 수취한 어음이다.

① 지급어음   ② 받을어음

③ 외상매출금   ④ 선수금

11 다음은 차량운반구의 처분과 관련된 자료이다. 차량운반구의 처분가액은 얼마인가?

> • 취득가액 : 16,000,000원   • 감가상각누계액 : 9,000,000원
> • 유형자산처분손실 : 1,000,000원

① 6,000,000원   ② 7,000,000원

③ 8,000,000원   ④ 14,000,000원

12 다음 중 일정 시점의 재무상태를 나타내는 재무보고서의 계정과목으로만 짝지어진 것이 아닌 것은?

① 외상매입금, 선수금   ② 임대료, 이자비용

③ 선급금, 외상매출금   ④ 선수금, 보통예금

13 다음 중 아래의 빈칸에 들어갈 내용으로 적절한 것은?

> 현금및현금성자산은 통화 및 타인발행수표 등 통화대용증권과 당좌예금, 보통예금 및 큰 거래비용 없이 현금으로 전환이 용이하고, 이자율 변동에 따른 가치변동의 위험이 경미한 금융상품으로서 취득 당시 만기일 또는 상환일이 (   ) 이내인 것을 말한다.

① 1개월   ② 2개월
③ 3개월   ④ 6개월

14 재고자산의 단가 결정방법 중 아래의 자료에서 설명하는 특징을 가진 것은?

> • 실제 물량 흐름과 유사하다.
> • 현행수익에 과거원가가 대응된다.
> • 기말재고가 가장 최근에 매입한 상품의 단가로 계상된다.

① 선입선출법   ② 후입선출법
③ 총평균법   ④ 개별법

15 다음 중 영업외수익에 해당하는 항목으로 적절한 것은?

① 미수수익   ② 경상개발비
③ 외환차손   ④ 이자수익

᛫ 실무시험 ᛫

※ 태형상사(코드번호 : 1074)는 사무기기를 판매하는 개인기업으로 당기(제11기) 회계기간은 2025.
1.1.~2025.12.31.이다. 전산세무회계 수험용 프로그램을 이용하여 다음 물음에 답하시오.

─〈 기본전제 〉─

• 문제에서 한국채택국제회계기준을 적용하도록 하는 전제조건이 없는 경우, 일반기업회계기준을 적용하
여 회계처리한다.
• 문제의 풀이와 답안작성은 제시된 문제의 순서대로 진행한다.

01 다음은 태형상사의 사업자등록증이다. [회사등록] 메뉴에 입력된 내용을 검토하여 누락분
은 추가입력하고 잘못된 부분은 정정하시오(주소 입력 시 우편번호는 입력하지 않아도 무
방함). **6점**

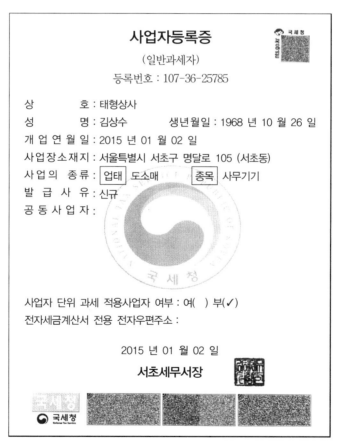

사업자등록증

(일반과세자)

등록번호 : 107-36-25785

상   호 : 태형상사
성   명 : 김상수   생년월일 : 1968 년 10 월 26 일
개 업 연 월 일 : 2015 년 01 월 02 일
사업장소재지 : 서울특별시 서초구 명달로 105 (서초동)
사업의 종류 : 업태 도소매   종목 사무기기
발 급 사 유 : 신규
공 동 사 업 자 :

사업자 단위 과세 적용사업자 여부 : 여( ) 부(✓)
전자세금계산서 전용 전자우편주소 :

2015 년 01 월 02 일

서초세무서장

🏛 국세청

02 다음은 태형상사의 [전기분재무상태표]이다. 입력되어 있는 자료를 검토하여 오류 부분은 정정하고 누락된 부분은 추가 입력하시오. 6점

재무상태표

회사명 : 태형상사 　　　　　제10기 2024.12.31. 현재 　　　　　(단위 : 원)

과목	금액		과목	금액
현　　　　금		10,000,000	외 상 매 입 금	8,000,000
당 좌 예 금		3,000,000	지 급 어 음	6,500,000
보 통 예 금		10,500,000	미 지 급 금	3,700,000
외 상 매 출 금	5,400,000		예 수 금	700,000
대 손 충 당 금	100,000	5,300,000	단 기 차 입 금	10,000,000
받 을 어 음	9,000,000		자 본 금	49,950,000
대 손 충 당 금	50,000	8,950,000		
미 수 금		4,500,000		
상　　　　품		12,000,000		
차 량 운 반 구	22,000,000			
감가상각누계액	12,000,000	10,000,000		
비　　　　품	7,000,000			
감가상각누계액	2,400,000	4,600,000		
임 차 보 증 금		10,000,000		
자산총계		78,850,000	부채및자본총계	78,850,000

03 다음 자료를 이용하여 입력하시오. 6점

[1] 다음 자료를 이용하여 [기초정보관리]의 [거래처등록] 메뉴에서 거래처(금융기관)를 추가 등록하시오(단, 주어진 자료 외의 다른 항목은 입력할 필요 없음). 3점

- 거래처코드 : 98005　　　　• 거래처명 : 신한은행　　　　• 사업용 계좌 : 여
- 계좌번호 : 110-081-834009　• 계좌개설일 : 2025.01.01　　• 유형 : 보통예금

[2] 태형상사의 거래처별 초기이월 자료는 다음과 같다. 주어진 자료를 검토하여 잘못된 부분은 오류를 정정하고, 누락된 부분은 추가 입력하시오. 3점

계정과목	거래처	금액	합계
받을어음	기우상사	3,500,000원	9,000,000원
	하우스컴	5,500,000원	
지급어음	모두피씨	4,000,000원	6,500,000원
	하나로컴퓨터	2,500,000원	

04 다음의 거래 자료를 [일반전표입력] 메뉴를 이용하여 입력하시오. 24점

─────── 〈 입력 시 유의사항 〉 ───────

- 적요의 입력은 생략한다.
- 부가가치세는 고려하지 않는다.
- 채권·채무와 관련된 거래는 별도의 요구가 없는 한 반드시 기등록된 거래처코드를 선택하는 방법으로 거래처명을 입력한다.
- 회계처리 시 계정과목은 별도의 제시가 없는 한 등록된 계정과목 중 가장 적절한 과목으로 한다.

[1] 07월 05일 세무은행으로부터 10,000,000원을 3개월간 차입하고, 선이자 300,000원을 제외한 잔액이 당사 보통예금 계좌에 입금되었다(단, 선이자는 이자비용으로 처리하고, 하나의 전표로 입력할 것). 3점

[2] 07월 07일 다음은 상품을 매입하고 받은 거래명세표이다. 대금은 전액 외상으로 하였다. 3점

권		호			거래명세표(공급받는자 보관용)			
2025 년	7 월	7 일						
태형상사 귀하			공급자	사업자등록번호	105-21-32549			
				상호	대림전자	성명	김포스 ㉑	
				사업장소재지	서울특별시 강남구 강남대로160길 25 (신사동)			
아래와 같이 계산합니다.				업태	도소매	종목	사무기기	
합계금액	삼백구십육만			원정 (₩		3,960,000		)
월 일	품 목		규 격	수 량	단 가	공 급 대 가		
7월 7일	사무기기		270mm	120개	33,000원	3,960,000원		
전잔금	없음				합 계	3,960,000원		
입 금		0원	잔 금		3,960,000원	인수자	김상수 ㉑	
비 고								

[3] 08월 03일 국제전자의 외상매출금 20,000,000원 중 15,000,000원은 보통예금 계좌로 입금되고 잔액은 국제전자가 발행한 어음으로 수취하였다. 3점

[4] 08월 10일 취약계층의 코로나19 치료 지원을 위하여 한국복지협의회에 현금 1,000,000원을 기부하다. 3점

[5] 09월 01일 영업부에서 매출거래처의 대표자 결혼식을 축하하기 위하여 화환을 구입하고 현금으로 결제하였다. 3점

NO.		영수증(공급받는자용)		
			태형상사 귀하	
공급자	사업자등록번호	109-92-21345		
	상호	해피해피꽃	성명	김남길
	사업장소재지	서울시 강동구 천호대로 1037 (천호동)		
	업태	도소매	종목	꽃
작성일자		금액합계		비고
2025.09.01.		49,000원		
공급내역				
월/일	품명	수량	단가	금액
9/1	축하3단화환	1	49,000원	49,000원
합계		₩	49,000	
위 금액을 영수함				

[6] 09월 10일 영업부 사원의 급여 지급 시 공제한 근로자부담분 국민연금보험료 150,000원과 회사부담분 국민연금보험료 150,000원을 보통예금 계좌에서 이체하여 납부하다(단, 하나의 전표로 처리하고, 회사부담분 국민연금보험료는 세금과공과로 처리한다). 3점

[7] 10월 11일 매출처 미래전산에 판매용 PC를 4,800,000원에 판매하기로 계약하고, 판매대금의 20%를 현금으로 미리 수령하였다. 3점

[8] 11월 25일 전월분(10월 1일~10월 31일) 비씨카드 사용대금 500,000원을 보통예금 계좌에서 이체하여 지급하다(단, 미지급금 계정을 사용할 것). 3점

05 [일반전표입력] 메뉴에 입력된 내용 중 다음의 오류가 발견되었다. 입력된 내용을 검토하고 수정 또는 삭제, 추가 입력하여 올바르게 정정하시오. 6점

─────── 〈 입력 시 유의사항 〉 ───────

- 적요의 입력은 생략한다.
- 부가가치세는 고려하지 않는다.
- 채권·채무와 관련된 거래는 별도의 요구가 없는 한 반드시 기등록된 거래처코드를 선택하는 방법으로 거래처명을 입력한다.
- 회계처리 시 계정과목은 별도의 제시가 없는 한 등록된 계정과목 중 가장 적절한 과목으로 한다.

PART **03**

[1] 07월 29일 자본적지출로 처리해야 할 본사 건물 엘리베이터 설치대금 30,000,000원을 보통예금으로 지급하면서 수익적지출로 잘못 처리하였다. 3점

[2] 11월 23일 대표자 개인 소유 주택의 에어컨 설치 비용 1,500,000원을 회사 보통예금 계좌에서 이체하여 지급하고 비품으로 계상하였다. 3점

06 다음의 결산정리사항을 입력하여 결산을 완료하시오. 12점

─────── 〈 입력 시 유의사항 〉 ───────

- 적요의 입력은 생략한다.
- 부가가치세는 고려하지 않는다.
- 채권·채무와 관련된 거래는 별도의 요구가 없는 한 반드시 기등록된 거래처코드를 선택하는 방법으로 거래처명을 입력한다.
- 회계처리 시 계정과목은 별도의 제시가 없는 한 등록된 계정과목 중 가장 적절한 과목으로 한다.

[1] 영업부에서 소모품 구입 시 당기 비용(소모품비)으로 처리한 금액 중 기말 현재 미사용한 금액은 30,000원이다. 3점

[2] 단기투자목적으로 1개월 전에 ㈜동수텔레콤의 주식 50주(주당 액면금액 5,000원)를 주당 10,000원에 취득했는데, 기말 현재 이 주식의 공정가치는 주당 12,000원이다. 3점

[3] 보험기간이 만료된 자동차보험을 10월 1일 갱신하고, 보험료 360,000원(보험기간 : 2025년 10월 1일 ~ 2026년 9월 30일)을 보통예금 계좌에서 이체하여 납부하고 전액 비용으로 처리하였다(단, 보험료는 월할 계산한다). 3점

[4] 단기차입금에 대한 이자비용 미지급액 중 2025년 귀속분은 600,000원이다. `3점`

07 다음 사항을 조회하여 알맞은 답안을 이론문제 답안작성 메뉴에 입력하시오. `10점`

[1] 상반기(1월~6월) 동안 지출한 기업업무추진비(판) 금액은 얼마인가? `3점`

[2] 1월 말의 미수금 장부가액은 전기 말에 대비하여 얼마나 증가하였는가? `3점`

[3] 5월 말 현재 외상매출금 잔액이 가장 많은 거래처의 거래처코드와 잔액은 얼마인가? `4점`

108회 전산회계 2급 기출문제(이론 + 실무)

✦ 이론시험 ✦

※ 다음 문제를 보고 알맞은 것을 골라 답안수록메뉴의 해당번호에 입력하시오.
(객관식 문항당 2점)

───────〈 기본전제 〉───────
문제에서 한국채택국제회계기준을 적용하도록 하는 전제조건이 없는 경우, 일반기업회계기준을 적용한다.

01 다음 중 일정기간의 회계정보를 제공하는 재무제표가 아닌 것은?

① 현금흐름표
② 손익계산서
③ 재무상태표
④ 자본변동표

02 다음 중 계정의 잔액 표시가 잘못된 것을 고르시오.

① 받을어음
   1,500,000원 |

② 미지급금
   | 1,500,000원

③ 자본금
   | 1,500,000원

④ 임대료
   1,500,000원 |

03 다음은 당기의 재고자산 관련 자료이다. 당기의 상품 매출원가는 얼마인가?

| • 기초상품재고액 10,000원 | • 당기상품매입액 30,000원 |
| • 상품매입에누리 1,000원 | • 기말상품재고액 5,000원 |

① 34,000원
② 35,000원
③ 39,000원
④ 40,000원

04 12월 말 결산법인의 당기 취득 기계장치 관련 자료가 다음과 같다. 이를 바탕으로 당기 손익계산서에 반영될 당기의 감가상각비는 얼마인가?

> • 7월 1일 기계장치를 1,000,000원에 취득하였다.
> • 7월 1일 기계장치 취득 즉시 수익적지출 100,000원이 발생하였다.
> • 위 기계장치의 잔존가치는 0원, 내용연수는 5년, 상각방법은 정액법이다. 단, 월할상각할 것.

① 100,000원　　　　　　　　　② 110,000원
③ 200,000원　　　　　　　　　④ 220,000원

05 다음 자료에서 당기말 재무제표에 계상될 보험료는 얼마인가? 단, 회계연도는 매년 1월 1일부터 12월 31일까지이다.

> • 11월 1일 화재보험에 가입하고, 보험료 600,000원을 현금으로 지급하였다.
> • 보험기간은 가입시점부터 1년이며, 기간계산은 월할로 한다.
> • 이외 보험료는 없는 것으로 한다.

① 50,000원　　　　　　　　　② 100,000원
③ 300,000원　　　　　　　　　④ 600,000원

06 다음 중 재무상태표에 표시되는 매입채무 계정에 해당하는 것으로만 짝지어진 것은?

① 미수금, 미지급금　　　　　② 가수금, 가지급금
③ 외상매출금, 받을어음　　　④ 외상매입금, 지급어음

07 다음 중 계정과목의 분류가 올바른 것은?

① 유동자산 : 차량운반구　　　② 비유동자산 : 당좌예금
③ 유동부채 : 단기차입금　　　④ 비유동부채 : 선수수익

08 다음 중 현금및현금성자산에 포함되지 않는 것은?

① 우편환증서　　　　　　　② 배당금지급통지서
③ 당좌차월　　　　　　　　④ 자기앞수표

09 다음 중 상품 매입계약에 따른 계약금을 미리 지급한 경우에 사용하는 계정과목으로 옳은 것은?

① 가지급금   ② 선급금

③ 미지급금   ④ 지급어음

10 다음 자료에서 부채의 합계액은 얼마인가?

> • 외상매입금 3,000,000원   • 선수수익 500,000원   • 단기대여금 4,000,000원
> • 미지급비용 2,000,000원   • 선급비용 1,500,000원   • 미수수익 1,000,000원

① 5,500,000원   ② 6,000,000원

③ 6,500,000원   ④ 12,000,000원

11 다음 중 아래 빈칸에 들어갈 내용으로 적절한 것은?

> 유동자산은 보고기간종료일로부터 (　　)년 이내에 현금화 또는 실현될 것으로 예상되는 자산을 의미한다.

① 1   ② 2

③ 3   ④ 5

12 다음 자료에서 당기 외상매출금 기말잔액은 얼마인가?

> • 외상매출금 기초잔액   3,000,000원
> • 외상매출금 당기 발생액   7,000,000원
> • 외상매출금 당기 회수액   1,000,000원

① 0원   ② 3,000,000원

③ 5,000,000원   ④ 9,000,000원

13 다음 중 재고자산에 대한 설명으로 적절하지 않은 것은?

① 재고자산은 정상적인 영업과정에서 판매를 위하여 보유하거나 생산과정에 있는 자산 및 생산 또는 서비스 제공과정에 투입될 원재료나 소모품의 형태로 존재하는 자산을 말한다.

② 재고자산의 취득원가는 취득과 직접적으로 관련되어 있으며 정상적으로 발생되는 기타원가를 포함한다.

③ 선입선출법은 먼저 구입한 상품이 먼저 판매된다는 가정하에 매출원가 및 기말재고액을 구하는 방법이다.

④ 개별법은 상호 교환될 수 있는 재고자산 항목인 경우에만 사용 가능하다.

14 다음 중 수익의 이연에 해당하는 계정과목으로 옳은 것은?

① 선급비용   ② 미지급비용

③ 선수수익   ④ 미수수익

15 다음 중 기말재고자산을 과대평가하였을 때 나타나는 현상으로 옳은 것은?

	매출원가	당기순이익
①	과대계상	과소계상
②	과소계상	과대계상
③	과대계상	과대계상
④	과소계상	과소계상

✧ 실무시험 ✧

※ 지우상사(코드번호:1084)는 사무기기를 판매하는 개인기업으로 당기(제15기) 회계기간은 2025.
1.1.~2025.12.31.이다. 전산세무회계 수험용 프로그램을 이용하여 다음 물음에 답하시오.

─〈 기본전제 〉─

- 문제에서 한국채택국제회계기준을 적용하도록 하는 전제조건이 없는 경우, 일반기업회계기준을 적용하여 회계처리한다.
- 문제의 풀이와 답안작성은 제시된 문제의 순서대로 진행한다.

PART 03

01 다음은 지우상사의 사업자등록증이다. [회사등록] 메뉴에 입력된 내용을 검토하여 누락분
은 추가입력하고 잘못된 부분은 정정하시오(주소 입력 시 우편번호는 입력하지 않아도 무
방함). **6점**

사업자등록증

(일반과세자)

등록번호 : 210-21-68451

상   호 : 지우상사
성   명 : 한세무   생년월일 : 1965 년 12 월 01 일
개 업 연 월 일 : 2011 년 02 월 01 일
사업장소재지 : 경기도 부천시 가로공원로 20-1
사 업 의 종 류 : 업태 도소매   종목 사무기기
발 급 사 유 : 신규
공 동 사 업 자 :

사업자 단위 과세 적용사업자 여부 : 여( ) 부(✓)
전자세금계산서 전용 전자우편주소 :

2011 년 02 월 01 일

부천세무서장

🔵 국세청

02 지우상사의 전기분 손익계산서는 다음과 같다. 입력되어 있는 자료를 검토하여 오류부분은 정정하고 누락된 부분은 추가 입력하시오. 6점

손익계산서

회사명 : 지우상사　　　　제14기 2024년 1월 1일부터 2024년 12월 31일까지　　　　(단위 : 원)

과목	금액	과목	금액
Ⅰ. 매　　　출　　　액	125,500,000	Ⅴ. 영　업　이　익	11,850,000
1. 상　품　매　출	125,500,000	Ⅵ. 영　업　외　수　익	500,000
Ⅱ. 매　　출　　원　　가	88,800,000	1. 이　자　수　익	500,000
상　품　매　출　원　가	88,800,000	Ⅶ. 영　업　외　비　용	1,200,000
1. 기초상품재고액	12,300,000	1. 이　자　비　용	1,200,000
2. 당기상품매입액	79,000,000	Ⅷ. 소득세차감전이익	11,150,000
3. 기말상품재고액	2,500,000	Ⅸ. 소　득　세　등	0
Ⅲ. 매　출　총　이　익	36,700,000	Ⅹ. 당　기　순　이　익	11,150,000
Ⅳ. 판 매 비 와 관 리 비	24,850,000		
1. 급　　　　　여	14,500,000		
2. 복　리　후　생　비	1,200,000		
3. 여　비　교　통　비	800,000		
4. 기업업무추진비	750,000		
5. 수　도　광　열　비	1,100,000		
6. 감　가　상　각　비	3,950,000		
7. 임　　차　　료	1,200,000		
8. 차　량　유　지　비	550,000		
9. 수　수　료　비　용	300,000		
10. 광　고　선　전　비	500,000		

03 다음 자료를 이용하여 입력하시오. 6점

[1] 다음 자료를 이용하여 [계정과목및적요등록] 메뉴에서 판매비및일반관리비 항목의 여비교통비 계정과목에 적요를 추가로 등록하시오. 3점

대체적요 NO. 3 : 직원의 국내출장비 예금 인출

[2] [거래처별초기이월] 메뉴의 계정과목별 잔액은 다음과 같다. 주어진 자료를 검토하여 잘못된 부분은 오류를 정정하고, 누락된 부분은 추가 입력하시오. 3점

계정과목	거래처명	금액
외상매입금	라라무역	23,200,000원
	양산상사	35,800,000원
단기차입금	㈜굿맨	36,000,000원

04 다음의 거래 자료를 [일반전표입력] 메뉴를 이용하여 입력하시오. 24점

───── 〈 입력 시 유의사항 〉 ─────

- 적요의 입력은 생략한다.
- 부가가치세는 고려하지 않는다.
- 채권·채무와 관련된 거래는 별도의 요구가 없는 한 반드시 기등록된 거래처코드를 선택하는 방법으로 거래처명을 입력한다.
- 회계처리 시 계정과목은 별도의 제시가 없는 한 등록된 계정과목 중 가장 적절한 과목으로 한다.

[1] 07월 15일 태영상사에 상품을 4,000,000원에 판매하고 판매대금 중 20%는 태영상사가 발행한 6개월 만기 약속어음으로 받았으며, 나머지 판매대금은 8월 말에 받기로 하였다. 3점

[2] 08월 25일 큰손은행으로부터 아래와 같이 사업확장을 위한 자금을 차입하고 보통예금 계좌로 송금받았다. 3점

차입금액	자금용도	연이자율	차입기간	이자 지급 방법
15,000,000원	시설자금	7%	3년	만기 일시 지급

[3] 09월 05일 영업부 사무실의 8월분 인터넷이용료 50,000원과 수도요금 40,000원을 삼성카드로 결제하였다. 3점

[4] 10월 05일 명절을 맞이하여 과일세트 30박스를 싱싱과일에서 구입하여 매출거래처에 선물하였고, 아래와 같이 영수증을 받았다. 3점

영수증

싱싱과일	105-91-3*****
대표자	김민정
경기도 부천시 중동 *** 1층	

품목	수량	단가	금액
과일세트	30	10,000	300,000

합계금액	₩ 300,000

결제구분	금액
현 금	300,000원
받 은 금 액	300,000원
미 수 금	-

감사합니다

[5] 10월 24일 새로운 창고를 건축하기 위하여 토지를 50,000,000원에 취득하면서 취득세 2,300,000원을 포함한 총 52,300,000원을 현금으로 지급하였다. 3점

[6] 11월 02일 온나라상사의 파산으로 인하여 외상매출금을 회수할 수 없게 됨에 따라 온나라 상사의 외상매출금 3,000,000원 전액을 대손처리하기로 하다. 11월 2일 현재 대손충당금 잔액은 900,000원이다. 3점

[7] 11월 30일 영업부 대리 김민정의 11월분 급여를 보통예금 계좌에서 이체하여 지급하였다 (단, 하나의 전표로 처리하되, 공제항목은 구분하지 않고 하나의 계정과목으로 처리할 것). 3점

2025년 11월분 급여명세서

사 원 명 : 김민정		부 서 : 영업부	
입 사 일 : 2024.10.01.		직 급 : 대리	

지 급 내 역	지 급 액	공 제 내 역	공 제 액
기 본 급 여	4,200,000원	국 민 연 금	189,000원
직 책 수 당	0원	건 강 보 험	146,790원
상 여 금	0원	고 용 보 험	37,800원
특 별 수 당	0원	소 득 세	237,660원
자 가 운 전 보 조 금	0원	지 방 소 득 세	23,760원
교 육 지 원 수 당	0원	기 타 공 제	0원
지 급 액 계	4,200,000원	공 제 액 계	635,010원
귀하의 노고에 감사드립니다.		차 인 지 급 액	3,564,990원

[8] 12월 15일 대한상사의 외상매입금 7,000,000원 중 2,000,000원은 현금으로 지급하고 잔액은 보통예금 계좌에서 이체하였다. 3점

05 [일반전표입력] 메뉴에 입력된 내용 중 다음의 오류가 발견되었다. 입력된 내용을 검토하고 수정 또는 삭제, 추가 입력하여 올바르게 정정하시오. 6점

─── 〈 입력 시 유의사항 〉 ───
- 적요의 입력은 생략한다.
- 부가가치세는 고려하지 않는다.
- 채권·채무와 관련된 거래는 별도의 요구가 없는 한 반드시 기등록된 거래처코드를 선택하는 방법으로 거래처명을 입력한다.
- 회계처리 시 계정과목은 별도의 제시가 없는 한 등록된 계정과목 중 가장 적절한 과목으로 한다.

[1] 08월 20일 두리상사에서 상품을 35,000,000원에 매입하기로 계약하고 현금으로 지급한 계약금 3,500,000원을 선수금으로 입금 처리하였음이 확인된다. 3점

[2] 09월 16일 보통예금 계좌에서 나라은행으로 이체한 4,000,000원은 이자비용을 지급한 것이 아니라 단기차입금을 상환한 것이다. 3점

06 다음의 결산정리사항을 입력하여 결산을 완료하시오. 12점

─── 〈 입력 시 유의사항 〉 ───
- 적요의 입력은 생략한다.
- 부가가치세는 고려하지 않는다.
- 채권·채무와 관련된 거래처명은 반드시 기등록되어 있는 거래처코드를 선택하는 방법으로 거래처명을 입력한다.
- 회계처리 시 계정과목은 등록되어 있는 계정과목 중 가장 적절한 과목으로 한다.

[1] 2025년 4월 1일에 하나은행으로부터 30,000,000원을 12개월간 차입하고, 이자는 차입금 상환시점에 원금과 함께 일시 지급하기로 하였다. 적용이율은 연 5%이며, 차입기간은 2025.04.01.~2026.03.31.이다. 관련된 결산분개를 하시오(단 이자는 월할계산할 것). 3점

[2] 결산일 현재 예금에 대한 기간경과분 발생이자는 15,000원이다. 3점

[3] 기말 현재 영업부의 비품에 대한 2025년 당기분 감가상각비는 1,700,000원이다. 3점

[4] 결산을 위하여 창고의 재고자산을 실사한 결과 기말상품재고액은 6,500,000원이다. 3점

07 다음 사항을 조회하여 알맞은 답안을 이론문제 답안작성 메뉴에 입력하시오. `10점`

[1] 2분기(4월~6월)에 수석상사에 발행하여 교부한 지급어음의 총 합계액은 얼마인가? (단, 전기이월 금액은 제외할 것) `3점`

[2] 상반기(1월~6월)의 보통예금 입금액은 총 얼마인가? (단, 전기이월 금액은 제외할 것) `3점`

[3] 상반기(1월~6월) 중 기업업무추진비(판매비와일반관리비)를 가장 적게 지출한 월(月)과 그 금액은 얼마인가? `4점`

109회 전산회계 2급 기출문제(이론 + 실무)

÷ 이론시험 ÷

※ 다음 문제를 보고 알맞은 것을 골라 답안수록메뉴의 해당번호에 입력하시오.
(객관식 문항당 2점)

┌─────────────────────── 〈 기본전제 〉 ───────────────────────┐
문제에서 한국채택국제회계기준을 적용하도록 하는 전제조건이 없는 경우, 일반기업회계기준을 적용한다.
└──┘

01 다음 중 거래의 종류와 해당 거래의 연결이 올바르지 않은 것은?

① 교환거래 : 상품 1,000,000원을 매출하기로 계약하고 매출대금의 10%를 현금으로 받다.
② 손익거래 : 당월분 사무실 전화요금 50,000원과 전기요금 100,000원이 보통예금 계좌에서 자동으로 이체되다.
③ 손익거래 : 사무실을 임대하고 1년치 임대료 600,000원을 보통예금 계좌로 입금받아 수익 계정으로 처리하다.
④ 혼합거래 : 단기차입금 1,000,000원과 장기차입금 2,000,000원을 보통예금 계좌에서 이체하여 상환하다.

02 다음 중 결산 시 대손상각 처리를 할 수 있는 계정과목에 해당하지 않는 것은?

① 받을어음
② 미수금
③ 외상매출금
④ 단기차입금

03 다음 중 현금 계정으로 처리할 수 없는 것은?

① 자기앞수표
② 당사 발행 당좌수표
③ 우편환증서
④ 배당금지급통지표

04 다음 자료에서 상품의 순매입액은 얼마인가?

> • 당기상품매입액 50,000원 　　　　• 상품매입할인 3,000원
> • 상품매입과 관련된 취득부대비용 2,000원 • 상품매출에누리 5,000원

① 44,000원　　　　　　　　　　② 47,000원
③ 49,000원　　　　　　　　　　④ 52,000원

05 다음의 거래요소 중 차변에 올 수 있는 거래요소는 무엇인가?

① 수익의 발생　　　　　　　　　② 비용의 발생
③ 자산의 감소　　　　　　　　　④ 부채의 증가

06 다음 중 외상매출금 계정이 대변에 기입될 수 있는 거래를 모두 찾으시오.

> 가. 상품을 매출하고 대금을 한 달 후에 지급받기로 했을 때
> 나. 외상매출금이 보통예금으로 입금되었을 때
> 다. 외상매출금을 현금으로 지급받았을 때
> 라. 외상매입한 상품 대금을 한 달 후에 보통예금으로 지급했을 때

① 가, 나　　　　　　　　　　　② 나, 다
③ 다, 라　　　　　　　　　　　④ 가, 라

07 다음 중 재무상태표상 기말재고자산이 50,000원 과대계상되었을 때 나타날 수 없는 것은?

① 당기순이익 50,000원 과소계상　② 매출원가 50,000원 과소계상
③ 영업이익 50,000원 과대계상　　④ 차기이월되는 재고자산 50,000원 과대계상

08 다음 자료를 이용하여 영업이익을 계산하면 얼마인가?

> • 매출액 20,000,000원　　　　　• 복리후생비 300,000원
> • 매출원가 14,000,000원　　　　• 유형자산처분손실 600,000원
> • 이자비용 300,000원　　　　　• 급여 2,000,000원

① 2,800,000원　　　　　　　　② 3,100,000원
③ 3,700,000원　　　　　　　　④ 4,000,000원

09 다음 자료에 의한 기말 현재 대손충당금 잔액은 얼마인가?

> • 기말 매출채권 : 20,000,000원
> • 기말 매출채권 잔액에 대하여 1%의 대손충당금을 설정하기로 한다.

① 200,000원
② 218,000원
③ 250,000원
④ 320,000원

10 다음 중 일반기업회계기준상 유형자산의 감가상각방법으로 인정되지 않는 것은?

① 선입선출법
② 정률법
③ 연수합계법
④ 생산량비례법

11 다음의 지출내역 중 판매비와관리비에 해당하는 것을 모두 고른 것은?

> 가. 출장 여비교통비
> 나. 거래처 대표자의 결혼식 화환 구입비
> 다. 차입금 이자
> 라. 유형자산처분이익

① 가, 나
② 나, 다
③ 가, 라
④ 다, 라

12 다음 중 자본잉여금에 해당하지 않는 것은?

① 주식발행초과금
② 감자차익
③ 자기주식처분이익
④ 임의적립금

13 다음 중 유동부채에 해당하는 항목의 합계금액으로 적절한 것은?

> • 유동성장기부채 4,000,000원
> • 장기차입금 5,000,000원
> • 미지급비용 1,400,000원
> • 선급비용 2,500,000원
> • 예수금 500,000원
> • 외상매입금 3,300,000원

① 5,200,000원
② 9,200,000원
③ 11,700,000원
④ 16,700,000원

14 다음 중 당좌자산에 해당하지 않는 항목은?

① 매출채권   ② 현금
③ 선급비용   ④ 건설중인자산

15 다음 중 유형자산에 대한 추가적인 지출이 발생했을 때 당기 비용으로 처리할 수 있는 거래를 고르시오.

① 건물의 피난시설을 설치하기 위한 지출
② 내용연수를 연장시키는 지출
③ 건물 내부의 조명기구를 교체하는 지출
④ 상당한 품질향상을 가져오는 지출

✦ 실무시험 ✦

※ 정금상사(코드번호:1094)는 신발을 판매하는 개인기업으로 당기(제16기)의 회계기간은 2025. 1.1.~2025.12.31.이다. 전산세무회계 수험용 프로그램을 이용하여 다음 물음에 답하시오.

─── 〈 기본전제 〉───
• 문제에서 한국채택국제회계기준을 적용하도록 하는 전제조건이 없는 경우, 일반기업회계기준을 적용하여 회계처리한다.
• 문제의 풀이와 답안작성은 제시된 문제의 순서대로 진행한다.

01 다음은 정금상사의 사업자등록증이다. [회사등록] 메뉴에 입력된 내용을 검토하여 누락분은 추가입력하고 잘못된 부분은 정정하시오(주소 입력 시 우편번호는 입력하지 않아도 무방함). 6점

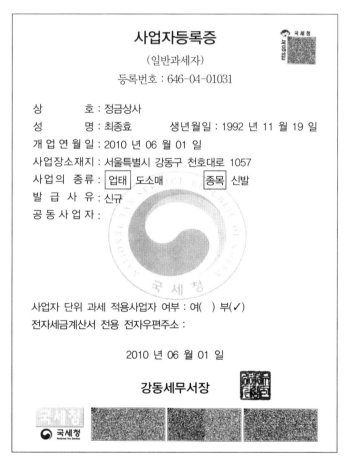

사업자등록증

(일반과세자)

등록번호 : 646-04-01031

상 호 : 정금상사
성 명 : 최종효   생년월일 : 1992 년 11 월 19 일
개 업 연 월 일 : 2010 년 06 월 01 일
사업장소재지 : 서울특별시 강동구 천호대로 1057
사업의 종류 : 업태 도소매   종목 신발
발 급 사 유 : 신규
공 동 사 업 자 :

사업자 단위 과세 적용사업자 여부 : 여( ) 부(✓)
전자세금계산서 전용 전자우편주소 :

2010 년 06 월 01 일

강동세무서장

02 정금상사의 전기분 손익계산서는 다음과 같다. 입력되어 있는 자료를 검토하여 오류부분은 정정하고 누락된 부분은 추가 입력하시오. 6점

손익계산서

회사명 : 정금상사   제15기 2024.1.1.~2024.12.31.   (단위 : 원)

과목	금액	과목	금액
Ⅰ. 매 출 액	120,000,000	Ⅴ. 영 업 이 익	4,900,000
상 품 매 출	120,000,000	Ⅵ. 영 업 외 수 익	800,000
Ⅱ. 매 출 원 가	90,000,000	이 자 수 익	800,000
상 품 매 출 원 가	90,000,000	Ⅶ. 영 업 외 비 용	600,000
기 초 상 품 재 고 액	30,000,000	이 자 비 용	600,000
당 기 상 품 매 입 액	80,000,000	Ⅷ. 소득세차감전순이익	5,100,000
기 말 상 품 재 고 액	20,000,000	Ⅸ. 소 득 세 등	0
Ⅲ. 매 출 총 이 익	30,000,000	Ⅹ. 당 기 순 이 익	5,100,000
Ⅳ. 판 매 비 와 관 리 비	25,100,000		
급 여	18,000,000		
복 리 후 생 비	5,000,000		
여 비 교 통 비	600,000		
기 업 업 무 추 진 비	300,000		
소 모 품 비	500,000		
광 고 선 전 비	700,000		

03 다음 자료를 이용하여 입력하시오. 6점

[1] [계정과목및적요등록] 메뉴에서 판매비와관리비의 기업업무추진비 계정에 다음 내용의 적요를 등록하시오. 3점

> 현금적요 No.5 : 거래처 명절선물 대금 지급

[2] 정금상사의 외상매출금과 단기대여금에 대한 거래처별 초기이월 잔액은 다음과 같다. 입력된 자료를 검토하여 잘못된 부분은 수정 또는 삭제, 추가 입력하여 주어진 자료에 맞게 정정하시오. 3점

계정과목	거래처	잔액	합계
외상매출금	㈜사이버나라	45,000,000원	68,000,000원
	세계상회	23,000,000원	
단기대여금	㈜해일	10,000,000원	13,000,000원
	부림상사	3,000,000원	

04 다음의 거래 자료를 [일반전표입력] 메뉴를 이용하여 입력하시오. 24점

───────────── 〈 입력 시 유의사항 〉 ─────────────

- 적요의 입력은 생략한다.
- 부가가치세는 고려하지 않는다.
- 채권·채무와 관련된 거래는 별도의 요구가 없는 한 반드시 기등록된 거래처코드를 선택하는 방법으로 거래처명을 입력한다.
- 회계처리 시 계정과목은 별도의 제시가 없는 한 등록된 계정과목 중 가장 적절한 과목으로 한다.

[1] 08월 01일 단기매매목적으로 ㈜바이오의 발행주식 10주를 1주당 200,000원에 취득하였다. 대금은 취득과정에서 발생한 별도의 증권거래수수료 12,000원을 포함하여 보통예금 계좌에서 전액을 지급하였다. ㈜바이오의 발행주식 1주당 액면가액은 1,000원이다. 3점

[2] 09월 02일 푸름상회에서 판매용 신발을 매입하고 대금 중 5,000,000원은 푸름상회에 대한 외상매출금과 상계하여 처리하고 잔액은 외상으로 하다. 3점

권		호			거래명세표(보관용)				
2025 년 09 월 02 일									
정금상사 귀하				공급자	사업자등록번호	109-02-57411			
					상호	푸름상회	성명	나푸름 ㉑	
					사업장소재지	서울특별시 서초구 명달로 105			
아래와 같이 계산합니다.					업태	도소매	종목	신발	
합계금액		구백육십만			원정 (₩	9,600,000		)	
월 일	품 목		규 격		수 량	단 가	공 급 대 가		
09월 02일	레인부츠				12	800,000원	9,600,000원		
계							9,600,000원		
전잔금	없음					합 계	9,600,000원		
입 금	5,000,000원		잔 금		4,600,000원	인수자	최종효 ㉑		
비 고	판매대금 5,000,000원은 외상대금과 상계처리하기로 함.								

[3] 10월 05일 업무용 모니터(비품)를 구입하고 현금 550,000원을 다음과 같이 지급하다. 3점

현금영수증(지출증빙용)
CASH RECEIPT

사업자등록번호	108-81-11116
현금영수증가맹점명	㈜성실산업
대표자	김성실
주소	서울 관악 봉천 458
전화번호	02-220-2223

품명	모니터	승인번호	12345
거래일시	2025.10.5	취소일자	

단위		백		천		원
금액 AMOUNT		5	5	0	0	0	0
봉사료 TIPS						
합계 TOTAL		5	5	0	0	0	0

[4] 10월 20일 영업부 직원의 건강보험료 회사부담분 220,000원과 직원부담분 220,000원을 보통예금 계좌에서 이체하여 납부하다(단, 하나의 전표로 처리하고, 회사부담분 건강보험료는 복리후생비 계정을 사용할 것). 3점

[5] 11월 01일 광고 선전을 목적으로 불특정 다수에게 배포할 판촉물을 제작하고 제작대금 990,000원은 당좌수표를 발행하여 지급하다. 3점

[6] 11월 30일 좋은은행에 예치한 1년 만기 정기예금의 만기가 도래하여 원금 10,000,000원과 이자 500,000원이 보통예금 계좌로 입금되다. 3점

[7] 12월 05일 본사 영업부에 비치된 에어컨을 수리하고 수리비 330,000원을 신용카드(하나카드)로 결제하다. 3점

[8] 12월 15일 에스파파상사로부터 상품을 25,000,000원에 매입하기로 계약하고, 계약금 1,000,000원을 보통예금 계좌에서 이체하여 지급하다. 3점

05 [일반전표입력] 메뉴에 입력된 내용 중 다음의 오류가 발견되었다. 입력된 내용을 검토하고 수정 또는 삭제, 추가 입력하여 올바르게 정정하시오. 6점

─── 〈 입력 시 유의사항 〉 ───

- 적요의 입력은 생략한다.
- 부가가치세는 고려하지 않는다.
- 채권·채무와 관련된 거래는 별도의 요구가 없는 한 반드시 기등록된 거래처코드를 선택하는 방법으로 거래처명을 입력한다.
- 회계처리 시 계정과목은 별도의 제시가 없는 한 등록된 계정과목 중 가장 적절한 과목으로 한다.

[1] 10월 27일 기업주가 사업 확장을 위하여 좋은은행에서 만기 1년 이내의 대출 10,000,000원을 단기차입하여 보통예금 계좌에 입금하였으나 이를 자본금으로 처리하였음을 확인한다. 3점

[2] 11월 16일 보통예금 계좌에서 지급한 198,000원은 거래처에 선물하기 위해 구입한 신발이 아니라 판매를 목적으로 구입한 신발의 매입대금이었음이 확인되었다. 3점

06 다음의 결산정리사항을 입력하여 결산을 완료하시오. 12점

─── 〈 입력 시 유의사항 〉 ───

- 적요의 입력은 생략한다.
- 부가가치세는 고려하지 않는다.
- 채권·채무와 관련된 거래는 별도의 요구가 없는 한 반드시 기등록된 거래처코드를 선택하는 방법으로 거래처명을 입력한다.
- 회계처리 시 계정과목은 별도의 제시가 없는 한 등록된 계정과목 중 가장 적절한 과목으로 한다.

[1] 구입 시 자산으로 처리한 소모품 중 결산일 현재 사용한 소모품비는 550,000원이다. 3점

[2] 2025년 7월 1일에 영업부의 1년치 보증보험료(보험기간 : 2025.07.01.~2026.06.30.) 1,200,000원을 보통예금 계좌에서 이체하면서 전액 비용계정인 보험료로 처리하였다. 기말 수정분개를 하시오(단, 월할계산할 것). 3점

[3] 현금과부족 계정으로 처리한 현금초과액 50,000원에 대한 원인이 결산일 현재까지 밝혀지지 않았다. 3점

[4] 외상매출금 및 받을어음 잔액에 대하여만 1%의 대손충당금을 보충법으로 설정하시오(단, 기타 채권에 대하여는 대손충당금을 설정하지 않도록 한다). 3점

07 다음 사항을 조회하여 알맞은 답안을 이론문제 답안작성 메뉴에 입력하시오. 10점

[1] 상반기(1월~6월) 중 현금의 지출이 가장 많은 월(月)은 몇 월(月)이며, 그 금액은 얼마인가? 4점

[2] 6월 30일 현재 유동부채의 금액은 얼마인가? 3점

[3] 상반기(1월~6월) 중 복리후생비(판)의 지출이 가장 많은 월(月)과 적은 월(月)의 차액은 얼마인가? (단, 반드시 양수로 입력할 것) 3점

110회 전산회계 2급 기출문제(이론 + 실무)

÷ 이론시험 ÷

※ 다음 문제를 보고 알맞은 것을 골라 답안수록메뉴의 해당번호에 입력하시오.
(객관식 문항당 2점)

───── 〈 기본전제 〉─────

문제에서 한국채택국제회계기준을 적용하도록 하는 전제조건이 없는 경우, 일반기업회계기준을 적용한다.

01 다음 중 아래의 거래 요소가 나타나는 거래로 옳은 것은?

비용의 발생 – 자산의 감소

① 임대차 계약을 맺고, 당월분 임대료 500,000원을 현금으로 받다.
② 상품 400,000원을 매입하고 대금은 외상으로 하다.
③ 단기차입금에 대한 이자 80,000원을 현금으로 지급하다.
④ 토지 80,000,000원을 구입하고 대금은 보통예금 계좌로 이체하다.

02 다음 중 유동부채에 해당하지 않는 것은?

① 유동성장기부채
② 선급비용
③ 단기차입금
④ 예수금

03 다음 중 아래의 (가)와 (나)에 각각 들어갈 내용으로 옳은 것은?

단기매매증권을 취득하면서 발생한 수수료는 [　(가)　](으)로 처리하고, 차량운반구를 취득하면서 발생한 취득세는 [　(나)　](으)로 처리한다.

	(가)	(나)		(가)	(나)
①	수수료비용	차량운반구	②	단기매매증권	차량운반구
③	수수료비용	세금과공과	④	단기매매증권	수수료비용

04 다음 계정별원장에 기입된 거래를 보고 (A) 안에 들어갈 수 있는 계정과목으로 가장 적절한 것은?

(A)			
09/15	200,000원	기초	1,500,000원
기말	1,600,000원	09/10	300,000원

① 받을어음
② 외상매입금
③ 광고선전비
④ 미수금

05 다음 중 유형자산의 취득원가를 구성하는 항목이 아닌 것은?

① 재산세
② 취득세
③ 설치비
④ 정상적인 사용을 위한 시운전비

06 다음 중 당좌자산에 해당하지 않는 것은?

① 현금및현금성자산
② 매출채권
③ 단기투자자산
④ 당좌차월

07 다음은 인출금 계정과목의 특징에 대한 설명이다. 다음 중 아래의 (가)~(다)에 각각 관련 설명으로 모두 옳은 것은?

- 주로 기업주(사업주)의 (가)의 지출을 의미한다.
- (나)에서 사용되며 임시계정에 해당한다.
- (다)에 대한 평가계정으로 보고기간 말에 (다)으로 대체되어 마감한다.

	(가)	(나)	(다)
①	개인적 용도	개인기업	자본금 계정
②	사업적 용도	법인기업	자본금 계정
③	개인적 용도	법인기업	자산 계정
④	사업적 용도	개인기업	자산 계정

08 다음 중 손익계산서와 관련된 계정과목이 아닌 것은?

① 임차료

② 선급비용

③ 임대료

④ 유형자산처분이익

09 다음 중 미지급비용에 대한 설명으로 가장 적절한 것은?

① 당기의 수익에 대응되는 지급된 비용

② 당기의 수익에 대응되는 미지급된 비용

③ 당기의 수익에 대응되지 않지만 지급된 비용

④ 당기의 수익에 대응되지 않지만 미지급된 비용

10 12월 말 결산일 현재 손익계산서상 당기순이익은 300,000원이었으나, 아래의 사항이 반영되어 있지 않음을 확인하였다. 아래 사항을 반영한 후의 당기순이익은 얼마인가?

> 손익계산서에 보험료 120,000원이 계상되어 있으나 해당 보험료 중 선급보험료 해당액은 30,000원으로 확인되었다.

① 210,000원

② 270,000원

③ 330,000원

④ 390,000원

11 다음 지출내역 중 영업외비용의 합계액은 얼마인가?

> • 영업용 자동차 보험료 : 5,000원
> • 대손이 확정된 외상매출금의 대손상각비 : 2,000원
> • 10년 만기 은행 차입금의 이자 : 3,000원
> • 사랑의열매 기부금 : 1,000원

① 1,000원

② 3,000원

③ 4,000원

④ 6,000원

12 다음 중 판매비와관리비에 해당하는 계정과목이 아닌 것은?

① 기업업무추진비

② 세금과공과

③ 광고선전비

④ 기타의대손상각비

13 다음은 회계의 순환과정을 나타낸 것이다. 아래의 (가)에 들어갈 용어로 옳은 것은?

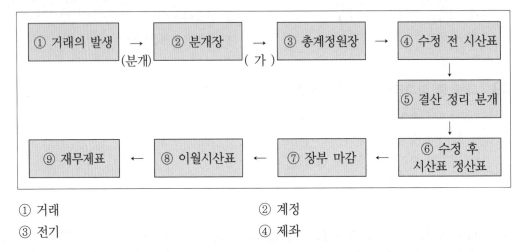

① 거래   ② 계정

③ 전기   ④ 제좌

14 다음 자료에서 설명하고 있는 (A)와 (B)에 각각 들어갈 용어로 바르게 짝지은 것은 무엇인가?

일정 시점의 기업의 _____(A)_____을(를) 나타낸 표를 재무상태표라 하고, 일정 기간의 기업의 _____(B)_____을(를) 나타낸 표를 손익계산서라 한다.

	(A)	(B)
①	재무상태	경영성과
②	경영성과	재무상태
③	거래의 이중성	대차평균의 원리
④	대차평균의 원리	거래의 이중성

15 다음 중 상품에 대한 재고자산의 원가를 결정하는 방법에 해당하지 않는 것은?

① 개별법   ② 총평균법

③ 선입선출법   ④ 연수합계법

❖ 실무시험 ❖

※ 수호상사(코드번호 : 1104)는 전자제품을 판매하는 개인기업으로 당기(제16기)의 회계기간은 2025. 1.1.~2025.12.31.이다. 전산세무회계 수험용 프로그램을 이용하여 다음 물음에 답하시오.

─〈 기본전제 〉─

- 문제에서 한국채택국제회계기준을 적용하도록 하는 전제조건이 없는 경우, 일반기업회계기준을 적용하여 회계처리한다.
- 문제의 풀이와 답안작성은 제시된 문제의 순서대로 진행한다.

01 다음은 수호상사의 사업자등록증이다. [회사등록] 메뉴에 입력된 내용을 검토하여 누락분은 추가입력하고 잘못된 부분은 정정하시오(주소 입력 시 우편번호는 입력하지 않아도 무방함). 6점

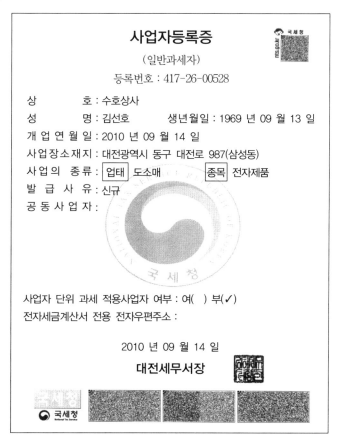

사업자등록증

(일반과세자)

등록번호 : 417-26-00528

상　　　　호 : 수호상사
성　　　　명 : 김선호　　　생년월일 : 1969 년 09 월 13 일
개 업 연 월 일 : 2010 년 09 월 14 일
사업장소재지 : 대전광역시 동구 대전로 987(삼성동)
사 업 의 종 류 : 업태 도소매　　　종목 전자제품
발 급 사 유 : 신규
공 동 사 업 자 :

사업자 단위 과세 적용사업자 여부 : 여( ) 부(✓)
전자세금계산서 전용 전자우편주소 :

2010 년 09 월 14 일

대전세무서장

02 다음은 수호상사의 전기분 손익계산서이다. 입력되어 있는 자료를 검토하여 오류부분은 정정하고 누락된 부분은 추가 입력하시오. 6점

손익계산서

회사명 : 수호상사   제15기 2024.1.1.~2024.12.31.   (단위 : 원)

과목	금액	과목	금액
I. 매　　　　출　　　　액	257,000,000	V. 영　업　이　익	18,210,000
상　품　매　출	257,000,000	VI. 영　업　외　수　익	3,200,000
II. 매　　출　　원　　가	205,000,000	이　자　수　익	200,000
상　품　매　출　원　가	205,000,000	임　대　료	3,000,000
기　초　상　품　재　고　액	20,000,000	VII. 영　업　외　비　용	850,000
당　기　상　품　매　입　액	198,000,000	이　자　비　용	850,000
기　말　상　품　재　고　액	13,000,000	VIII. 소득세차감전순이익	20,560,000
III. 매　　출　　총　　이　　익	52,000,000	IX. 소　득　세　등	0
IV. 판　매　비　와　관　리　비	33,790,000	X. 당　기　순　이　익	20,560,000
급　　　　여	24,000,000		
복　리　후　생　비	1,100,000		
기　업　업　무　추　진　비	4,300,000		
감　가　상　각　비	500,000		
보　　험　　비	700,000		
차　량　유　지　비	2,300,000		
소　　모　　품　　비	890,000		

03 다음 자료를 이용하여 입력하시오. 6점

[1] 다음 자료를 이용하여 기초정보관리의 [거래처등록] 메뉴에서 거래처(금융기관)를 추가로 등록하시오(단, 주어진 자료 외의 다른 항목은 입력할 필요 없음). 3점

- 거래처코드 : 98006
- 계좌번호 : 1203-4562-49735
- 거래처명 : 한경은행
- 사업용 계좌 : 여
- 유형 : 보통예금

[2] 수호상사의 외상매출금과 외상매입금의 거래처별 초기이월 채권과 채무잔액은 다음과 같다. 입력된 자료를 검토하여 잘못된 부분은 수정 또는 삭제, 추가 입력하여 주어진 자료에 맞게 정정하시오. 3점

계정과목	거래처	잔액	계
외상매출금	믿음전자	20,000,000원	35,000,000원
	우진전자	10,000,000원	
	㈜형제	5,000,000원	
외상매입금	중소상사	12,000,000원	28,000,000원
	숭실상회	10,000,000원	
	국보상사	6,000,000원	

04 다음의 거래 자료를 [일반전표입력] 메뉴를 이용하여 입력하시오. 24점

──── 〈 입력 시 유의사항 〉 ────

- 적요의 입력은 생략한다.
- 부가가치세는 고려하지 않는다.
- 채권·채무와 관련된 거래는 별도의 요구가 없는 한 반드시 기등록된 거래처코드를 선택하는 방법으로 거래처명을 입력한다.
- 회계처리 시 계정과목은 별도의 제시가 없는 한 등록된 계정과목 중 가장 적절한 과목으로 한다.

[1] 07월 16일 우와상사에 상품 3,000,000원을 판매하기로 계약하고, 계약금 600,000원을 보통예금 계좌로 입금받았다. 3점

[2] 08월 04일 당사의 영업부에서 장기간 사용할 목적으로 비품을 구입하고 대금은 BC카드(신용카드)로 결제하였다(단, 미지급금 계정을 사용하여 회계처리할 것). 3점

신용카드매출전표

2025.08.04.(금) 15:30:51

15,000,000원

정상승인 | 일시불

결제정보

카드	BC카드(1234-5678-1001-2348)
거래유형	신용승인
승인번호	71942793
이용구분	일시불
은행확인	KB국민은행

가맹점 정보

가맹점명	서현㈜
사업자등록번호	618-81-00741
대표자명	김서현

본 매출표는 신용카드 이용에 따른 증빙용으로 비씨카드사에서 발급한 것임을 확인합니다.

🌑비씨카드주식회사

---

[3] 08월 25일 영업용 차량운반구에 대한 자동차세 120,000원을 현금으로 납부하다. 3점

[4] 09월 06일 거래처 수분상사의 외상매출금 중 1,800,000원이 예정일보다 빠르게 회수되어 할인금액 2%를 제외한 금액을 당좌예금 계좌로 입금받았다(단, 매출할인 계정을 사용할 것). 3점

[5] 09월 20일 영업부 직원들을 위한 간식을 현금으로 구매하고 아래의 현금영수증을 수취하였다. 3점

[고객용]

현금 매출 전표

| 간식천국 | | 378-62-00158 |
| 이재철 | | TEL : 1577-0000 |

대구광역시 동구 안심로 15

2025/09/20 11:53:48 NO : 18542

노나머거본파이	5	50,000
에너지파워드링크	30	150,000
합계수량/금액	35	200,000

| 받을금액 | | 200,000 |
| 현 금 | | 200,000 |

현금영수증(지출증빙)

거 래 자 번 호 : 417-26-00528
승 인 번 호 : G141080158
전 화 번 호 : 현금영수증문의☎126-1-1
홈 페 이 지 : https://hometax.go.kr

---

[6] 10월 05일 당사의 상품을 홍보할 목적으로 홍보용 포스트잇을 제작하고 사업용카드(삼성 카드)로 결제하였다. **3점**

```
홍보물닷컴
500,000원
카드종류        신용카드
카드번호        8504-1245-4545-0506
거래일자        2025.10.05. 15:29:45
일시불/할부      일시불
승인번호        28516480
  [상품명]              [금액]
 홍보용 포스트잇         500,000원
--------------------------------
           합 계 액   500,000원
           받은금액   500,000원
가맹점정보
가맹점명        홍보물닷컴
사업자등록번호    305-35-65424
가맹점번호       23721275
대표자명        엄하진
전화번호        051-651-0000
        이용해주셔서 감사합니다.
교환/환불은 영수증을 지참하여 일주일 이내 가능합니다.
                        삼성카드
```

[7] 10월 13일 대전시 동구청에 태풍 피해 이재민 돕기 성금으로 현금 500,000원을 기부하였다. **3점**

[8] 11월 01일 영업부 직원의 국민건강보험료 회사부담분 190,000원과 직원부담분 190,000원을 보통예금 계좌에서 이체하여 납부하였다(단, 회사부담분은 복리후생비 계정을 사용할 것). **3점**

05 [일반전표입력] 메뉴에 입력된 내용 중 다음의 오류가 발견되었다. 입력된 내용을 검토하고 수정 또는 삭제, 추가 입력하여 올바르게 정정하시오. **6점**

─────── 〈 입력 시 유의사항 〉 ───────

- 적요의 입력은 생략한다.
- 부가가치세는 고려하지 않는다.
- 채권·채무와 관련된 거래는 별도의 요구가 없는 한 반드시 기등록된 거래처코드를 선택하는 방법으로 거래처명을 입력한다.
- 회계처리 시 계정과목은 별도의 제시가 없는 한 등록된 계정과목 중 가장 적절한 과목으로 한다.

[1] 08월 16일 운반비로 계상한 50,000원은 무선상사로부터 상품 매입 시 당사 부담의 운반비를 지급한 것이다. **3점**

[2] 09월 30일 농협은행에서 차입한 장기차입금을 상환하기 위하여 보통예금 계좌에서 11,000,000원을 지급하고 이를 모두 차입금 원금을 상환한 것으로 회계처리하였으나 이 중 차입금 원금은 10,000,000원이고, 나머지 1,000,000원은 차입금에 대한 이자로 확인되었다. 3점

06 다음의 결산정리사항을 입력하여 결산을 완료하시오. 12점

─── 〈 입력 시 유의사항 〉 ───

• 적요의 입력은 생략한다.
• 부가가치세는 고려하지 않는다.
• 채권·채무와 관련된 거래는 별도의 요구가 없는 한 반드시 기등록된 거래처코드를 선택하는 방법으로 거래처명을 입력한다.
• 회계처리 시 계정과목은 별도의 제시가 없는 한 등록된 계정과목 중 가장 적절한 과목으로 한다.

[1] 영업부에서 사용하기 위하여 소모품을 구입하고 자산으로 처리한 금액 중 당기 중에 사용한 금액은 70,000원이다. 3점

[2] 기말 현재 가수금 잔액 200,000원은 강원상사의 외상매출금 회수액으로 판명되었다. 3점

[3] 결산일까지 현금과부족 100,000원의 원인이 판명되지 않았다. 3점

[4] 당기분 차량운반구에 대한 감가상각비 600,000원과 비품에 대한 감가상각비 500,000원을 계상하다. 3점

07 다음 사항을 조회하여 알맞은 답안을 이론문제 답안작성 메뉴에 입력하시오. 10점

[1] 6월 말 현재 외상매출금 잔액이 가장 적은 거래처의 상호와 그 외상매출금 잔액은 얼마인가? 3점

[2] 상반기(1~6월) 중 복리후생비(판) 지출액이 가장 많은 달의 지출액은 얼마인가? 3점

[3] 6월 말 현재 차량운반구의 장부가액은 얼마인가? 4점

111회 전산회계 2급 기출문제(이론 + 실무)

✦ 이론시험 ✦

※ 다음 문제를 보고 알맞은 것을 골라 답안수록메뉴의 해당번호에 입력하시오.
(객관식 문항당 2점)

─────〈 기본전제 〉─────

문제에서 한국채택국제회계기준을 적용하도록 하는 전제조건이 없는 경우, 일반기업회계기준을 적용한다.

01 다음 중 복식부기와 관련된 설명이 아닌 것은?

① 차변과 대변이라는 개념이 존재한다.
② 대차평균의 원리가 적용된다.
③ 모든 거래에 대해 이중으로 기록하여 자기검증기능이 있다.
④ 재산 등의 증감변화에 대해 개별 항목의 변동만 기록한다.

02 다음의 내용이 설명하는 계정과목으로 옳은 것은?

재화의 생산, 용역의 제공, 타인에 대한 임대 또는 자체적으로 사용할 목적으로 보유하는 물리적 형체가 있는 자산으로서, 1년을 초과하여 사용할 것이 예상되는 자산을 말한다.

① 건물   ② 사채
③ 보험차익   ④ 퇴직급여

03 다음 괄호 안에 들어갈 내용으로 올바른 것은?

현금및현금성자산은 취득 당시 만기가 (   ) 이내에 도래하는 금융상품을 말한다.

① 1개월   ② 3개월
③ 6개월   ④ 1년

04 다음 중 일반기업회계기준에 의한 회계의 특징으로 볼 수 없는 것은?

① 복식회계   ② 영리회계
③ 재무회계   ④ 단식회계

05 다음 중 재고자산에 대한 설명으로 틀린 것은?

① 판매를 위하여 보유하고 있는 상품 또는 제품은 재고자산에 해당한다.
② 판매와 관련하여 발생한 수수료는 판매비와관리비로 비용처리한다.
③ 판매되지 않은 재고자산은 매입한 시점에 즉시 당기 비용으로 인식한다.
④ 개별법은 가장 정확하게 매출원가와 기말재고액을 결정하는 방법이다.

06 다음의 자료가 설명하는 내용의 계정과목으로 올바른 것은?

> 금전을 수취하였으나 그 내용이 확정되지 않은 경우에 임시로 사용하는 계정과목이다.

① 미지급비용   ② 미지급금
③ 가수금   ④ 외상매입금

07 다음은 영업활동 목적으로 거래처 직원과 함께 식사하고 받은 현금영수증이다. 이를 회계 처리할 경우 차변에 기재할 계정과목으로 옳은 것은?

① 기부금   ② 기업업무추진비
③ 복리후생비   ④ 세금과공과

08 재고자산은 그 평가방법에 따라 금액이 달라질 수 있다. 다음 중 평가방법에 따른 기말재고자산 금액의 변동이 매출원가와 매출총이익에 미치는 영향으로 옳은 것은?

① 기말재고자산 금액이 감소하면 매출원가도 감소한다.
② 기말재고자산 금액이 감소하면 매출총이익은 증가한다.
③ 기말재고자산 금액이 증가하면 매출원가도 증가한다.
④ 기말재고자산 금액이 증가하면 매출총이익이 증가한다.

09 다음 중 판매비와관리비에 해당하는 계정과목은 모두 몇 개인가?

• 기부금	• 미수금	• 세금과공과	• 미지급비용
• 이자비용	• 선급비용	• 보험료	

① 1개   ② 2개   ③ 3개   ④ 4개

10 다음 중 아래의 잔액시산표에 대한 설명으로 옳은 것은?

잔액시산표

일산상사   2025.1.1.~2025.12.31   (단위 : 원)

차변	원면	계정과목	대변
220,000	1	현금	
700,000	2	건물	
	3	외상매입금	90,000
	4	자본금	820,000
	5	이자수익	60,000
50,000	6	급여	
970,000			970,000

① 당기의 기말자본금은 820,000원이다.   ② 유동자산의 총합계액은 900,000원이다.
③ 판매비와관리비는 130,000원이다.   ④ 당기순이익은 10,000원이다.

11 다음 중 회계상 거래와 관련하여 자산의 증가와 자산의 감소가 동시에 발생하는 거래로 옳은 것은?

① 영업용 차량을 현금 1,000,000원을 주고 구입하였다.
② 사무실 월세 1,000,000원을 현금으로 지급하였다.
③ 정기예금 이자 1,000,000원을 현금으로 수령하였다.
④ 상품을 1,000,000원에 외상으로 구입하였다.

12 다음은 서울상사의 수익적 지출 및 자본적 지출에 관한 내용이다. 다음 중 성격이 나머지와 다른 하나는 무엇인가?

① 사무실 유리창이 깨져서 새로운 유리창을 구입하여 교체하였다.
② 기계장치의 경미한 수준의 부속품이 마모되어 해당 부속품을 교체하였다.
③ 상가 건물의 편의성을 높이기 위해 엘리베이터를 설치하였다.
④ 사업장의 벽지가 찢어져서 외주업체를 통하여 다시 도배하였다.

13 다음은 합격물산의 세금 납부내역이다. 이에 대한 회계처리 시 (A)와 (B)의 차변 계정과목으로 주어진 자료에서 가장 바르게 짝지은 것은?

(A) 합격물산 대표자의 소득세 납부	(B) 합격물산 사옥에 대한 건물분 재산세 납부

	(A)	(B)
①	세금과공과	세금과공과
②	세금과공과	인출금
③	인출금	세금과공과
④	인출금	건물

14 다음은 합격물산의 당기 말 부채계정 잔액의 일부이다. 재무상태표에 표시될 매입채무는 얼마인가?

• 선수금 10,000원	• 단기차입금 40,000원	• 지급어음 20,000원
• 미지급금 50,000원	• 외상매입금 30,000원	

① 50,000원
③ 100,000원

② 60,000원
④ 110,000원

15 다음의 자료에서 기초자본은 얼마인가?

• 기초자본 (?)	• 총수익 100,000원
• 기말자본 200,000원	• 총비용 80,000원

① 170,000원
③ 190,000원

② 180,000원
④ 200,000원

✦ 실무시험 ✦

※ 파라상사(코드번호 : 1114)는 문구 및 잡화를 판매하는 개인기업으로 당기(제14기)의 회계기간은 2025.1.1.~2025.12.31.이다. 전산세무회계 수험용 프로그램을 이용하여 다음 물음에 답하시오.

─── 〈 기본전제 〉───

• 문제에서 한국채택국제회계기준을 적용하도록 하는 전제조건이 없는 경우, 일반기업회계기준을 적용하여 회계처리한다.
• 문제의 풀이와 답안작성은 제시된 문제의 순서대로 진행한다.

01 다음은 파라상사의 사업자등록증이다. [회사등록] 메뉴에 입력된 내용을 검토하여 누락분은 추가입력하고 잘못된 부분은 정정하시오(주소 입력 시 우편번호는 입력하지 않아도 무방함). **6점**

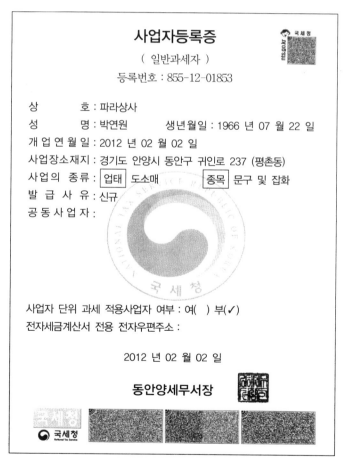

사업자등록증

(일반과세자)

등록번호 : 855-12-01853

상   호 : 파라상사
성   명 : 박연원   생년월일 : 1966 년 07 월 22 일
개 업 연 월 일 : 2012 년 02 월 02 일
사업장소재지 : 경기도 안양시 동안구 귀인로 237 (평촌동)
사 업 의 종 류 : [업태] 도소매   [종목] 문구 및 잡화
발 급 사 유 : 신규
공 동 사 업 자 :

사업자 단위 과세 적용사업자 여부 : 여( ) 부(✓)
전자세금계산서 전용 전자우편주소 :

2012 년 02 월 02 일

동안양세무서장

02 다음은 파라상사의 전기분 재무상태표이다. 입력되어 있는 자료를 검토하여 오류부분은 정정하고 누락된 부분은 추가 입력하시오. 6점

재무상태표

회사명 : 파라상사 제13기 2024.12.31. 현재 (단위 : 원)

과목	금액		과목	금액
현 금		2,500,000	외 상 매 입 금	50,000,000
당 좌 예 금		43,000,000	지 급 어 음	8,100,000
보 통 예 금		50,000,000	미 지 급 금	29,000,000
외 상 매 출 금	20,000,000		단 기 차 입 금	5,000,000
대 손 충 당 금	900,000	19,100,000	장 기 차 입 금	10,000,000
받 을 어 음	4,900,000		자 본 금	49,757,000
대 손 충 당 금	43,000	4,857,000	(당기순이익	
미 수 금		600,000	8,090,000)	
상 품		7,000,000		
장 기 대 여 금		2,000,000		
차 량 운 반 구	10,000,000			
감가상각누계액	2,000,000	8,000,000		
비 품	7,600,000			
감가상각누계액	2,800,000	4,800,000		
임 차 보 증 금		10,000,000		
자 산 총 계		151,857,000	부채및자본총계	151,857,000

03 다음 자료를 이용하여 입력하시오. 6점

[1] 파라상사의 외상매입금과 미지급금에 대한 거래처별 초기이월 잔액은 다음과 같다. 입력된 자료를 검토하여 잘못된 부분은 삭제 또는 수정, 추가 입력하여 주어진 자료에 맞게 정정하시오. 3점

계정과목	거래처	잔액
외상매입금	고래전자	12,000,000원
	건우상사	11,000,000원
	석류상사	27,000,000원
미지급금	앨리스상사	25,000,000원
	용구상사	4,000,000원

[2] 다음의 내용을 [계정과목및적요등록] 메뉴를 이용하여 보통예금 계정과목에 현금적요를 등록하시오. **3점**

> 현금적요 : 적요No.5, 미수금 보통예금 입금

04 [일반전표입력] 메뉴를 이용하여 다음의 거래 자료를 입력하시오. **24점**

────────── 〈 입력 시 유의사항 〉 ──────────
- 적요의 입력은 생략한다.
- 부가가치세는 고려하지 않는다.
- 채권·채무와 관련된 거래는 별도의 요구가 없는 한 반드시 기등록된 거래처코드를 선택하는 방법으로 거래처명을 입력한다.
- 회계처리 시 계정과목은 별도의 제시가 없는 한 등록된 계정과목 중 가장 적절한 과목으로 한다.

[1] 07월 13일 전기에 대손 처리하였던 나마상사의 외상매출금 2,000,000원이 회수되어 보통예금 계좌로 입금되었다. **3점**

[2] 08월 01일 남선상사에 대한 외상매입금 2,000,000원을 지급하기 위하여 오름상사로부터 상품판매대금으로 받은 약속어음을 배서양도하였다. **3점**

[3] 08월 31일 창고가 필요하여 다음과 같이 임대차계약을 체결하고 임차보증금을 보통예금 계좌에서 이체하여 지급하였다(단, 보증금의 거래처를 기재할 것). **3점**

부동산 월세 계약서

본 부동산에 대하여 임대인과 임차인 쌍방은 다음과 같이 합의하여 임대차계약을 체결한다.

1. 부동산의 표시

소 재 지	부산광역시 동래구 금강로73번길 6 (온천동)					
건 물	구조	철근콘크리트	용도	창고	면적	$50m^2$
임 대 부 분	상동 소재지 전부					

2. 부동산의 표시

제1조 위 부동산의 임대차계약에 있어 임차인은 보증금 및 차임을 아래와 같이 지불하기로 한다.

보 증 금	일금 이천만 원정 (20,000,000원) (보증금은 2025년 8월 31일에 지급하기로 한다.)
차 임	일금 삼십만 원정 (300,000원) 은 익월 10일에 지불한다.

제2조 임대인은 위 부동산을 임대차 목적대로 사용·수익할 수 있는 상태로 하여 2025년 8월 31일까지 임차인에게 인도하며, 임대차기간은 인도일로부터 2027년 8월 30일까지 24개월로 한다.

… 중략 …

(갑) 임대인 : 온천상가 대표 김온천 (인)
(을) 임차인 : 파라상사 대표 박연원 (인)

---

[4] 09월 02일 대표자가 개인적인 용도로 사용할 목적으로 컴퓨터를 구입하고 사업용카드(삼성카드)로 결제하였다. 3점

```
웅장컴퓨터
1,500,000원
─────────────────────────────────
카드종류        신용카드
카드번호        1351-1234-5050-9990
거래일자        2025.09.02. 11:11:34
일시불/할부      일시불
승인번호        48556494
─────────────────────────────────
      [상품명]              [금액]
       컴퓨터             1,500,000원
- - - - - - - - - - - - - - - - - - - -
              합 계 액     1,500,000원
              받은금액     1,500,000원
─────────────────────────────────
가맹점정보
가맹점명        웅장컴퓨터
사업자등록번호    105-21-32549
가맹점번호       23721275
대표자명        전영기
전화번호        02-351-0000

        이용해주셔서 감사합니다.
  교환/환불은 영수증을 지참하여 일주일 이내 가능합니다.
                            삼성카드
```

[5] 09월 16일 만안상사에 당사가 보유하고 있던 차량운반구(취득원가 10,000,000원, 처분 시까지의 감가상각누계액 2,000,000원)를 9,000,000원에 매각하고 대금은 만안상사 발행 자기앞수표로 받았다. 3점

[6] 09월 30일 기업 운영자금을 확보하기 위하여 10,000,000원을 우리은행으로부터 2년 후에 상환하는 조건으로 차입하고, 차입금은 보통예금 계좌로 이체받았다. 3점

[7] 10월 02일 거래처 포스코상사로부터 상품을 2,000,000원에 외상으로 매입하고, 상품 매입과정 중에 발생한 운반비 200,000원(당사가 부담)은 현금으로 지급하였다. 3점

[8] 10월 29일 신규 채용한 영업부 신입사원들이 사용할 컴퓨터 5대를 주문하고, 견적서 금액의 10%를 계약금으로 보통예금 계좌에서 송금하였다. **3점**

견 적 서

공급자	사업자번호	206-13-30738			견적번호 : 효은-01112 아래와 같이 견적서를 발송 2025년 10월 29일
	상 호	효은상사	대 표 자	김효은 (인)	
	소 재 지	서울시 성동구 행당로 133 (행당동)			
	업 태	도소매	종 목	컴퓨터	
	담 당 자	한슬기	전 화 번 호	1599-7700	

품명	규격	수량(개)	단가(원)	금액(원)	비고
삼성 센스 시리즈	S-7	5	2,000,000	10,000,000	
	이하 여백				
합 계 금 액				10,000,000	

유효기간 : 견적 유효기간은 발행 후 15일	
납 기 : 발주 후 3일	
결제방법 : 현금결제 및 카드결제 가능	
송금계좌 : KB국민은행 / 666-12-90238	
기 타 : 운반비 별도	

05 [일반전표입력] 메뉴에 입력된 내용 중 다음의 오류가 발견되었다. 입력된 내용을 검토하고 수정 또는 삭제, 추가 입력하여 올바르게 정정하시오. **6점**

───────── 〈 입력 시 유의사항 〉 ─────────

• 적요의 입력은 생략한다.
• 부가가치세는 고려하지 않는다.
• 채권·채무와 관련된 거래는 별도의 요구가 없는 한 반드시 기등록된 거래처코드를 선택하는 방법으로 거래처명을 입력한다.
• 회계처리 시 계정과목은 별도의 제시가 없는 한 등록된 계정과목 중 가장 적절한 과목으로 한다.

[1] 10월 05일 자본적지출로 회계처리해야 할 영업점 건물 방화문 설치비 13,000,000원을 수익적지출로 회계처리하였다. **3점**

[2] 10월 13일 사업용 신용카드(삼성카드)로 결제한 복리후생비 400,000원은 영업부의 부서 회식대가 아니라 영업부의 매출거래처 접대목적으로 지출한 것으로 확인되었다. **3점**

06 다음의 결산정리사항을 입력하여 결산을 완료하시오. 12점

┌─────────────────── 〈 입력 시 유의사항 〉 ───────────────────┐
- 적요의 입력은 생략한다.
- 부가가치세는 고려하지 않는다.
- 채권·채무와 관련된 거래는 별도의 요구가 없는 한 반드시 기등록된 거래처코드를 선택하는 방법으로 거래처명을 입력한다.
- 회계처리 시 계정과목은 별도의 제시가 없는 한 등록된 계정과목 중 가장 적절한 과목으로 한다.
└──┘

[1] 기말 결산일 현재까지 기간 경과분에 대한 미수이자가 1,500,000원 발생하였는데 이와 관련하여 어떠한 회계처리도 되어 있지 아니한 상태이다. 3점

[2] 당기에 납부하고 전액 비용으로 처리한 영업부의 보험료 중 선급액 120,000원에 대한 결산 분개를 하시오. 3점

[3] 당기 중에 단기운용목적으로 ㈜기유의 발행주식 1,000주(1주당 액면금액 1,000원)를 1주당 1,500원에 취득하였으며, 기말 현재 공정가치는 1주당 1,600원이다. 단, 취득 후 주식의 처분은 없었다. 3점

[4] 기말 매출채권(외상매출금, 받을어음) 잔액에 대하여만 1%를 보충법에 따라 대손충당금을 설정하시오. 3점

07 다음 사항을 조회하여 알맞은 답안을 이론문제 답안작성 메뉴에 입력하시오. 10점

[1] 3월(3월 1일~3월 31일) 중 외상 매출 건수는 총 몇 건인가? 3점

[2] 6월 말 현재 거래처 자담상사에 대한 선급금 잔액은 얼마인가? 3점

[3] 현금과 관련하여 상반기(1~6월) 중 입금액이 가장 많은 달의 그 입금액과 출금액이 가장 많은 달의 그 출금액과의 차액은 얼마인가? (단, 음수로 입력하지 말 것) 4점

112회 전산회계 2급 기출문제(이론 + 실무)

이론시험

※ 다음 문제를 보고 알맞은 것을 골라 답안수록메뉴의 해당번호에 입력하시오.
(객관식 문항당 2점)

─〈 기본전제 〉─
문제에서 한국채택국제회계기준을 적용하도록 하는 전제조건이 없는 경우, 일반기업회계기준을 적용한다.

01 다음 중 손익계산서에 대한 설명으로 옳지 않은 것은?

① 재무제표의 종류에 속한다.
② 재산법을 이용하여 당기순손익을 산출한다.
③ 일정한 기간의 경영성과를 나타내는 보고서이다.
④ 손익계산서 등식은 '총비용＝총수익＋당기순손실' 또는 '총비용＋당기순이익＝총수익'이다.

02 다음의 자료를 통해 알 수 있는 외상매입금 당기 지급액은 얼마인가?

• 기초 외상매입금 60,000원	• 외상매입금 중 매입환출 30,000원
• 당기 외상매입액 300,000원	• 기말 외상매입금 120,000원

① 150,000원
② 180,000원
③ 210,000원
④ 360,000원

03 다음 중 영업이익에 영향을 미치지 않는 것은?

① 이자비용
② 매출원가
③ 기업업무추진비
④ 세금과공과

04 다음 중 결산 수정분개의 대상 항목 또는 유형으로 적합하지 않은 것은?

① 유형자산의 처분
② 수익과 비용의 이연과 예상
③ 현금과부족 계정 잔액의 정리
④ 매출채권에 대한 대손충당금 설정

05 다음 중 유형자산이 아닌 것은?

① 공장용 토지   ② 영업부서용 차량

③ 상품보관용 창고   ④ 본사 건물 임차보증금

06 다음 중 유동성이 가장 높은 자산을 고르시오.

① 재고자산   ② 당좌자산

③ 유형자산   ④ 기타비유동자산

07 다음 자료를 이용하여 단기매매증권처분손익을 계산하면 얼마인가?

• 매도금액 : 2,000,000원   • 장부금액 : 1,600,000원 • 처분 시 매각 수수료 : 100,000원

① (−)400,000원   ② (−)300,000원

③ 300,000원   ④ 400,000원

08 다음 중 재고자산에 해당하지 않는 것은?

① 원재료

② 판매 목적으로 보유 중인 부동산매매업자의 건물

③ 상품

④ 상품매입 계약을 체결하고 지급한 선급금

09 다음 중 대손충당금 설정 대상에 해당하는 계정과목으로 옳은 것은?

① 받을어음   ② 지급어음

③ 미지급금   ④ 선수금

10 다음 손익계정의 자료를 이용하여 매출총이익을 계산한 것으로 옳은 것은?

손익			
매입	600,000	매출	800,000

① 5,000원   ② 195,000원

③ 200,000원   ④ 795,000원

11 다음 중 일반기업회계기준상 재무제표에 해당하는 것으로만 구성된 것은?

① 재무상태표, 손익계산서   ② 주기, 시산표

③ 손익계산서, 시산표   ④ 재무상태표, 총계정원장

12 다음은 기말 재무상태표상 계정별 잔액이다. 이 회사의 기말자본은 얼마인가?

- 현금 100,000원
- 상품 1,000,000원
- 선수금 300,000원
- 외상매입금 200,000원
- 단기차입금 100,000원

① 300,000원   ② 500,000원

③ 800,000원   ④ 1,100,000원

13 다음 중 감가상각에 대한 설명으로 틀린 것은?

① 자산이 사용가능한 때부터 감가상각을 시작한다.

② 정액법은 내용연수 동안 매년 일정한 상각액을 인식하는 방법이다.

③ 자본적 지출액은 감가상각비를 계산하는 데 있어 고려 대상이 아니다.

④ 정률법으로 감가상각하는 경우 기말 장부가액은 우하향 그래프의 곡선 형태를 나타낸다.

14 다음 중 아래와 같은 결합관계가 나타날 수 있는 회계상 거래를 고르시오.

> (차) 자산의 증가 (대) 수익의 발생

① 판매용 물품 300,000원을 외상으로 매입하였다.
② 전월에 발생한 외상매출금 100,000원을 현금으로 회수하였다.
③ 직원 가불금 300,000원을 보통예금 계좌에서 인출하여 지급하였다.
④ 사의 보통예금에 대한 이자 300,000원이 해당 보통예금 계좌로 입금되었다.

15 다음 중 아래 계정별원장의 (   ) 안에 들어갈 계정과목으로 가장 적합한 것은?

(		)	
당좌예금	300,000원	전기이월	200,000원
현금	150,000원	차량운반구	600,000원
차기이월	350,000원		
	800,000원		800,000원

① 미수금   ② 미지급금
③ 선급금   ④ 외상매출금

✧ 실무시험 ✧

※ 합격물산(코드번호:1124)은 문구 및 잡화를 판매하는 개인기업으로 당기(제14기) 회계기간은
2025.1.1.~2025.12.31.이다. 전산세무회계 수험용 프로그램을 이용하여 다음 물음에 답하시오.

─⟨ 기본전제 ⟩─

• 문제에서 한국채택국제회계기준을 적용하도록 하는 전제조건이 없는 경우, 일반기업회계기준을 적용하
여 회계처리한다.
• 문제의 풀이와 답안작성은 제시된 문제의 순서대로 진행한다.

01 다음은 합격물산의 사업자등록증이다. [회사등록] 메뉴에 입력된 내용을 검토하여 누락분
은 추가입력하고 잘못된 부분은 정정하시오(단, 우편번호 입력은 생략할 것). 6점

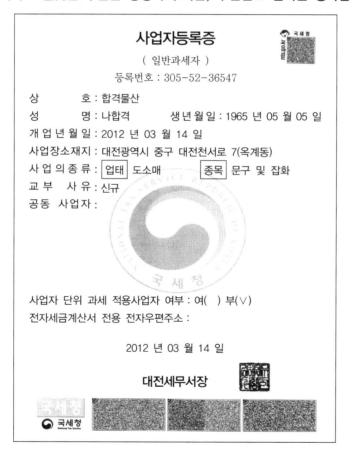

사업자등록증

(일반과세자)

등록번호 : 305-52-36547

상   호 : 합격물산
성   명 : 나합격   생년월일 : 1965 년 05 월 05 일
개 업 년 월 일 : 2012 년 03 월 14 일
사업장소재지 : 대전광역시 중구 대전천서로 7(옥계동)
사 업 의 종 류 : 업태 도소매   종목 문구 및 잡화
교 부   사 유 : 신규
공 동 사 업 자 :

사업자 단위 과세 적용사업자 여부 : 여( ) 부(∨)
전자세금계산서 전용 전자우편주소 :

2012 년 03 월 14 일

대전세무서장

02 다음은 합격물산의 전기분 손익계산서이다. 입력되어 있는 자료를 검토하여 오류 부분은 정정하고 누락된 부분은 추가 입력하시오. 6점

손익계산서

회사명 : 합격물산　　　　　제13기 2024.1.1. ～ 2024.12.31.　　　　　(단위 : 원)

과목	금액	과목	금액
I 매　　출　　액	237,000,000	V 영　업　이　익	47,430,000
상　품　매　출	237,000,000	VI 영　업　외　수　익	670,000
II 매　출　원　가	153,000,000	이　자　수　익	600,000
상 품 매 출 원 가	153,000,000	잡　　이　　익	70,000
기 초 상 품 재 고 액	20,000,000	VII 영　업　외　비　용	17,000,000
당 기 상 품 매 입 액	150,000,000	기　부　금	5,000,000
기 말 상 품 재 고 액	17,000,000	유 형 자 산 처 분 손 실	12,000,000
III 매　출　총　이　익	84,000,000	VIII 소득세차감전순이익	31,100,000
IV 판 매 비 와 관 리 비	36,570,000	IX 소　득　세　등	0
급　　　　　여	20,400,000	X 당　기　순　이　익	31,100,000
복　리　후　생　비	3,900,000		
기 업 업 무 추 진 비	4,020,000		
통　　신　　비	370,000		
감　가　상　각　비	5,500,000		
임　　차　　료	500,000		
차　량　유　지　비	790,000		
소　모　품　비	1,090,000		

03 다음 자료를 이용하여 입력하시오. 6점

[1] 합격물산의 거래처별 초기이월 자료는 다음과 같다. 주어진 자료를 검토하여 잘못된 부분은 오류를 정정하고, 누락된 부분은 추가하여 입력하시오. 3점

계정과목	거래처명	금액
받을어음	아진상사	5,000,000원
외상매입금	대영상사	20,000,000원
예수금	대전세무서	300,000원

[2] 다음 자료를 이용하여 [거래처등록] 메뉴에서 거래처(신용카드)를 추가로 등록하시오(단, 주어진 자료 외의 다른 항목은 입력할 필요 없음). 3점

- 거래처코드 : 99603
- 거래처명 : BC카드
- 유형 : 매입
- 카드번호 : 1234-5678-1001-2348
- 카드종류 : 사업용카드

04 [일반전표입력] 메뉴를 이용하여 다음의 거래 자료를 입력하시오. 24점

─── 〈 입력 시 유의사항 〉 ───
- 적요의 입력은 생략한다.
- 부가가치세는 고려하지 않는다.
- 채권·채무와 관련된 거래는 별도의 요구가 없는 한 반드시 기등록된 거래처코드를 선택하는 방법으로 거래처명을 입력한다.
- 회계처리 시 계정과목은 별도의 제시가 없는 한 등록된 계정과목 중 가장 적절한 과목으로 한다.

[1] 08월 09일 ㈜모닝으로부터 상품 2,000,000원을 구매하는 계약을 하고, 상품 대금의 10%를 계약금으로 지급하는 약정에 따라 계약금 200,000원을 현금으로 지급하였다. 3점

[2] 08월 20일 상품 운반용 중고 화물차를 7,000,000원에 구매하면서 전액 삼성카드로 결제하고, 취득세 300,000원은 보통예금 계좌에서 이체하였다. 3점

[3] 09월 25일 영업사원 김예진의 9월 급여를 보통예금 계좌에서 이체하여 지급하였으며, 급여내역은 다음과 같다(단, 하나의 전표로 처리하되, 공제항목은 구분하지 않고 하나의 계정과목으로 처리할 것). 3점

2025년 9월 급여내역			
이름	김예진	지급일	2025년 9월 25일
기본급여	3,500,000원	소득세	150,000원
직책수당	200,000원	지방소득세	15,000원
상여금		고용보험	33,300원
특별수당		국민연금	166,500원
자가운전보조금		건강보험	131,160원
		장기요양보험료	16,800원
급여계	3,700,000원	공제합계	512,760원
노고에 감사드립니다.		지급총액	3,187,240원

[4] 10월 02일 민족 최대의 명절 추석을 맞이하여 영업부의 거래처와 당사의 영업사원들에게 보낼 선물 세트를 각각 2,000,000원과 1,000,000원에 구입하고 삼성카드로 결제하였다. 3점

카드매출전표	
카드종류	신용/삼성카드
카드번호	1250-4121-2412-1114
거래일자	2025.10.02.10:30:51
일시불/할부	일시불
승인번호	69117675
이용내역	
상품명	추석선물세트
단가	20,000원
수량	150개
결제금액	3,000,000원
가맹점정보	
가맹점명	하나로유통
사업자등록번호	130-52-12349
가맹점번호	163732104
대표자명	김현숙
전화번호	031-400-3240

위의 거래내역을 확인합니다.

Samsung Card

[5] 11월 17일 다음은 ㈜새로운에 상품을 판매하고 발급한 거래명세표이다. 대금 중 12,000,000원은 당좌예금 계좌로 입금되었고, 잔액은 ㈜새로운이 발행한 약속어음으로 받았다. 3점

거래명세표

㈜새로운 귀하				등록번호			
				상 호	합격물산	대 표	나합격
발행일	2025.11.17.	거래번호	001	업 태	도소매업	종 목	문구 및 잡화
				주 소	대전광역시 중구 대전천서로 7(옥계동)		
				전 화	042-677-1234	팩 스	042-677-1235

NO.	품명	규격	수량	단가	금액	비고
1	A상품	5'	100	350,000	35,000,000	

총계			35,000,000	
결제계좌	은행명	계좌번호	예금주	담당자
	농협은행	123-456-789-10	나합격	전화 042-677-1234
				이메일 allpass@nate.com

[6] 12월 01일 사업장 건물의 엘리베이터 설치 공사를 하고 공사대금 15,000,000원은 보통예금 계좌에서 지급하였다(단, 엘리베이터 설치 공사는 건물의 자본적 지출로 처리할 것). **3점**

[7] 12월 27일 세무법인으로부터 세무 컨설팅을 받고 수수료 300,000원을 현금으로 지급하였다. **3점**

[8] 12월 29일 현금 시재를 확인한 결과 실제 잔액이 장부상 잔액보다 30,000원 많은 것을 발견하였으나 그 원인이 파악되지 않았다. **3점**

05 [일반전표입력] 메뉴에 입력된 내용 중 다음의 오류가 발견되었다. 입력된 내용을 검토하고 수정 또는 삭제, 추가 입력하여 올바르게 정정하시오. **6점**

─── 〈 입력 시 유의사항 〉 ───
- 적요의 입력은 생략한다.
- 부가가치세는 고려하지 않는다.
- 채권·채무와 관련된 거래는 별도의 요구가 없는 한 반드시 기등록된 거래처코드를 선택하는 방법으로 거래처명을 입력한다.
- 회계처리 시 계정과목은 별도의 제시가 없는 한 등록된 계정과목 중 가장 적절한 과목으로 한다.

[1] 07월 10일 거래처 하진상사로부터 보통예금 계좌로 입금된 200,000원에 대하여 외상매출금을 회수한 것으로 처리하였으나 당일에 체결한 매출 계약 건에 대한 계약금이 입금된 것이다. **3점**

[2] 11월 25일 세금과공과 200,000원으로 회계처리한 것은 회사 대표의 개인 소유 주택에 대한 재산세 200,000원을 회사 현금으로 납부한 것이다. **3점**

06 다음의 결산정리사항을 입력하여 결산을 완료하시오. **12점**

─── 〈 입력 시 유의사항 〉 ───
- 적요의 입력은 생략한다.
- 부가가치세는 고려하지 않는다.
- 채권·채무와 관련된 거래는 별도의 요구가 없는 한 반드시 기등록된 거래처코드를 선택하는 방법으로 거래처명을 입력한다.
- 회계처리 시 계정과목은 별도의 제시가 없는 한 등록된 계정과목 중 가장 적절한 과목으로 한다.

[1] 상품보관을 위하여 임차한 창고의 월(月)임차료는 500,000원으로 임대차계약 기간은 2025년 12월 1일부터 2026년 11월 30일까지이며, 매월 임차료는 다음 달 10일에 지급하기로 계약하였다. 3점

[2] 당기 말 현재 단기대여금에 대한 당기분 이자 미수액은 300,000원이다. 3점

[3] 결산일 현재 마이너스통장인 보통예금(기업은행) 계좌의 잔액이 (−)800,000원이다. 3점

[4] 보유 중인 비품에 대한 당기분 감가상각비를 계상하다(취득일 2024년 1월 1일, 취득원가 55,000,000원, 잔존가액 0원, 내용연수 10년, 정액법 상각, 상각률 10%). 3점

07 다음 사항을 조회하여 알맞은 답안을 이론문제 답안작성 메뉴에 입력하시오. 10점

[1] 1월부터 5월까지 기간 중 현금의 지출이 가장 많은 달(月)은? 3점

[2] 상반기(1월~6월) 중 현금으로 지급한 급여(판매비및일반관리비)액은 얼마인가? 3점

[3] 6월 1일부터 6월 30일까지 외상매출금을 받을어음으로 회수한 금액은 얼마인가? 4점

113회 전산회계 2급 기출문제(이론 + 실무)

✧ 이론시험 ✧

※ 다음 문제를 보고 알맞은 것을 골라 답안수록메뉴의 해당번호에 입력하시오.
(객관식 문항당 2점)

―――――〈 기본전제 〉―――――

문제에서 한국채택국제회계기준을 적용하도록 하는 전제조건이 없는 경우, 일반기업회계기준을 적용한다.

01 다음의 거래 내용을 보고 결합관계를 적절하게 나타낸 것은?

전화요금 50,000원이 보통예금 계좌에서 자동이체되다.

	차변	대변
①	자산의 증가	자산의 감소
②	부채의 감소	수익의 발생
③	자본의 감소	부채의 증가
④	비용의 발생	자산의 감소

02 다음 중 총계정원장의 잔액이 항상 대변에 나타나는 계정과목은 무엇인가?

① 임대료수입 ② 보통예금
③ 수수료비용 ④ 외상매출금

03 다음 중 기말상품재고액 30,000원을 50,000원으로 잘못 회계처리한 경우 재무제표에 미치는 영향으로 옳은 것은?

① 재고자산이 과소계상된다. ② 매출원가가 과소계상된다.
③ 매출총이익이 과소계상된다. ④ 당기순이익이 과소계상된다.

04 다음 중 유동성배열법에 의하여 나열할 경우 재무상태표상 가장 위쪽(상단)에 표시되는 계정과목은 무엇인가?

① 영업권
② 장기대여금
③ 단기대여금
④ 영업활동에 사용하는 건물

05 다음 중 감가상각을 해야 하는 자산으로만 짝지은 것은 무엇인가?

① 건물, 토지
② 차량운반구, 기계장치
③ 단기매매증권, 구축물
④ 재고자산, 건설중인자산

06 회사의 재산 상태가 다음과 같은 경우 순자산(자본)은 얼마인가?

• 현금 300,000원	• 대여금 100,000원
• 선급금 200,000원	• 재고자산 800,000원
• 매입채무 100,000원	• 사채 300,000원

① 1,000,000원
② 1,100,000원
③ 1,200,000원
④ 1,600,000원

07 다음 중 일정 시점의 재무상태를 나타내는 재무보고서의 계정과목으로만 연결된 것은?

① 선급비용, 급여
② 현금, 선급비용
③ 매출원가, 선수금
④ 매출채권, 이자비용

08 다음 중 현금및현금성자산 계정과목으로 처리할 수 없는 것은?

① 보통예금
② 우편환증서
③ 자기앞수표
④ 우표

09 다음 자료에 의한 매출채권의 기말 대손충당금 잔액은 얼마인가?

> • 기초 매출채권 : 500,000원
> • 당기 매출액 : 2,000,000원 (판매시점에 전액 외상으로 판매함)
> • 당기 중 회수한 매출채권 : 1,500,000원
> • 기말 매출채권 잔액에 대하여 1%의 대손충당금을 설정하기로 한다.

① 0원   ② 5,000원
③ 10,000원   ④ 15,000원

10 다음 자료에서 부채의 합계액은 얼마인가?

> • 직원에게 빌려준 금전 : 150,000원   • 선지급금 : 120,000원
> • 선수금 : 70,000원   • 선급비용 : 50,000원
> • 선수수익 : 30,000원

① 100,000원   ② 120,000원
③ 150,000원   ④ 180,000원

11 다음 자료는 회계의 순환과정의 일부이다. (가), (나), (다)의 순서로 옳은 것은?

> 거래 발생 → (가) → 전기 → 수정 전 시산표 작성 → (나) → 수정 후 시산표 작성 →
> (다) → 결산보고서 작성

	(가)	(나)	(다)
①	분개	각종 장부 마감	결산 정리 분개
②	분개	결산 정리 분개	각종 장부 마감
③	각종 장부 마감	분개	결산 정리 분개
④	결산 정리 분개	각종 장부 마감	분개

12 다음 중 재고자산의 취득원가를 구할 때 차감하는 계정과목이 아닌 것은?

① 매입할인   ② 매입환출
③ 매입에누리   ④ 매입부대비용

13 다음 중 영업외비용에 해당하지 않는 것은?

① 보험료
② 기부금
③ 이자비용
④ 유형자산처분손실

14 다음 재고자산의 단가결정방법 중 선입선출법에 대한 설명으로 적절하지 않은 것은?

① 물가상승 시 이익이 과대계상된다.
② 물량흐름과 원가흐름이 대체로 일치한다.
③ 물가상승 시 기말재고자산이 과소평가된다.
④ 기말재고자산이 현행원가에 가깝게 표시된다.

15 다음과 같이 사업에 사용할 토지를 무상으로 취득한 경우, 토지의 취득가액은 얼마인가?

> • 무상으로 취득한 토지의 공정가치 : 1,000,000원
> • 토지 취득 시 발생한 취득세 : 40,000원

① 0원
② 40,000원
③ 1,000,000원
④ 1,040,000원

✦ 실무시험 ✦

※ 엔시상사(회사코드:1134)는 문구 및 잡화를 판매하는 개인기업으로 당기(제8기) 회계기간은 2025.
1.1.~2025.12.31.이다. 전산세무회계 수험용 프로그램을 이용하여 다음 물음에 답하시오.

─〈 기본전제 〉─

• 문제에서 한국채택국제회계기준을 적용하도록 하는 전제조건이 없는 경우, 일반기업회계기준을 적용하여 회계처리한다.
• 문제의 풀이와 답안작성은 제시된 문제의 순서대로 진행한다.

01 다음은 엔시상사의 사업자등록증이다. [회사등록] 메뉴에 입력된 내용을 검토하여 누락분은 추가입력하고 잘못된 부분은 정정하시오(단, 우편번호 입력은 생략할 것). 6점

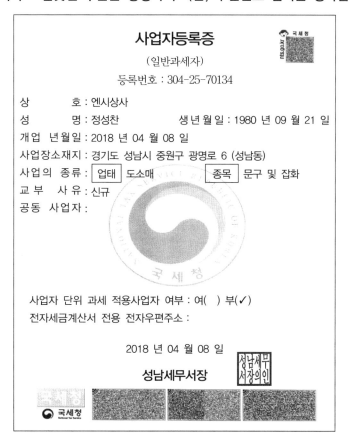

사업자등록증

(일반과세자)

등록번호 : 304-25-70134

상   호 : 엔시상사
성   명 : 정성찬   생년월일 : 1980 년 09 월 21 일
개 업 년 월 일 : 2018 년 04 월 08 일
사업장소재지 : 경기도 성남시 중원구 광명로 6 (성남동)
사업의 종류 : 업태 도소매   종목 문구 및 잡화
교 부 사 유 : 신규
공 동 사 업 자 :

사업자 단위 과세 적용사업자 여부 : 여( ) 부(✓)
전자세금계산서 전용 전자우편주소 :

2018 년 04 월 08 일

성남세무서장

02 다음은 엔시상사의 전기분 손익계산서이다. 입력되어 있는 자료를 검토하여 오류 부분은 정정하고 누락된 부분은 추가 입력하시오. 6점

손익계산서

회사명 : 엔시상사   제7기 2024.1.1.~2024.12.31.   (단위 : 원)

과목	금액	과목	금액
I. 매 출 액	100,000,000	V. 영 업 이 익	10,890,000
상 품 매 출	100,000,000	VI. 영 업 외 수 익	610,000
II. 매 출 원 가	60,210,000	이 자 수 익	610,000
상 품 매 출 원 가	60,210,000	VII. 영 업 외 비 용	2,000,000
기 초 상 품 재 고 액	26,000,000	이 자 비 용	2,000,000
당 기 상 품 매 입 액	38,210,000	VIII. 소득세차감전순이익	9,500,000
기 말 상 품 재 고 액	4,000,000	IX. 소 득 세 등	0
III. 매 출 총 이 익	39,790,000	X. 당 기 순 이 익	9,500,000
IV. 판 매 비 와 관 리 비	28,900,000		
급 여	20,000,000		
복 리 후 생 비	4,900,000		
여 비 교 통 비	1,000,000		
임 차 료	2,300,000		
운 반 비	400,000		
소 모 품 비	300,000		

03 다음 자료를 이용하여 입력하시오. 6점

[1] 다음 자료를 이용하여 [계정과목 및 적요 등록] 메뉴에서 재고자산 항목의 상품 계정에 적요를 추가로 등록하시오. 3점

현금적요 3. 수출용 상품 매입

[2] 외상매입금과 지급어음에 대한 거래처별 초기이월 자료는 다음과 같다. 주어진 자료를 검토하여 누락된 부분을 수정 및 추가 입력하시오. 3점

계정과목	거래처	잔액
외상매입금	엘리상사	3,000,000원
	동오상사	10,000,000원
지급어음	디오상사	3,500,000원
	망도상사	3,000,000원

04 [일반전표입력] 메뉴를 이용하여 다음의 거래 자료를 입력하시오. 24점

PART 03

─────── 〈 입력 시 유의사항 〉 ───────

- 적요의 입력은 생략한다.
- 부가가치세는 고려하지 않는다.
- 채권·채무와 관련된 거래는 별도의 요구가 없는 한 반드시 기등록된 거래처코드를 선택하는 방법으로 거래처명을 입력한다.
- 회계처리 시 계정과목은 별도의 제시가 없는 한 등록된 계정과목 중 가장 적절한 과목으로 한다.

[1] 08월 10일 매출거래처 수민상회에 대한 외상매출금을 현금으로 회수하고, 아래의 입금표를 발행하여 교부하였다. 3점

입 금 표
(공급자 보관용)

작성일 : 2025년 08월 10일   지급일 : 2025년 08월 10일

공급자 (수령인)	상호	엔시상사	대표자명	정성찬
	사업자등록번호		304-25-70134	
	사업장소재지		경기도 성남시 중원구 광명로 6	

공급받는자 (지급인)	상호	수민상회	대표자명	이수민
	사업자등록번호	307-02-67153		
	사업장소재지	대구광역시 북구 칠성시장로7길 17-18		

금액	십	억	천	백	십	만	천	백	십	일
				2	4	0	0	0	0	0

(내용) 외상매출금 현금 입금

위 금액을 정히 영수합니다.

[2] 08월 25일 거래처 대표로부터 아래와 같은 모바일 청첩장을 받고, 축의금 200,000원을 현금으로 지급하였다. 3점

[3] 09월 02일 영업부 직원의 고용보험료 220,000원을 보통예금 계좌에서 납부하였다. 납부한 금액 중 100,000원은 직원부담분이고, 나머지는 회사부담분으로 직원부담분은 직원의 8월 귀속 급여에서 공제한 상태이다(단, 하나의 전표로 처리하고 회사부담분은 복리후생비 계정으로 처리할 것). 3점

[4] 09월 20일 유형자산인 토지에 대한 재산세 500,000원을 현금으로 납부하였다. 3점

납세자보관용	2025년 09월(토지분)	재산세 도시지역분 지방교육세	고지서

전 자 납 부 번 호
11500-1-12452-124234

구 분	납기 내 금액	납기 후 금액
합 계	500,000	515,000
납부기한	2025.09.30.까지	2025.10.31.까지

납 세 자 엔시상사
주 소 지 경기도 성남시 중원구 광명로 6
과세대상 경기도 성남시 중원구 성남동 1357

※이 영수증은 과세증명서로 사용 가능

위의 금액을 납부하시기 바랍니다.
2025년 9월 10일

[5] 09월 25일 상품 매입대금으로 가은상사에 발행하여 지급한 약속어음 3,500,000원의 만기가 도래하여 보통예금 계좌에서 이체하여 상환하다. 3점

[6] 10월 05일 다음과 같이 상품을 판매하고 대금 중 4,000,000원은 자기앞수표로 받고 잔액은 외상으로 하였다. 3점

	5권		10호		**거래명세표**(보관용)				
	2025 년 10 월 5 일								
	한능협 귀하			공급자	사업자등록번호	304-25-70134			
					상호	엔시상사	**성명**	정성찬 ㉑	
					사업장소재지	경기도 성남시 중원구 광명로 6			
아래와 같이 계산합니다.					업태	도소매	**종목**	문구및잡화	
합계금액					일천만 원정 (₩		10,000,000	)	
월 일	품 목		규 격	수 량	단 가		공 급 대 가		
10월 5일	만년필			4	2,500,000원		10,000,000원		
계							10,000,000원		
전잔금	없음				합 계		10,000,000원		
입 금	4,000,000원	잔 금			6,000,000원	인수자	강아영	㉑	
비 고									

[7] 10월 20일 영업부 사무실의 10월분 수도요금 30,000원과 소모품비 100,000원을 삼성카드로 결제하였다. **3점**

[8] 11월 10일 정기예금 이자 100,000원이 발생하여 원천징수세액을 차감한 금액이 보통예금으로 입금되었으며, 다음과 같이 원천징수영수증을 받았다(단, 원천징수세액은 선납세금 계정을 이용하고 하나의 전표로 입력할 것). **3점**

<table>
<tr><td>※관리번호</td><td colspan="6">이자소득 원천징수영수증</td><td>∨소득자 보관용
□발행자 보관용
□발행자 보고용</td></tr>
<tr><td>징수의무자</td><td>법인명(상호)</td><td colspan="6">농협은행</td></tr>
<tr><td rowspan="2">소 득 자</td><td colspan="3">성명(상호)</td><td colspan="2">사업자등록번호</td><td colspan="2">계좌번호</td></tr>
<tr><td colspan="3">정성찬(엔시상사)</td><td colspan="2">304-25-70134</td><td colspan="2">904-480-511166</td></tr>
<tr><td>주소</td><td colspan="7">경기도 성남시 중원구 광명로 6</td></tr>
<tr><td rowspan="2">지급일</td><td rowspan="2">이자율</td><td rowspan="2">지급액
(소득금액)</td><td rowspan="2">세율</td><td colspan="3">원천징수세액</td></tr>
<tr><td>소득세</td><td>지방소득세</td><td>계</td></tr>
<tr><td>2025/11/10</td><td>1%</td><td>100,000원</td><td>14%</td><td>14,000원</td><td>1,400원</td><td>15,400원</td></tr>
</table>

위의 원천징수세액(수입금액)을 정히 영수(지급)합니다.
2025년 11월 10일
징수(보고)의무자 농협은행

05 [일반전표입력] 메뉴에 입력된 내용 중 다음의 오류가 발견되었다. 입력된 내용을 검토하고 수정 또는 삭제, 추가 입력하여 올바르게 정정하시오. **6점**

〈 입력 시 유의사항 〉
- 적요의 입력은 생략한다.
- 부가가치세는 고려하지 않는다.
- 채권·채무와 관련된 거래는 별도의 요구가 없는 한 반드시 기등록된 거래처코드를 선택하는 방법으로 거래처명을 입력한다.
- 회계처리 시 계정과목은 별도의 제시가 없는 한 등록된 계정과목 중 가장 적절한 과목으로 한다.

[1] 08월 06일 보통예금 계좌에서 이체한 6,000,000원은 사업용카드 중 신한카드의 미지급금을 결제한 것으로 회계처리하였으나 하나카드의 미지급금을 결제한 것으로 확인되었다. **3점**

[2] 10월 25일 구매부 직원의 10월분 급여 지급액에 대한 회계처리 시 공제 항목에 대한 회계처리를 하지 않고 급여액 총액을 보통예금 계좌에서 이체하여 지급한 것으로 잘못 회계처리하였다(단, 하나의 전표로 처리하되, 공제 항목은 항목별로 구분하지 않는다). 3점

2025년 10월분 급여명세서			
사 원 명 : 박민정		부 서 : 구매부	
입 사 일 : 2020.10.25.		직 급 : 대리	
지 급 내 역	지 급 액	공 제 내 역	공 제 액
기 본 급 여	4,200,000원	국 민 연 금	189,000원
직 책 수 당	0원	건 강 보 험	146,790원
상 여 금	0원	고 용 보 험	37,800원
특 별 수 당	0원	소 득 세	237,660원
자 가 운 전 보 조 금	0원	지 방 소 득 세	23,760원
교 육 지 원 수 당	0원	기 타 공 제	0원
지 급 액 계	4,200,000원	공 제 액 계	635,010원
귀하의 노고에 감사드립니다.		차 인 지 급 액	3,564,990원

06 다음의 결산정리사항을 입력하여 결산을 완료하시오. 12점

─── 〈 입력 시 유의사항 〉 ───
• 적요의 입력은 생략한다.
• 부가가치세는 고려하지 않는다.
• 채권·채무와 관련된 거래는 별도의 요구가 없는 한 반드시 기등록된 거래처코드를 선택하는 방법으로 거래처명을 입력한다.
• 회계처리 시 계정과목은 별도의 제시가 없는 한 등록된 계정과목 중 가장 적절한 과목으로 한다.

[1] 4월 1일에 영업부 사무실의 12개월분 임차료(임차기간 : 2025.4.1.~2026.3.31.) 24,000,000원을 보통예금 계좌에서 이체하여 지급하고 전액 자산계정인 선급비용으로 회계처리하였다. 기말수정분개를 하시오(단, 월할 계산할 것). 3점

[2] 기말 외상매출금 중 미국 BRIZ사의 외상매출금 20,000,000원(미화 $20,000)이 포함되어 있다. 결산일 현재 기준환율은 1$당 1,100원이다. 3점

[3] 기말 현재 현금과부족 중 15,000원은 판매 관련 등록면허세를 현금으로 납부한 것으로 밝혀졌다. 3점

[4] 결산을 위하여 창고의 재고자산을 실사한 결과, 기말상품재고액은 4,500,000원이다. 3점

07 다음 사항을 조회하여 알맞은 답안을 이론문제 답안작성 메뉴에 입력하시오. 10점

[1] 상반기(1월~6월) 중 어룡상사에 대한 외상매입금 지급액은 얼마인가? 3점

[2] 상반기(1월~6월) 동안 지출한 복리후생비(판) 금액은 모두 얼마인가? 3점

[3] 6월 말 현재 유동자산과 유동부채의 차액은 얼마인가? 4점

PART
03

114회 전산회계 2급 기출문제(이론 + 실무)

÷ 이론시험 ÷

※ 다음 문제를 보고 알맞은 것을 골라 답안수록메뉴의 해당번호에 입력하시오.
(객관식 문항당 2점)

〈 기본전제 〉

문제에서 한국채택국제회계기준을 적용하도록 하는 전제조건이 없는 경우, 일반기업회계기준을 적용한다.

01 다음은 계정의 기록 방법에 대한 설명이다. 아래의 (가)와 (나)에 각각 들어갈 내용으로 옳게 짝지어진 것은?

- 부채의 감소는 (가)에 기록한다.
- 수익의 증가는 (나)에 기록한다.

	(가)	(나)
①	대변	대변
②	차변	차변
③	차변	대변
④	대변	차변

02 다음은 한국상점(회계기간 : 매년 1월 1일~12월 31일)의 현금 관련 자료이다. 아래의 (가)에 들어갈 계정과목으로 옳은 것은?

- 01월 30일 – 장부상 현금 잔액 400,000원
  – 실제 현금 잔액 500,000원
- 12월 31일 – 결산 시까지 현금과부족 계정 잔액의 원인이 밝혀지지 않음.

현금과부족

7/1	이자수익	70,000원	1/30	현금	100,000원
	(가)	30,000원			
		100,000원			100,000원

① 잡손실
② 잡이익
③ 현금과부족
④ 현금

03 다음 중 거래의 결과로 인식할 비용의 분류가 나머지와 다른 것은?

① 영업부 사원의 당월분 급여 2,000,000원을 현금으로 지급하다.
② 화재로 인하여 창고에 보관하던 상품 500,000원이 소실되다.
③ 영업부 사무실 건물에 대한 월세 200,000원을 현금으로 지급하다.
④ 업원의 단합을 위해 체육대회행사비 50,000원을 현금으로 지급하다.

04 다음의 자료를 이용하여 계산한 당기 중 외상으로 매출한 금액(에누리하기 전의 금액)은 얼마인가?

• 외상매출금 기초잔액 : 400,000원
• 외상매출금 중 에누리액 : 100,000원
• 외상매출금 당기 회수액 : 600,000원
• 외상매출금 기말잔액 : 300,000원

① 300,000원 ② 400,000원 ③ 500,000원 ④ 600,000원

05 다음 중 아래의 자료에서 설명하는 특징을 가진 재고자산의 단가 결정방법으로 옳은 것은?

• 실제 재고자산의 물량 흐름과 괴리가 발생하는 경우가 많다.
• 일반적으로 기말재고액이 과소 계상되는 특징이 있다.

① 개별법 ② 가중평균법 ③ 선입선출법 ④ 후입선출법

06 다음은 한국제조가 당기 중 처분한 기계장치 관련 자료이다. 기계장치의 취득가액은 얼마인가?

• 유형자산처분이익 : 7,000,000원
• 처분가액 : 12,000,000원
• 감가상각누계액 : 5,000,000원

① 7,000,000원 ② 8,000,000원 ③ 9,000,000원 ④ 10,000,000원

07 다음의 자료를 참고하여 기말자본을 구하시오.

• 당기총수익 2,000,000원
• 당기총비용 1,500,000원
• 기초자산 1,700,000원
• 기초자본 1,300,000원

① 1,200,000원 ② 1,500,000원 ③ 1,800,000원 ④ 2,000,000원

08 다음 중 손익의 이연을 처리하기 위해 사용하는 계정과목을 모두 고른 것은?

가. 선급비용	나. 선수수익
다. 대손충당금	라. 잡손실

① 가, 나　　　　　　　　　　② 가, 다

③ 나, 다　　　　　　　　　　④ 다, 라

09 다음 중 재고자산의 종류에 해당하지 않는 것은?

① 상품　　　　　　　　　　② 재공품

③ 반제품　　　　　　　　　④ 비품

10 다음 중 아래의 (가)와 (나)에 각각 들어갈 부채 항목의 계정과목으로 옳게 짝지어진 것은?

- 현금 등 대가를 미리 받았으나 수익이 실현되는 시점이 차기 이후에 속하는 경우 (가)(으)로 처리한다.
- 일반적인 상거래 외의 거래와 관련하여 발생한 현금 수령액 중 임시로 보관하였다가 곧 제3자에게 다시 지급해야 하는 경우 (나)(으)로 처리한다.

	(가)	(나)
①	선급금	예수금
②	선수수익	예수금
③	선수수익	미수수익
④	선급금	미수수익

11 다음 중 회계상 거래에 해당하는 것은?

① 직원 1명을 신규 채용하고 근로계약서를 작성했다.

② 매장 임차료를 종전 대비 5% 인상하기로 임대인과 구두 협의했다.

③ 제품 100개를 주문한 고객으로부터 제품 50개 추가 주문을 받았다.

④ 사업자금으로 차입한 대출금에 대한 1개월분 대출이자가 발생하였다.

12 다음 중 아래의 회계처리에 대한 설명으로 가장 적절한 것은?

(차) 현금 10,000원	(대) 외상매출금 10,000원

① 상품을 판매하고 현금 10,000원을 수령하였다.
② 지난달에 판매한 상품이 환불되어 현금 10,000원을 환불하였다.
③ 지난달에 판매한 상품에 대한 대금 10,000원을 수령하였다.
④ 상품을 판매하고 대금 10,000원을 다음달에 받기로 하였다.

13 다음 중 일반기업회계기준에서 규정하고 있는 재무제표의 종류로 올바르지 않은 것은?

① 시산표
② 손익계산서
③ 자본변동표
④ 현금흐름표

14 ㈜서울은 직접 판매와 수탁자를 통한 위탁판매도 하고 있다. 기말 현재 재고자산의 현황이 아래와 같을 때, 기말 재고자산 가액은 얼마인가?

- ㈜서울의 창고에 보관 중인 재고자산 가액 : 500,000원
- 수탁자에게 위탁판매를 요청하여 수탁자 창고에 보관 중인 재고자산 가액 : 100,000원
- 수탁자의 당기 위탁판매 실적에 따라 ㈜서울에 청구한 위탁판매수수료 : 30,000원

① 400,000원
② 470,000원
③ 570,000원
④ 600,000원

15 다음 자료를 이용하여 당기 매출총이익을 구하시오.

- 기초 재고자산 : 200,000원
- 재고자산 당기 매입액 : 1,000,000원
- 기말 재고자산 : 300,000원
- 당기 매출액 : 2,000,000원
- 판매 사원에 대한 당기 급여 총지급액 : 400,000원

① 600,000원
② 700,000원
③ 1,000,000원
④ 1,100,000원

✧ 실무시험 ✧

※ 두일상사(회사코드:1144)는 사무용가구를 판매하는 개인기업으로 당기(제12기) 회계기간은 2025.
1.1.~2025.12.31.이다. 전산세무회계 수험용 프로그램을 이용하여 다음 물음에 답하시오

─〈 기본전제 〉─

• 문제에서 한국채택국제회계기준을 적용하도록 하는 전제조건이 없는 경우, 일반기업회계기준을 적용하여 회계처리한다.
• 문제의 풀이와 답안작성은 제시된 문제의 순서대로 진행한다.

01 다음은 두일상사의 사업자등록증이다. [회사등록] 메뉴에 입력된 내용을 검토하여 누락분은 추가입력하고 잘못된 부분은 정정하시오(단, 우편번호 입력은 생략할 것). 6점

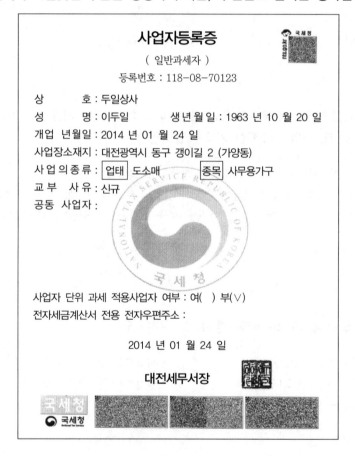

사업자등록증

(일반과세자)

등록번호 : 118-08-70123

상   호 : 두일상사
성   명 : 이두일   생 년 월 일 : 1963 년 10 월 20 일
개업 년월일 : 2014 년 01 월 24 일
사업장소재지 : 대전광역시 동구 갱이길 2 (가양동)
사 업 의 종 류 : 업태 도소매   종목 사무용가구
교 부   사 유 : 신규
공 동 사 업 자 :

사업자 단위 과세 적용사업자 여부 : 여( ) 부(∨)
전자세금계산서 전용 전자우편주소 :

2014 년 01 월 24 일

대전세무서장

02 다음은 두일상사의 전기분 재무상태표이다. 입력되어 있는 자료를 검토하여 오류 부분은 정정하고 누락된 부분은 추가 입력하시오. **6점**

재무상태표

회사명 : 두일상사   제11기 2024.12.31. 현재   (단위 : 원)

과목	금액		과목	금액
현　　　　　금		60,000,000	외 상 매 입 금	55,400,000
당 좌 예 금		45,000,000	지 급 어 음	90,000,000
보 통 예 금		53,000,000	미 지 급 금	78,500,000
외 상 매 출 금	90,000,000		단 기 차 입 금	45,000,000
대 손 충 당 금	900,000	89,100,000	장 기 차 입 금	116,350,000
받 을 어 음	65,000,000		자 본 금	156,950,000
대 손 충 당 금	650,000	64,350,000	(당 기 순 이 익 :	
단 기 대 여 금		50,000,000	46,600,000)	
상　　　　　품		3,000,000		
소 모 품		500,000		
토　　　　　지		100,000,000		
차 량 운 반 구	64,500,000			
감 가 상 각 누 계 액	10,750,000	53,750,000		
비　　　　　품	29,500,000			
감 가 상 각 누 계 액	6,000,000	23,500,000		
자 산 총 계		542,200,000	부 채 와 자 본 총 계	542,200,000

03 다음 자료를 이용하여 입력하시오. **6점**

[1] 다음의 자료를 이용하여 기초정보관리의 [거래처등록] 메뉴를 거래처(금융기관)를 추가로 등록하시오(단, 주어진 자료 외의 다른 항목은 입력할 필요 없음). **3점**

- 코드 : 98100
- 유형 : 정기적금
- 계좌개설은행 : 케이뱅크
- 거래처명 : 케이뱅크 적금
- 계좌번호 : 1234-5678-1234
- 계좌개설일 : 2025년 7월 1일

[2] 외상매출금과 단기차입금의 거래처별 초기이월 채권과 채무의 잔액은 다음과 같다. 입력된 자료를 검토하여 잘못된 부분은 수정 또는 삭제, 추가 입력하여 주어진 자료에 맞게 정정하시오. 3점

계정과목	거래처	잔액	계
외상매출금	태양마트	34,000,000원	90,000,000원
	㈜애옹전자	56,000,000원	
단기차입금	은산상사	20,000,000원	45,000,000원
	세연상사	22,000,000원	
	일류상사	3,000,000원	

04 [일반전표입력] 메뉴를 이용하여 다음의 거래 자료를 입력하시오. 24점

──────── 〈 입력 시 유의사항 〉 ────────

- 적요의 입력은 생략한다.
- 부가가치세는 고려하지 않는다.
- 채권·채무와 관련된 거래는 별도의 요구가 없는 한 반드시 기등록된 거래처코드를 선택하는 방법으로 거래처명을 입력한다.
- 회계처리 시 계정과목은 별도의 제시가 없는 한 등록된 계정과목 중 가장 적절한 과목으로 한다.

[1] 07월 03일 거래처 대전상사로부터 차입한 단기차입금 8,000,000원의 상환기일이 도래하여 당좌수표를 발행하여 상환하다. 3점

[2] 07월 10일 관리부 직원들이 시내 출장용으로 사용하는 교통카드를 충전하고, 대금은 현금으로 지급하였다. 3점

```
            [교통카드 충전영수증]

  역  사  명 : 평촌역
  장 비 번 호 : 163
  카 드 번 호 : 5089-3466-5253-6694
  결 제 방 식 : 현금
  충 전 일 시 : 2025.07.10.
  ------------------------------------------
  충전전잔액 :                      500원
  충 전 금 액 :                   50,000원
  충전후잔액 :                    50,500원
  ------------------------------------------
  대 표 자 명   이춘덕
  사업자번호   108-12-16395
  주      소   서울특별시 서초구 반포대로 21
```

[3] 08월 05일 능곡가구의 파산으로 인하여 외상매출금 5,000,000원이 회수할 수 없는 것으로 판명되어 대손처리하기로 하였다. 단, 8월 5일 현재 대손충당금 잔액은 900,000원이다. **3점**

[4] 08월 13일 사업용 부지로 사용하기 위한 토지를 매입하면서 발생한 부동산중개수수료를 현금으로 지급하고 아래의 현금영수증을 발급받았다. **3점**

PART
03

유성부동산

305-42-23567	김유성
대전광역시 유성구 노은동로 104	TEL : 1577-0000

현금영수증(지출증빙용)

구매 2025/08/13		거래번호 : 12341234-123	
상품명	수량	단가	금액
중개수수료		1,000,000원	1,000,000원
공 급 대 가			1,000,000원
합 계			1,000,000원
받 은 금 액			1,000,000원

[5] 09월 25일 임대인에게 800,000원(영업부 사무실 임차료 750,000원 및 건물관리비 50,000원)을 보통예금 계좌에서 이체하여 지급하였다(단, 하나의 전표로 입력할 것). **3점**

[6] 10월 24일 정풍상사에 판매하기 위한 상품의 상차작업을 위해 일용직 근로자를 고용하고 일당 100,000원을 현금으로 지급하였다. **3점**

[7] 11월 15일 아린상사에서 상품을 45,000,000원에 매입하기로 계약하고, 계약금은 당좌수표를 발행하여 지급하였다. 계약금은 매입 금액의 10%이다. **3점**

[8] 11월 23일 영업부에서 사용할 차량을 구입하고, 대금은 국민카드(신용카드)로 결제하였다. 3점

신용카드매출전표
2025.11.23. 17:20:11
_____
20,000,000원
정상승인 | 일시불

결제정보
카드   국민카드(7890-4321-1000-2949)
거래유형   신용승인
승인번호   75611061
이용구분   일시불
은행확인   KB국민은행

가맹점 정보
가맹점명   오지자동차
사업자등록번호   203-71-61019
대표자명   박미래

본 매출표는 신용카드 이용에 따른 증빙용으로 국민카드사에서 발급한 것임을 확인합니다.

05 [일반전표입력] 메뉴에 입력된 내용 중 다음의 오류가 발견되었다. 입력된 내용을 검토하고 수정 또는 삭제, 추가 입력하여 올바르게 정정하시오. 6점

──────── 〈 입력 시 유의사항 〉 ────────
- 적요의 입력은 생략한다.
- 부가가치세는 고려하지 않는다.
- 채권·채무와 관련된 거래는 별도의 요구가 없는 한 반드시 기등록된 거래처코드를 선택하는 방법으로 거래처명을 입력한다.
- 회계처리 시 계정과목은 별도의 제시가 없는 한 등록된 계정과목 중 가장 적절한 과목으로 한다.

[1] 08월 06일 보통예금 계좌에서 출금된 1,000,000원은 임차료(판)가 아닌 경의상사에 지급한 임차보증금으로 확인되었다. 3점

[2] 09월 30일 사업용 토지에 부과된 재산세 300,000원을 보통예금 계좌에서 이체하여 납부하고, 이를 토지의 취득가액으로 회계처리한 것으로 확인되었다. 3점

06 다음의 결산정리사항을 입력하여 결산을 완료하시오. `12점`

> ── 〈 입력 시 유의사항 〉 ──
> • 적요의 입력은 생략한다.
> • 부가가치세는 고려하지 않는다.
> • 채권·채무와 관련된 거래는 별도의 요구가 없는 한 반드시 기등록된 거래처코드를 선택하는 방법으로 거래처명을 입력한다.
> • 회계처리 시 계정과목은 별도의 제시가 없는 한 등록된 계정과목 중 가장 적절한 과목으로 한다.

[1] 포스상사로부터 차입한 단기차입금에 대한 기간경과분 당기 발생 이자는 360,000원이다. 필요한 회계처리를 하시오. `3점`

[2] 기말 현재 가지급금 잔액 500,000원은 ㈜디자인가구의 외상매입금 지급액으로 판명되었다. `3점`

[3] 영업부의 당기 소모품 내역이 다음과 같다. 결산일에 필요한 회계처리를 하시오(단, 소모품 구입 시 전액 자산으로 처리하였다). `3점`

소모품 기초잔액	소모품 당기구입액	소모품 기말잔액
500,000원	200,000원	300,000원

[4] 매출채권(외상매출금 및 받을어음) 잔액에 대하여만 2%의 대손충당금을 보충법으로 설정하시오(단, 기타 채권에 대하여는 대손충당금을 설정하지 않는다). `3점`

07 다음 사항을 조회하여 알맞은 답안을 이론문제 답안작성 메뉴에 입력하시오. `10점`

[1] 4월 말 현재 지급어음 잔액은 얼마인가? `3점`

[2] 5월 1일부터 5월 31일까지 기간의 외상매출금 회수액은 모두 얼마인가? `3점`

[3] 상반기(1월~6월) 중 복리후생비(판)의 지출이 가장 적은 월(月)과 그 월(月)의 복리후생비(판) 금액은 얼마인가? `4점`

115회 전산회계 2급 기출문제(이론 + 실무)

※ 다음 문제를 보고 알맞은 것을 골라 답안수록메뉴의 해당번호에 입력하시오.
(객관식 문항당 2점)

〈 기본전제 〉

문제에서 한국채택국제회계기준을 적용하도록 하는 전제조건이 없는 경우, 일반기업회계기준을 적용한다.

01 다음 자료에 의하여 기말결산 시 재무상태표상에 현금 및 현금성자산으로 표시될 장부금액은 얼마인가?

- 서울은행에서 발행한 자기앞수표 30,000원
- 당좌개설보증금 50,000원
- 취득 당시 만기가 3개월 이내에 도래하는 금융상품 70,000원

① 50,000원　　　　　　　　　② 80,000원
③ 100,000원　　　　　　　　　④ 120,000원

02 다음 자료는 회계의 순환과정의 일부이다. (가), (나), (다)에 들어갈 순환과정의 순서로 옳은 것은?

거래 발생 → (가) → 전기 → 수정 전 시산표 작성 → (나) → 수정 후 시산표 작성 → (다) → 결산보고서 작성

	(가)	(나)	(다)
①	분개	각종 장부 마감	결산 정리 분개
②	분개	결산 정리 분개	각종 장부 마감
③	각종 장부 마감	분개	결산 정리 분개
④	결산 정리 분개	각종 장부 마감	분개

03 다음은 개인기업인 서울상점의 손익 계정이다. 이를 통해 알 수 있는 내용이 아닌 것은?

	손익		
12/31 상 품 매 출 원 가	120,000원	12/31 상 품 매 출	260,000원
급 여	40,000원	이 자 수 익	10,000원
보 험 료	30,000원		
자 본 금	80,000원		
	270,000원		270,000원

① 당기분 보험료는 30,000원이다.
② 당기분 이자수익은 10,000원이다.
③ 당기의 매출총이익은 140,000원이다.
④ 당기의 기말 자본금은 80,000원이다.

04 다음 중 재무상태표의 계정과목으로만 짝지어진 것은?

① 미지급금, 미지급비용
② 외상매출금, 상품매출
③ 감가상각누계액, 감가상각비
④ 대손충당금, 대손상각비

05 다음 중 결산 시 차기이월로 계정을 마감하는 계정과목에 해당하는 것은?

① 이자수익
② 임차료
③ 통신비
④ 미수금

06 다음 중 일반적으로 유형자산의 취득원가에 포함시킬 수 없는 것은?

① 설치비
② 취득세
③ 취득 시 발생한 운송비
④ 보유 중에 발생한 수선유지비

07 다음 중 판매비와관리비에 해당하는 것을 모두 고른 것은?

가. 이자비용	나. 유형자산처분손실
다. 복리후생비	라. 소모품비

① 가, 나
② 가, 다
③ 나, 다
④ 다, 라

08 다음 중 계정의 잔액 표시가 올바른 것은?

① 선수금
    2,000,000원 |

② 선급금
    2,000,000원 |

③ 미수금
    | 2,000,000원

④ 미지급금
    2,000,000원 |

09 다음 중 일반기업회계기준상 재고자산의 평가 방법으로 인정되지 않는 것은?

① 개별법   ② 선입선출법
③ 가중평균법   ④ 연수합계법

10 상품 매출에 대한 계약을 하고 계약금 100,000원을 받아 아래와 같이 회계처리할 때, 다음 빈칸에 들어갈 계정과목으로 가장 옳은 것은?

(차) 현금	100,000원	(대) ( )	100,000원

① 선수금   ② 선급금
③ 상품매출   ④ 외상매출금

11 다음은 재무제표의 종류에 대한 설명이다. 아래의 보기 중 (가), (나)에서 각각 설명하는 재무제표의 종류로 모두 옳은 것은?

- (가) : 일정 시점 현재 기업이 보유하고 있는 자산, 부채, 자본에 대한 정보를 제공하는 재무보고서
- (나) : 일정 기간 동안 기업의 경영성과에 대한 정보를 제공하는 재무보고서

	(가)	(나)
①	재무상태표	손익계산서
②	잔액시산표	손익계산서
③	재무상태표	현금흐름표
④	잔액시산표	현금흐름표

12 다음 중 원칙적으로 감가상각을 하지 않는 유형자산은?

① 기계장치   ② 차량운반구
③ 건설중인자산   ④ 건물

13 다음 자료를 이용하여 상품의 당기 순매입액을 계산하면 얼마인가?

> • 당기에 상품 50,000원을 외상으로 매입하였다.
> • 매입할인을 8,000원 받았다.

① 42,000원   ② 47,000원
③ 50,000원   ④ 52,000원

14 다음의 자료를 이용하여 기말자본을 계산하면 얼마인가?

> • 기초자본 300,000원   • 당기순이익 160,000원   • 기말자본 (?)원

① 140,000원   ② 230,000원
③ 300,000원   ④ 460,000원

15 다음 중 수익과 비용에 대한 설명으로 옳지 않은 것은?

① 급여는 영업비용에 해당한다.
② 소득세는 영업외비용에 해당한다.
③ 유형자산의 감가상각비는 영업비용에 해당한다.
④ 이자수익은 영업외수익에 해당한다.

✦ 실무시험 ✦

※ 슈리상사(회사코드:1154)는 신발을 판매하는 개인기업으로서 당기(제15기)의 회계기간은 2025. 1.1.~2025.12.31.이다. 전산세무회계 수험용 프로그램을 이용하여 다음 물음에 답하시오.

─────〈 기본전제 〉─────

• 문제에서 한국채택국제회계기준을 적용하도록 하는 전제조건이 없는 경우, 일반기업회계기준을 적용하여 회계처리한다.
• 문제의 풀이와 답안작성은 제시된 문제의 순서대로 진행한다.

01 다음은 슈리상사의 사업자등록증이다. [회사등록] 메뉴에 입력된 내용을 검토하여 누락분은 추가입력하고 잘못된 부분은 정정하시오(단, 우편번호 입력은 생략할 것). 6점

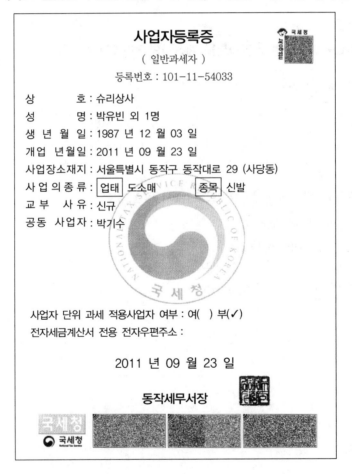

사업자등록증

(일반과세자)

등록번호 : 101-11-54033

상   호 : 슈리상사
성   명 : 박유빈 외 1명
생 년 월 일 : 1987 년 12 월 03 일
개업 년월일 : 2011 년 09 월 23 일
사업장소재지 : 서울특별시 동작구 동작대로 29 (사당동)
사 업 의 종 류 : 업태 도소매   종목 신발
교 부 사 유 : 신규
공 동 사업자 : 박기수

사업자 단위 과세 적용사업자 여부 : 여( ) 부(✓)

전자세금계산서 전용 전자우편주소 :

2011 년 09 월 23 일

동작세무서장

02 다음은 슈리상사의 전기분 손익계산서이다. 입력되어 있는 자료를 검토하여 오류 부분은 정정하고 누락된 부분은 추가 입력하시오. **6점**

손익계산서

회사명 : 슈리상사　　　　　　제14기 2024.1.1.~2024.12.31.　　　　　　(단위 : 원)

과목	금액	과목	금액
매　　　　출　　　　액	350,000,000	**영　업　이　익**	94,500,000
상　품　매　출	350,000,000	**영　업　외　수　익**	2,300,000
매　　출　　원　　가	150,000,000	이　자　수　익	700,000
상　품　매　출　원　가	150,000,000	잡　　이　　익	1,600,000
기　초　상　품　재　고　액	10,000,000	**영　업　외　비　용**	6,800,000
당　기　상　품　매　입　액	190,000,000	이　자　비　용	6,500,000
기　말　상　품　재　고　액	50,000,000	잡　손　실	300,000
매　　출　　총　　이　　익	200,000,000	**소 득 세 차 감 전 순 이 익**	90,000,000
판　매　비　와　관　리　비	105,500,000	**소　득　세　등**	0
급　　여	80,000,000	**당　기　순　이　익**	90,000,000
복　리　후　생　비	6,300,000		
여　비　교　통　비	2,400,000		
임　차　료	12,000,000		
수　선　비	1,200,000		
수　수　료　비　용	2,700,000		
광　고　선　전　비	900,000		

03 다음 자료를 이용하여 입력하시오. **6점**

[1] [계정과목및적요등록] 메뉴에서 판매비와관리비의 상여금 계정에 다음 내용의 적요를 등록하시오. **3점**

현금적요 No.2 : 명절 특별 상여금 지급

[2] 슈리상사의 거래처별 초기이월 채권과 채무잔액은 다음과 같다. 자료에 맞게 추가입력이나 정정 및 삭제하시오. 3점

계정과목	거래처	잔액	계
외상매출금	희은상사	6,000,000원	34,800,000원
	폴로전자	15,800,000원	
	예진상회	13,000,000원	
지급어음	슬기상회	6,000,000원	17,000,000원
	효은유통	7,600,000원	
	주언상사	3,400,000원	

04 [일반전표입력] 메뉴를 이용하여 다음의 거래 자료를 입력하시오. 24점

─────── 〈 입력 시 유의사항 〉 ───────

• 적요의 입력은 생략한다.
• 부가가치세는 고려하지 않는다.
• 채권·채무와 관련된 거래는 별도의 요구가 없는 한 반드시 기등록된 거래처코드를 선택하는 방법으로 거래처명을 입력한다.
• 회계처리 시 계정과목은 별도의 제시가 없는 한 등록된 계정과목 중 가장 적절한 과목으로 한다.

[1] 07월 29일 사무실에서 사용하는 노트북을 수리하고 대금은 국민카드로 결제하였다(단, 해당 지출은 수익적 지출에 해당함). 3점

┌─────────────────────────┐
│   **카드매출전표**   │
├─────────────────────────┤
│ 카드종류 : 국민카드   │
│ 카드번호 : 1234-5678-11**-2222 │
│ 거래일시 : 2025.07.29. 11:11:12 │
│ 거래유형 : 신용승인   │
│ 금   액 : 150,000원   │
│ 결제방법 : 일시불   │
│ 승인번호 : 12341234   │
│ 은행확인 : 신한은행   │
├─────────────────────────┤
│ 가맹점명 : 규은전자   │
│   ─이하생략─   │
└─────────────────────────┘

[2] 08월 18일 농협은행으로부터 차입한 금액에 대한 이자 900,000원을 보통예금 계좌에서 지급하였다. 3점

[3] 08월 31일 당사에서 보관 중이던 섬미상사 발행 당좌수표로 넥사상사의 외상매입금 3,000,000원을 지급하였다. 3점

[4] 09월 20일 청소년의 날을 맞아 소년소녀가장을 돕기 위해 현금 500,000원을 방송국에 기부하였다. 3점

[5] 10월 15일 사무실로 이용 중인 동작빌딩 임대차계약을 아래와 같이 임차보증금만 인상하는 것으로 재계약하고, 인상된 임차보증금을 보통예금 계좌에서 이체하여 지급하였다. 종전 임대차계약의 임차보증금은 170,000,000원이며, 갱신 후 임대차계약서는 아래와 같다. 3점

부동산 임대차(월세) 계약서

본 부동산에 대하여 임대인과 임차인 쌍방은 다음과 같이 합의하여 임대차(월세)계약을 체결한다.

1. 부동산의 표시

소 재 지	서울특별시 동작구 동작대로 29 (사당동)					
건 물	구조	철근콘크리트	용도	사무실	면적	100㎡
임 대 부 분	상동 소재지 전부					

2. 계약내용

제1조 위 부동산의 임대차계약에 있어 임차인은 보증금 및 차임을 아래와 같이 지불하기로 한다.

보증금	일금 일억팔천만 원정 (₩ 180,000,000)
차 임	일금 육십만 원정 (₩ 600,000)은 매월 말일에 지불한다.

제2조 임대인은 위 부동산을 임대차 목적대로 사용·수익할 수 있는 상태로 하여 2025년 10월 15일까지 임차인에게 인도하며, 임대차기간은 인도일로부터 24개월로 한다.

...중략...

임대인 : 동작빌딩 대표 이주인 (인)
임차인 : 슈리상사 대표 박유빈 외 1명 (인)

[6] 11월 04일 보유하고 있던 기계장치(취득원가 20,000,000원)를 광운상사에 10,000,000원에 매각하고 그 대금은 보통예금 계좌로 입금받았다(단, 11월 4일까지 해당 기계장치의 감가상각누계액은 10,000,000원이다). 3점

[7] 12월 01일 영업부 출장용 자동차를 30,000,000원에 구입하면서 동시에 아래와 같이 취득세를 납부하였다. 차량운반구 구매액과 취득세는 모두 보통예금 계좌에서 지출하였다(단, 하나의 전표로 입력할 것). 3점

대전광역시	차량취득세납부영수증		납부(납입)서		납세자보관용 영수증	
납세자	슈리상사					
주소	서울특별시 동작구 동작대로 29 (사당동)					
납세번호	**기관번호** 1234567	**세목** 10101501		**납세년월기** 202512	**과세번호** 0124751	
과세내역	차번	45조4079	년식 2025		과 세 표 준 액	
	목적	신규등록(일반등록)	특례 세율특례없음			30,000,000
	차명	에쿠스				
	차종	승용자동차	세율 70/1000			
세목	납 부 세 액	납부할 세액 합계		전용계좌로도 편리하게 납부!!		
취 득 세	2,100,000			우리은행	1620-441829-64-125	
가산세	0		2,100,000원	신한은행	5563-04433-245814	
지방교육세	0			하나은행	1317-865254-74125	
농어촌특별세	0	신고납부기한		국민은행	44205-84-28179245	
합계세액	2,100,000	2025. 12. 31. 까지		기업은행	5528-774145-58-247	
지방세법 제6조~22조, 제30조의 규정에 의하여 위와 같이 신고하고 납부합니다.				■ **전용계좌 납부안내**(뒷면참조)		
담당자	위의 금액을 영수합니다.					수납인
한대교	**납부장소** : 전국은행(한국은행제외) 우체국 농협			2025년 12월 01일		

[8] 12월 10일 거래처 직원의 결혼식에 보내기 위한 축하 화환을 주문하고 대금은 현금으로 지급하면서 아래와 같은 현금영수증을 수령하였다. **3점**

현금영수증

승인번호	구매자 발행번호	발행방법
G54782245	101-11-54033	지출증빙
신청구분	발행일자	취소일자
사업자번호	2025.12.10.	−
상품명		
축하3단화환		
구분	주문번호	상품주문번호
일반상품	2025121054897	2025121085414

판매자 정보

판매자상호	대표자명
스마일꽃집	김다림
사업자등록번호	판매자전화번호
201-91-41674	032-459-8751
판매자사업장주소	
인천시 계양구 방축로 106	

금액

공급가액		1	0	0	0	0	0
부가세액						
봉사료						
승인금액		1	0	0	0	0	0

05 [일반전표입력] 메뉴에 입력된 내용 중 다음의 오류가 발견되었다. 입력된 내용을 검토하고 수정 또는 삭제, 추가 입력하여 올바르게 정정하시오. **6점**

─── 〈 입력 시 유의사항 〉 ───

• 적요의 입력은 생략한다.
• 부가가치세는 고려하지 않는다.
• 채권·채무와 관련된 거래는 별도의 요구가 없는 한 반드시 기등록된 거래처코드를 선택하는 방법으로 거래처명을 입력한다.
• 회계처리 시 계정과목은 별도의 제시가 없는 한 등록된 계정과목 중 가장 적절한 과목으로 한다.

[1] 10월 25일 본사 건물의 외벽 방수 공사비 5,000,000원을 수익적 지출로 처리해야 하나, 자본적 지출로 잘못 처리하였다. **3점**

[2] 11월 10일 보통예금 계좌에서 신한은행으로 이체한 1,000,000원은 장기차입금을 상환한 것이 아니라 이자비용을 지급한 것이다. **3점**

06 다음의 결산정리사항을 입력하여 결산을 완료하시오. **12점**

──────── 〈 입력 시 유의사항 〉 ────────

• 적요의 입력은 생략한다.
• 부가가치세는 고려하지 않는다.
• 채권·채무와 관련된 거래는 별도의 요구가 없는 한 반드시 기등록된 거래처코드를 선택하는 방법으로 거래처명을 입력한다.
• 회계처리 시 계정과목은 별도의 제시가 없는 한 등록된 계정과목 중 가장 적절한 과목으로 한다.

[1] 결산일 현재 임대료(영업외수익) 미수분 300,000원을 결산정리분개 하였다. **3점**

[2] 단기투자목적으로 2개월 전에 ㈜자유로의 주식 100주를 주당 6,000원에 취득하였다. 기말 현재 이 주식의 공정가치는 주당 4,000원이다. **3점**

[3] 2025년 10월 1일에 영업부 출장용 차량의 보험료(보험기간 : 2025.10.01.~2026.09.30.) 600,000원을 현금으로 지급하면서 전액 보험료로 처리하였다. 기말수정분개를 하시오(단, 월할 계산할 것). **3점**

[4] 12월 31일 당기분 차량운반구에 대한 감가상각비 600,000원과 비품에 대한 감가상각비 500,000원을 계상하였다. **3점**

07 다음 사항을 조회하여 알맞은 답안을 이론문제 답안작성 메뉴에 입력하시오. **10점**

[1] 6월 30일 현재 당좌자산의 금액은 얼마인가? **3점**

[2] 상반기(1~6월) 중 광고선전비(판) 지출액이 가장 적은 달의 지출액은 얼마인가? **3점**

[3] 6월 말 현재 거래처 유화산업의 ① 외상매출금과 ② 받을어음의 잔액을 각각 순서대로 적으시오. **4점**

PART

04

전산회계 2급
기출문제 정답 및 해설

104회 전산회계 2급 기출문제 정답 및 해설

✧ 이론시험 ✧

·정답·

01	④	02	③	03	②	04	④	05	①	06	③	07	④	08	③	09	③	10	①
11	①	12	③	13	③	14	③	15	③										

01 ④ 혼합거래는 차변이나 대변의 한쪽 금액 일부가 수익 또는 비용이 나타나는 거래를 의미한다.

02 ③ 자본의 증가와 부채의 증가는 모두 대변에 기입되는 거래로 동시에 나타날 수 없다.

03 ② 기부금은 경영성과를 나타내는 손익계산서의 영업외비용 계정과목이다.

04 ④ 자산과 부채는 유동성이 높은 항목부터 배열하는 것을 원칙으로 한다(일반기업회계기준 2.19).

05 ① 대손충당금 잔액 100,000원 = 기말 매출채권 10,000,000원 × 1%

06 ③ 후입선출법은 나중에 구매한 상품이 먼저 판매된다는 가정하에 매출원가 및 기말재고액을 구하는 방법이다.

07 ④ 기말재고액이 과대계상될 경우 매출원가는 과소계상된다.

08 ③ 판매 목적의 취득은 재고자산으로, 영업활동 목적의 취득은 유형자산으로 처리한다.

09 ③ 유형자산의 감가상각방법에는 정액법, 체감잔액법(예를 들면, 정률법 등), 연수합계법, 생산량비례법 등이 있다.

10 ① 외상매입금을 조기 지급하여 매입할인을 받은 경우, 당기 총매입액에서 이를 차감하여 순매입액이 감소하고, 매출총이익과 영업이익은 증가한다.

11 ① '(차) 이자수익 (대) 선수이자'의 누락으로 부채의 과소계상, 수익의 과대계상이 나타난다.

12 ③ 이익잉여금은 손익거래 결과이며, 나머지는 자본거래 결과이다.

13 ③ 추가출자액 15,000,000원 = (기말자본금 70,000,000원 + 인출액 5,000,000원) − (기초자본금 50,000,000원 + 당기순이익 10,000,000원)
    * 기말자본금 70,000,000원 + 인출액 5,000,000원 = 기초자본금 50,000,000원 + 당기순이익 10,000,000원 + 추가출자액 A

14 ③ 판매촉진 목적으로 광고, 홍보, 선전 등을 위하여 지급한 금액은 광고선전비로 판매비와관리비에 해당하며, 영업이익을 감소시킨다.

15 ③ 임대보증금은 부채계정이다.

÷ 실무시험 ÷

01 [회사등록] 메뉴를 열어 수정입력한다.
    • 종목 : 컴퓨터 부품 → 문구 및 잡화
    • 개업연월일 : 2015년 01월 05일 → 2015년 03월 09일
    • 관할세무서 : 145.관악 → 134.안산

02 [전기분재무상태표]를 수정한다.
    • 정기예금 : 2,000,000원 → 20,000,000원
    • 차량운반구 감가상각누계액 : 13,000,000원 → 23,000,000원
    • 외상매입금 : 17,000,000원 → 45,000,000원

03 [1] [계정과목및적요등록] 메뉴에서 146.상품 계정의 대체적요란 5번에 "상품 어음 매입" 입력
    [2] [거래처등록] 메뉴에 거래처코드를 1001으로 등록하여 나머지 항목 모두 입력

04 [일반전표입력] 메뉴에서 추가입력한다.

[1] 07월 15일 일반전표입력

| (차) 보통예금 | 50,000,000원 | (대) 단기차입금(대전중앙신협) | 50,000,000원 |

[2] 07월 16일 일반전표입력

| (차) 상품 | 6,600,000원 | (대) 선급금(로뎀문구) | 660,000원 |
| | | 당좌예금 | 5,940,000원 |

[3] 07월 28일 일반전표입력

| (차) 여비교통비(판) | 5,000원 | (대) 미지급금(신한카드) | 5,000원 |
| | | 또는 미지급비용 | |

[4] 08월 28일 일반전표입력

| (차) 현금 | 20,000,000원 | (대) 상품매출 | 25,000,000원 |
| 받을어음(씨엔제이상사) | 5,000,000원 | | |

[5] 09월 20일 일반전표입력

| (차) 매출환입및에누리(402) | 3,000,000원 | (대) 외상매출금(반월상사) | 3,000,000원 |

[6] 10월 15일 일반전표입력

| (차) 외상매입금(조선상사) | 1,300,000원 | (대) 받을어음(발해상사) | 1,200,000원 |
| | | 현금 | 100,000원 |

[7] 11월 27일 일반전표입력

| (차) 미지급금(비전상사) | 12,500,000원 | (대) 당좌예금 | 10,000,000원 |
| | | 채무면제이익 | 2,500,000원 |

[8] 12월 30일 일반전표입력

| (차) 차량운반구 | 2,637,810원 | (대) 현금 | 2,637,810원 |
| 또는 (출) 차량운반구 | 2,637,810원 | | |

05 [일반전표입력] 메뉴에서 정정 또는 추가입력한다.

[1] 09월 15일 일반전표입력

| 수정 전 : (차) 현금 | 100,000원 | (대) 외상매출금(월평문구) | 100,000원 |
| 수정 후 : (차) 현금 | 100,000원 | (대) 선수금(월평문구) | 100,000원 |

[2] 12월 18일 일반전표입력

수정 전 : (차) 비품	1,100,000원	(대) 현금	1,100,000원
수정 후 : (차) 비품	1,000,000원	(대) 현금	1,100,000원
소모품비(판)	100,000원		

06 결산정리사항을 입력한다.

[1] 12월 31일 일반전표입력

    (차) 미수수익   3,000,000원   (대) 임대료(904)   3,000,000원

    * 월 임대료 : 6,000,000원 ÷ 12개월 = 500,000원

    * 당기분 임대료 : 월 임대료 500,000원 × 6개월(2025.7.1.~2025.12.31.) = 3,000,000원

[2] 12월 31일 일반전표입력

    (차) 단기매매증권   500,000원   (대) 단기매매증권평가이익   500,000원

    * 평가이익 : (기말 공정가치 30,000원 − 취득가액 25,000원) × 100주 = 500,000원

[3] 12월 31일 일반전표입력

    (차) 선급비용   90,000원   (대) 보험료(판)   90,000원

[4] 12월 31일 일반전표입력

    (차) 대손상각비(판)   3,343,300원   (대) 대손충당금(109)   3,021,300원
                                                     대손충당금(111)   322,000원

    또는 (차) 대손상각비(판)   3,021,300원   (대) 대손충당금(109)   3,021,300원
                  대손상각비(판)   322,000원   대손충당금(111)   322,000원

    *외상매출금 기말 잔액 352,130,000원 × 1% − 500,000원 = 3,021,300원

    *받을어음 기말 잔액 62,200,000원 × 1% − 300,000원 = 322,000원

    또는 [결산자료입력] 메뉴 대손상각탭에서 대손율(%)에 1.00 입력하고 결산반영 후 전표추가

    또는 [결산자료입력] 메뉴 5).대손상각에서 외상매출금 : 3,021,300원, 받을어음 : 322,000원 입력

    후 전표추가

07 [이론문제 답안작성] 메뉴에 입력한다.

[1] 2,800,000원(총계정원장 1월~6월 401.상품매출 계정 조회)

[2] 34,000,000원(재무상태표 3월 조회, 비품 35,000,000원 − 비품 감가상각누계액 1,000,000원)

[3] 1,638,000원(거래처원장 1월~6월 131.선급금 조회, 광진상사 1,770,000원 − 우림상사 132,000원)

105회 전산회계 2급 기출문제 정답 및 해설

✦ 이론시험 ✦

· 정답 ·

01 ①	02 ④	03 ①	04 ②	05 ③	06 ②	07 ①	08 ④	09 ③	10 ④
11 ③	12 ②	13 ①	14 ④	15 ③					

01 ① 재무제표는 재무상태표, 손익계산서, 현금흐름표, 자본변동표로 구성되며, 주석을 포함한다.

02 ④ 일정 시점 현재 기업이 보유하고 있는 경제적 자원인 자산과 경제적 의무인 부채, 그리고 자본에 대한 정보를 제공하는 재무보고서는 재무상태표이다. 감가상각비와 급여는 손익계산서 계정과목이고 나머지 계정과목은 재무상태표 계정과목이다.

03 ①

	거래요소의 결합관계	거래의 종류
①	자산의 증가-부채의 증가	교환거래
②	자산의 증가-자산의 감소	교환거래
③	부채의 감소-자산의 감소	교환거래
④	비용의 발생-자산의 감소	손익거래

04 ② 당좌예금, 현금에 대한 설명이다.

05 ③ 외상매출액 800,000원 = 외상매출금 회수액 700,000원 + 기말 외상매출금 400,000원 − 기초 외상매출금 300,000원

06 ② 유동성이 높은 항목부터 나열하면 당좌자산 − 재고자산 − 유형자산 − 무형자산 순이다.

07 ① 매출총이익 3,100,000원 = 상품매출액 11,000,000원 − 상품매출원가 7,900,000원
- 상품매출원가 7,900,000원 = 기초상품재고액 4,000,000원 + 당기순상품매입액 9,900,000원 − 기말상품재고액 6,000,000원
- 당기순상품매입액 9,900,000원 = 당기상품매입액 10,000,000원 − 매입에누리 100,000원

08 ④ 당기총수익 1,500,000원 = 당기총비용 1,100,000원 + 당기순이익 400,000원
   • 당기순이익 400,000원 = 기말자본 1,000,000원 − 기초자본 600,000원

09 ③ 무형자산인 영업권은 비유동자산이다.

10 ④ 재고자산의 매입원가는 매입금액에 매입운임, 하역료 및 보험료 등 취득과정에서 정상적으로 발생한 부대원가를 가산한 금액이다. 매입환출은 매입원가에서 차감한다.

11 ③ 수익적 지출(수선비)로 처리해야 할 것을 자본적 지출(건물)로 회계처리한 경우 비용의 과소계상과 자산의 과대계상으로 인해 당기순이익이 과대계상된다.

12 ② 임대보증금과 임차보증금이 서로 바뀌었다.

13 ① ① (차) 단기대여금   1,000,000원   (대) 현금   1,000,000원
     ② (차) 자본금(인출금)   1,000,000원   (대) 단기대여금   1,000,000원
     ③ (차) 자본금   1,000,000원   (대) 인출금   1,000,000원
     ④ (차) 자본금(인출금)   1,000,000원   (대) 현금   1,000,000원

14 ④ 이자비용은 영업외비용에 속한다.

15 ③ 기부금은 영업외비용으로 영업손익과 관련이 없다.

✢ 실무시험 ✢

01 [회사등록] 메뉴를 열어 수정입력한다.
   • 대표자명 정정 : 김지술 → 이학주
   • 사업자등록번호 정정 : 135-27-40377 → 130-47-50505
   • 개업연월일 정정 : 2007.03.20. → 2011.05.23.

02 [전기분손익계산서]를 수정한다.
- 차량유지비 정정 : 50,500,000원 → 3,500,000원
- 이자수익 정정 : 2,500,000원 → 2,200,000원
- 기부금 추가 입력 : 3,000,000원

03 [1] [거래처별초기이월] 메뉴에서 입력한다.
- 외상매출금 : 월평상사 35,000,000원 → 45,000,000원으로 수정입력
- 지급어음 : 도륜상사 100,000,000원 → 150,000,000원으로 수정입력
- 단기차입금 : 선익상사 80,000,000원 추가 입력

[2] [거래처등록] 메뉴의 신용카드 탭에 거래처코드를 99871로 등록하여 나머지 항목 모두 입력

04 [일반전표입력] 메뉴에서 추가입력한다.

[1] 07월 02일 일반전표입력

(차) 상품	6,000,000원	(대) 지급어음(성심상사)	5,500,000원
		현금	500,000원

[2] 08월 05일 일반전표입력

(차) 수수료비용(판)	3,500,000원	(대) 현금	3,500,000원
또는 수수료비용(984)			
또는 (출) 수수료비용(판)	3,500,000원		
또는 수수료비용(984)			

[3] 08월 19일 일반전표입력

(차) 단기차입금(탄방상사)	20,000,000원	(대) 보통예금	20,600,000원
이자비용	600,000원		

[4] 08월 20일 일반전표입력

(차) 상품	15,000,000원	(대) 보통예금	16,000,000원
비품	1,000,000원		

[5] 08월 23일 일반전표입력

(차) 외상매입금(소리상사)	500,000원	(대) 가지급금	500,000원

[6] 10월 10일 일반전표입력

(차) 상품	3,000,000원	(대) 선급금(고구려상사)	300,000원
		외상매입금(고구려상사)	2,700,000원

[7] 11월 18일 일반전표입력

(차) 차량유지비(판)	30,000원	(대) 현금	30,000원
또는 (출) 차량유지비(판)	30,000원		

[8] 12월 20일 일반전표입력

    (차) 세금과공과(판)   259,740원   (대) 미지급금(현대카드)   259,740원
                                          또는 미지급비용

05 [일반전표입력] 메뉴에서 정정 또는 추가입력한다.

    [1] 11월 05일 일반전표입력

        수정 전 : (차) 세금과공과(판)   110,000원   (대) 보통예금   110,000원

        수정 후 : (차) 예수금   110,000원   (대) 보통예금   110,000원

    [2] 11월 28일 일반전표입력

        수정 전 : (차) 상품   7,535,000원   (대) 외상매입금(양촌상사) 7,500,000원
                                            미지급금   35,000원

        수정 후 : (차) 상품   7,500,000원   (대) 외상매입금(양촌상사) 7,500,000원

06 결산정리사항을 입력한다.

    [1] 12월 31일 일반전표입력

        (차) 급여(판)   1,000,000원   (대) 미지급비용   1,000,000원
                                            또는 미지급금

    [2] 12월 31일 일반전표입력

        (차) 소모품비(판)   200,000원   (대) 소모품   200,000원

    [3] 12월 31일 일반전표입력

        (차) 이자비용   70,000원   (대) 현금과부족   70,000원

    [4] 12월 31일 일반전표입력

        (차) 감가상각비(판)   5,000,000원   (대) 감가상각누계액(비품) 5,000,000원

      * (65,500,000원 − 15,500,000원) ÷ 10년 = 5,000,000원

      또는 [결산자료입력] 메뉴에서 감가상각비 비품 란에 5,000,000원 입력 후 전표추가

07 [이론문제 답안작성] 메뉴에 입력한다.

    [1] 갈마상사, 76,300,000원(거래처원장 1월~5월 251.외상매입금 잔액 조회)

    [2] 1,500,000원(재무상태표 6월 조회, 외상매출금 2,000,000원 − 대손충당금 500,000원)

    [3] 116,633,300원(재무상태표 6월 조회, 유동자산 합계액 463,769,900원 − 유동부채 합계액 347,136,600원)

106회 전산회계 2급 기출문제 정답 및 해설

÷ 이론시험 ÷

·정답·

01 ①	02 ②	03 ③	04 ④	05 ④	06 ①	07 ②	08 ③	09 ③	10 ②
11 ③	12 ②	13 ①	14 ④	15 ①					

01 ① [일반기업회계기준 재무회계개념체계 제2장 재무보고의 목적]
- 투자 및 신용의사결정에 유용한 정보의 제공
- 미래 현금흐름 예측에 유용한 (화폐적)정보의 제공
- 재무상태, 경영성과, 현금흐름 및 자본변동에 관한 정보의 제공
- 경영자의 수탁책임 평가에 유용한 정보의 제공

02 ② 주된 영업활동(상품 매매 등)이 아닌 비품을 외상으로 구입한 경우에는 미지급금 계정을 사용한다.

03 ③ 일정기간 동안 기업의 경영성과에 대한 정보를 제공하는 재무보고서는 손익계산서이다. 매출원가는 영업비용이고, 기부금은 영업외비용이다.

04 ④ 문제에 주어진 모든 거래와 결합관계가 옳으므로 가, 나, 다, 라 모두 정답이 된다.
가. (차) 기계장치   100,000원(자산의 증가) (대) 보통예금   100,000원(자산의 감소)
나. (차) 현금   100,000원(자산의 증가) (대) 자본금   100,000원(자본의 증가)
다. (차) 보통예금   100,000원(자산의 증가) (대) 차입금   100,000원(부채의 증가)
라. (차) 외상매입금   100,000원(부채의 감소) (대) 현금   100,000원(자산의 감소)

05 ④ 잔액시산표 등식에 따라 기말자산과 총비용은 차변에 기말부채, 기초자본, 총수익은 대변에 잔액을 기재한다.

잔액시산표

안산㈜	2025.12.31.	단위 : 원
차변	계정과목	대변
100,000	현금	
700,000	건물	
	외상매입금	90,000
	자본금	720,000
	이자수익	40,000
50,000	급여	
850,000		850,000

06 ① 결산 시 비용 계정과 수익 계정은 손익 계정으로 마감한다.

07 ② 회사가 판매를 위하여 보유하고 있는 자산은 재고자산(상품)이다. 유형자산은 재화의 생산, 용역의 제공, 타인에 대한 임대 또는 자체적으로 사용할 목적으로 보유하는 물리적 형체가 있는 자산으로서, 1년을 초과하여 사용할 것이 예상되는 자산을 말한다.

08 ③ 기말자본 5,700,000원 = 기말자산 11,000,000원 − 기말자본 5,300,000원
- 기초자본 4,500,000원 = 기초자산 8,500,000원 − 기초부채 4,000,000원
- 기말자본 5,300,000원 = 기초자본 4,500,000원 + 증자 − 감자 + 당기순이익 800,000원 − 배당

09 ③ 매입할인은 재고자산의 취득원가에서 차감한다.

10 ② 취득원가 95,000원 = (감가상각 9,000원 × 내용연수 10년) + 잔존가치 5,000원

11 ③ 기계장치는 비유동자산인 유형자산에 속한다.

12 ② 손익계산서의 임대료 2,700,000원 = 임대료 수령액 3,600,000원 − 차기분 임대료 900,000원
- 수령시점 : (차) 현금   3,600,000원   (대) 임대료   3,600,000원
- 기말결산 : (차) 임대료   900,000원   (대) 선수수익   900,000원

13 ① 급여 지급 시 종업원이 부담해야 할 소득세 등을 회사가 일시적으로 받아두는 경우 예수금 계정을 사용한다.
- 회계처리 : (차) 급여 300,000원 (대) 예수금 10,000원
  현금 290,000원

14 ④ 결산일 자본금 원장의 손익은 900,000원이며, 마감되는 차기이월액은 2,900,000원이다.

15 ① ① (차) 세금과공과 ××× (대) 현금 ×××
② (차) 급여 ××× (대) 예수금 ×××
  현금 ×××
③ (차) 차량운반구 ××× (대) 현금 ×××
④ (차) 인출금(또는 자본금) ××× (대) 현금 ×××

⊹ 실무시험 ⊹

01 [회사등록] 메뉴를 열어 수정입력한다.
- 사업장주소 : 대전광역시 서구 둔산동 86 → 대전광역시 중구 대전천서로 7(옥계동)
- 사업자등록번호 정정 : 350-22-28322 → 305-52-36547
- 종목 : 의류 → 문구 및 잡화

02 [전기분재무상태표]에서 수정한다.
- 외상매출금 : 4,000,000원 → 40,000,000원
- 감가상각누계액(213) : 200,000원 → 2,000,000원
- 토지 추가 입력 : 274,791,290원

03 [1] [거래처등록] 메뉴에서 수정한다.
- 유형 수정 : 매출 → 동시
- 종목 수정 : 전자제품 → 잡화
- 주소 수정 : 서울 마포구 마포대로 33(도화동) → 경기도 남양주시 진접읍 장현로 83
[2] [거래처별초기이월] 메뉴에서 수정한다.
- 외상매출금 : 발해상사 10,000,000원 → 13,000,000원
- 외상매입금 : 신라상사 7,000,000원 → 17,000,000원
  가야상사 5,000,000원 → 19,000,000원

04 [일반전표입력] 메뉴에서 추가입력한다.

[1] 07월 09일 일반전표입력

(차) 차량운반구 45,000,000원 (대) 당좌예금 45,000,000원

[2] 07월 10일 일반전표입력

(차) 선급금(진영상사) 100,000원 (대) 보통예금 100,000원

[3] 07월 25일 일반전표입력

(차) 외상매입금(광주상사) 900,000원 (대) 현금 891,000원
매입할인(148) 9,000원

또는 (차) 외상매입금(광주상사) 9,000원 (대) 매입할인(148) 9,000원
(출) 외상매입금(광주상사) 891,000원

[4] 08월 25일 일반전표입력

(차) 감가상각누계액(203) 2,500,000원 (대) 건물 30,000,000원
보통예금 10,000,000원 유형자산처분이익 1,500,000원
미수금(하나상사) 19,000,000원

[5] 10월 13일 일반전표입력

(차) 받을어음(발해상사) 1,200,000원 (대) 상품매출 2,300,000원
외상매출금(발해상사) 1,100,000원

[6] 10월 30일 일반전표입력

(차) 복리후생비(판) 100,000원 (대) 현금 100,000원
또는 (출) 복리후생비(판) 100,000원

[7] 10월 31일 일반전표입력

(차) 기업업무추진비(판) 200,000원 (대) 보통예금 200,000원

[8] 11월 10일 일반전표입력

(차) 도서인쇄비(판) 30,000원 (대) 미지급금(현대카드) 30,000원
또는 미지급비용

05 [일반전표입력] 메뉴에서 정정 또는 추가입력한다.

[1] 09월 08일 일반전표입력

수정 전 : (차) 단기차입금(신라상사) 25,000,000원 (대) 보통예금 25,000,000원
수정 후 : (차) 외상매입금(조선상사) 25,000,000원 (대) 보통예금 25,000,000원

[2] 11월 21일 일반전표입력

    수정 전 : (차) 기업업무추진비(판)   200,000원   (대) 현금   200,000원

    수정 후 : (차) 인출금   200,000원   (대) 현금   200,000원

                  또는 자본금

                또는 (출) 인출금   200,000원

                    또는 자본금

06 결산정리사항을 입력한다.

[1] 12월 31일 일반전표입력

    (차) 외화환산손실   1,500,000원   (대) 외상매입금(미국 ABC사)   1,500,000원

    • 외화환산손실 : (1,250원 × $10,000) − 11,000,000원 = 1,500,000원

[2] 12월 31일 일반전표입력

    (차) 현금   66,000원   (대) 잡이익   66,000원

    또는 (입) 잡이익   66,000원

[3] 12월 31일 일반전표입력

    (차) 이자비용   125,000원   (대) 미지급비용   125,000원

[4] 12월 31일 일반전표입력

    (차) 감가상각비(판)   1,450,000원   (대) 감가상각누계액(209)   1,200,000원

                                    감가상각누계액(213)   250,000원

    또는 [결산자료입력] 메뉴에서 감가상각비란에 차량운반구 1,200,000원 비품 250,000원 입력 후 전표추가

07 [이론문제 답안작성] 메뉴에 입력한다.

[1] 우리상사, 35,500,000원(거래처원장 1월~6월 선택, 외상매출금(108) 조회)

[2] 361,650원(총계정원장 1월~3월 소모품비(830) 조회, 1월 316,650원 + 2월 45,000원)

[3] 72,880,000원(재무상태표 6월 조회, 받을어음 73,400,000원 − 대손충당금 520,000원)

107회 전산회계 2급 기출문제 정답 및 해설

✦ 이론시험 ✦

·정답·

01 ④	02 ①	03 ④	04 ③	05 ②	06 ③	07 ④	08 ③	09 ①	10 ②
11 ①	12 ②	13 ③	14 ①	15 ④					

01 ④ 재산 증감의 변화가 없는 계약, 의사결정, 주문 등은 회계상 거래에 해당하지 않는다.

02 ① 거래의 8요소 중 자산의 증가는 차변에 기록하는 항목이다.

03 ④ 급여 지급 시 전월에 원천징수한 근로소득세는 예수금 계정으로 처리한다.

04 ③ 재무상태표상의 대변 항목은 부채와 자본으로, 선급금은 자산항목이다.

05 ② 당좌자산 합계액 1,800,000원 = 현금 300,000원 + 보통예금 800,000원 + 외상매출금 200,000원
  + 단기매매증권 500,000원

06 ③ 상품 판매로 인한 외상대금을 조기에 수취함에 따른 일정 대금의 할인은 매출할인에 대한 설명이다.

07 ④ 정상적인 영업활동(일반적인 상거래)에서 발생한 판매대금의 미수액 : 외상매출금
  • 유형자산을 처분하고 대금을 미회수했을 경우 : 미수금
  • 수익 중 차기 이후에 속하는 금액이지만 그 대가를 미리 받은 경우 : 선수수익

08 ③ 기말자본 4,000,000원 = 기초자본 1,000,000원 + 당기순이익 3,000,000원
  • 당기순이익 : 총수익 8,000,000원 - 총비용 5,000,000원 = 3,000,000원

09 ① 매출액 350,000,000원 = 매출총이익 172,000,000원 + 매출원가 178,000,000원
  • 매출원가 178,000,000원 = 기초상품재고액 25,000,000원 + 당기총매입액 168,000,000원
    - 기말상품재고액 15,000,000원

10 ② 받을어음에 대한 설명이다.

11 ① 처분가액 6,000,000원 = 장부가액 7,000,000원 − 유형자산처분손실 1,000,000원
   • 장부가액 : 취득가액 16,000,000원 − 감가상각누계액 9,000,000원 = 7,000,000원

12 ② 일정 시점 현재 기업이 보유하고 있는 경제적 자원인 자산과 경제적 의무인 부채, 그리고 자본에 대한 정보를 제공하는 재무보고서는 재무상태표로, 임대료과 이자비용은 손익계산서 계정과목이다. 나머지 계정은 재무상태표 계정과목이다.

13 ③ 현금및현금성자산은 취득 당시 만기일 또는 상환일이 3개월 이내인 것을 말한다. 3개월 이상일 경우 단기금융상품 또는 장기금융상품으로 분류한다.

14 ① 선입선출법에 대한 설명이다.

15 ④ 이자수익은 영업외수익에 해당한다.
   • 미수수익은 자산, 경상개발비는 판매비와관리비, 외환차손은 영업외비용에 해당한다.

÷ 실무시험 ÷

01 [회사등록] 메뉴를 열어 수정입력한다.
   • 사업자등록번호 정정 : 107-35-25785 → 107-36-25785
   • 과세유형 수정 : 2.간이과세 → 1.일반과세
   • 업태 수정 : 제조 → 도소매

02 [전기분재무상태표]를 수정한다.
   • 대손충당금(109) 추가 : 100,000원
   • 감가상각누계액(213) 수정 : 6,000,000원 → 2,400,000원
   • 외상매입금 수정 : 11,000,000원 → 8,000,000원

03 [1] [거래처등록] 메뉴에 거래처코드를 98005로 등록하여 나머지 항목 모두 입력
　　[2] [거래처별초기이월] 메뉴에서 수정한다.
　　　　• 받을어음 : 하우스컴 5,500,000원 추가 입력
　　　　• 지급어음 : 모두피씨 2,500,000원 → 4,000,000원 수정
　　　　　　　　　하나로컴퓨터 6,500,000원 → 2,500,000원 수정

PART **04**

04　[일반전표입력] 메뉴에서 추가입력한다.
　　[1] 07월 05일 일반전표입력

(차) 보통예금	9,700,000원	(대) 단기차입금(세무은행)	10,000,000원
이자비용	300,000원		

　　[2] 07월 07일 일반전표입력

(차) 상품	3,960,000원	(대) 외상매입금(대림전자)	3,960,000원

　　[3] 08월 03일 일반전표입력

(차) 보통예금	15,000,000원	(대) 외상매출금(국제전자)	20,000,000원
받을어음(국제전자)	5,000,000원		

　　[4] 08월 10일 일반전표입력

(차) 기부금	1,000,000원	(대) 현금	1,000,000원
또는 (출) 기부금	1,000,000원		

　　[5] 09월 01일 일반전표입력

(차) 기업업무추진비(판)	49,000원	(대) 현금	49,000원
또는 (출) 기업업무추진비(판)	49,000원		

　　[6] 09월 10일 일반전표입력

(차) 예수금	150,000원	(대) 보통예금	300,000원
세금과공과(판)	150,000원		

　　[7] 10월 11일 일반전표입력

(차) 현금	960,000원	(대) 선수금(미래전산)	960,000원
또는 (입) 선수금(미래전산)	960,000원		

　　[8] 11월 25일 일반전표입력

(차) 미지급금(비씨카드)	500,000원	(대) 보통예금	500,000원

05　[일반전표입력] 메뉴에서 정정 또는 추가입력한다.
　　[1] 07월 29일 일반전표입력

수정 전 : (차) 수선비(판)	30,000,000원	(대) 보통예금	30,000,000원
수정 후 : (차) 건물	30,000,000원	(대) 보통예금	30,000,000원

[2] 11월 23일 일반전표입력

수정 전 : (차) 비품	1,500,000원	(대) 보통예금	1,500,000원
수정 후 : (차) 인출금	1,500,000원	(대) 보통예금	1,500,000원
또는 자본금			

06 결산정리사항을 입력한다.

[1] 12월 31일 일반전표입력

(차) 소모품	30,000원	(대) 소모품비(판)	30,000원

[2] 12월 31일 일반전표입력

(차) 단기매매증권	100,000원	(대) 단기매매증권평가이익	100,000원

[3] 12월 31일 일반전표입력

(차) 선급비용	270,000원	(대) 보험료(판)	270,000원

- 당기분 보험료 : 360,000원 × 3/12 = 90,000원
- 차기분 보험료 : 360,000원 × 9/12 = 270,000원

[4] 12월 31일 일반전표입력

(차) 이자비용	600,000원	(대) 미지급비용	600,000원

07 [이론문제 답안작성] 메뉴에 입력한다.

[1] 6,500,000원(총계정원장 1월~6월 기업업무추진비(판)계정 조회)

[2] 550,000원(재무상태표 1월 미수금 조회, 2025년 1월 5,050,000원 - 전기 말 4,500,000원)

[3] 00112(또는 112), 36,500,000원(거래처원장 1월~5월 거래처별 잔액 및 거래처코드 조회)

108회 전산회계 2급 기출문제 정답 및 해설

✦ 이론시험 ✦

·정답·

| 01 ③ | 02 ④ | 03 ① | 04 ① | 05 ② | 06 ④ | 07 ③ | 08 ③ | 09 ② | 10 ① |
| 11 ① | 12 ④ | 13 ④ | 14 ③ | 15 ② |

01 ③ 재무상태표는 일정시점의 재무상태를 나타내는 재무제표이다.

02 ④ 자산 항목과 비용 항목은 잔액이 차변에 발생하고, 부채 항목 및 자본 항목과 수익 항목의 잔액은 대변에 기록된다. 임대료는 수익 계정이므로 잔액이 대변에 발생한다.

03 ① 매출원가 34,000원 = 기초상품재고 10,000원 + 당기순매입액 29,000원 − 기말상품재고 5,000원
  • 당기순매입액 : 당기매입액 30,000원 − 매입에누리 1,000원 = 29,000원

04 ① 감가상각비 100,000원 = 취득원가 1,000,000원 $\times \dfrac{1년}{5년} \times \dfrac{6월}{12월}$
  • 수익적지출은 감가상각대상금액이 아니다.

05 ② 보험료 100,000원 = 600,000원 $\times \dfrac{2월}{12월}$

06 ④ 매입채무는 외상매입금과 지급어음의 통합계정이다.

07 ③ ① 업무에 사용하기 위한 차량운반구는 유형자산으로 비유동자산에 해당한다.
  ② 당좌예금은 당좌자산으로 유동자산에 해당한다.
  ④ 선수수익은 유동부채에 해당한다.

08 ③ 당좌차월은 단기차입금 계정과목이다.

09 ② 계약금을 미리지불한 경우 선급금 계정을 사용한다.

10 ① 부채합계 5,500,000원 = 외상매입금 3,000,000원 + 선수수익 500,000원 + 미지급비용 2,000,000원

11 ① 보고기간종료일로부터 1년 이내에 현금화 또는 실현될 것으로 예상되는 자산을 유동자산으로 분류한다.

12 ④ 당기말 외상매출금 9,000,000원 = 기초 외상매출금 3,000,000원 + 당기 발생 외상매출금 7,000,000원 − 당기 회수 외상매출금 1,000,000원

13 ④ 개별법은 통상적으로 상호 교환될 수 없는 재고자산 항목의 원가를 계산할 때 사용한다.

14 ③ 선수수익은 수익의 이연, 미수수익은 수익의 계상, 선급비용은 비용의 이연, 미지급비용은 비용의 계상에 해당한다.

15 ② 기말재고자산을 과대평가할 경우, 매출원가는 과소계상되고 당기순이익은 과대계상된다.

⊹ 실무시험 ⊹

01 [회사등록] 메뉴를 열어 수정입력한다.
- 업태 : 제조 → 도소매
- 종목 : 의약품 → 사무기기
- 사업장관할세무서 : 621.금정 → 130.부천

02 [전기분손익계산서] 메뉴에서 수정한다.
- 기업업무추진비 : 800,000원 → 750,000원으로 수정입력
- 819.임차료 1,200,000원 추가입력
- 951.이자비용 1,200,000원 추가입력

03 [1] [계정과목및적요등록] 메뉴에서 812.여비교통비계정의 대체적요란 3번에 "직원의 국내출장비 예금
인출" 입력

[2] [거래처별초기이월] 메뉴에서 수정한다.
- 외상매입금 : 라라무역 2,320,000원 → 23,200,000원으로 수정입력
- 외상매입금 : 양산상사 35,800,000원 추가입력
- 단기차입금 : ㈜굿맨 36,000,000원 추가입력

04 [일반전표입력] 메뉴에서 추가입력한다.

[1] 07월 15일 일반전표입력

| (차) 받을어음(태영상사) | 800,000원 | (대) 상품매출 | 4,000,000원 |
| 외상매출금(태영상사) | 3,200,000원 | | |

[2] 08월 25일 일반전표입력

(차) 보통예금　15,000,000원　(대) 장기차입금(큰손은행)　15,000,000원

[3] 09월 05일 일반전표입력

| (차) 통신비(판) | 50,000원 | (대) 미지급금(삼성카드) | 90,000원 |
| 수도광열비(판) | 40,000원 | 또는 미지급비용 | |

[4] 10월 05일 일반전표입력

(차) 기업업무추진비(판)　300,000원　(대) 현금　300,000원
또는 (출) 기업업무추진비(판)　300,000원

[5] 10월 24일 일반전표입력

(차) 토지　52,300,000원　(대) 현금　52,300,000원
또는 (출) 토지　52,300,000원

[6] 11월 02일 일반전표입력

| (차) 대손충당금(109) | 900,000원 | (대) 외상매출금(온나라상사) | 3,000,000원 |
| 대손상각비 | 2,100,000원 | | |

[7] 11월 30일 일반전표입력

| (차) 급여(판) | 4,200,000원 | (대) 예수금 | 635,010원 |
| | | 보통예금 | 3,564,990원 |

[8] 12월 15일 일반전표입력

| (차) 외상매입금(대한상사) | 7,000,000원 | (대) 보통예금 | 5,000,000원 |
| | | 현금 | 2,000,000원 |

05 [일반전표입력] 메뉴에서 정정 또는 추가입력한다.
   [1] 08월 20일 일반전표입력

     수정 전 : (차) 현금   3,500,000원   (대) 선수금(두리상사)   3,500,000원

     수정 후 : (차) 선급금(두리상사) 3,500,000원   (대) 현금   3,500,000원

               또는 (출) 선급금(두리상사) 3,500,000원

   [2] 09월 16일 일반전표입력

     수정 전 : (차) 이자비용   4,000,000원   (대) 보통예금   4,000,000원

     수정 후 : (차) 단기차입금(나라은행) 4,000,000원   (대) 보통예금   4,000,000원

06 결산정리사항을 입력한다.
   [1] 12월 31일 일반전표입력

     (차) 이자비용   1,125,000원   (대) 미지급비용   1,125,000원

     • 이자비용 : $30,000,000원 \times 5\% \times \dfrac{9개월}{12개월} = 1,125,000원$

   [2] 12월 31일 일반전표입력

     (차) 미수수익   15,000원   (대) 이자수익   15,000원

   [3] 12월 31일 일반전표입력

     (차) 감가상각비(판)   1,700,000원   (대) 감가상각누계액(213) 1,700,000원

     또는 [결산자료입력]에서 감가상각비 비품란에 1,700,000원 입력 후 전표추가

   [4] 12월 31일 일반전표입력

     (차) 상품매출원가   187,920,000원   (대) 상품   187,920,000원

     • 매출원가 187,920,000원 = 기초상품재고액 2,500,000원 + 당기상품매입액 191,920,000원 – 기말상품재고액 6,500,000원

     또는 [결산자료입력]에서 기말 상품 재고액란에 6,500,000원 입력 후 전표추가

07 [이론문제 답안작성] 메뉴에 입력한다.
   [1] 30,000,000원(거래처원장에서 4월~6월 252.지급어음 계정 중 수석상사 대변 합계액 조회)

   [2] 86,562,000원(총계정원장 또는 계정별원장에서 1월~6월 103.보통예금 조회, 차변 합계액 – 전기이월 35,000,000원)

   [3] 3월, 272,000원(총계정원장에서 1월~6월 813.기업업무추진비 조회)

109회 전산회계 2급 기출문제 정답 및 해설

✣ 이론시험 ✣

·정답·

01 ④	02 ④	03 ②	04 ③	05 ②	06 ②	07 ①	08 ③	09 ①	10 ①
11 ①	12 ④	13 ②	14 ④	15 ③					

01 ④ 교환거래에 해당하고 회계처리는 아래와 같다.

(차) 단기차입금(부채의 감소)　1,000,000원　　(대) 보통예금(자산의 감소)　　3,000,000원
　　 장기차입금(부채의 감소)　2,000,000원

- 혼합거래는 하나의 거래에서 교환거래와 손익거래가 동시에 발생하는 거래이다.

02 ④ 결산 시 대손상각 처리가 가능한 계정과목은 채권에 해당하는 계정과목이다. 단기차입금 계정은 채무에 해당하는 계정과목이므로 대손처리가 불가능한 계정이다.

03 ② 당사 발행 당좌수표는 당좌예금 계정으로 처리한다.

04 ③ 순매입액 49,000원 = 당기매입액 50,000원 + 취득부대비용 2,000원 − 매입할인 3,000원

05 ② 자산의 증가, 부채의 감소, 비용의 발생 등은 차변항목이다.

06 ② 나, 다.
외상매출금이 대변에 기입되는 거래는 외상매출금을 현금이나 보통예금 등으로 회수한 때이다.

07 ① 기말재고자산이 과대계상되면 매출원가가 과소계상되고 당기순이익은 과대계상된다.

08 ③ 영업이익 3,700,000원 = 매출액 20,000,000원 − 매출원가 14,000,000원 − 급여 2,000,000원
− 복리후생비 300,000원
※ 이자비용과 유형자산처분손실은 영업외비용이므로 영업이익을 계산할 때 반영하지 않는다.

09 ① 대손충당금 기말 잔액 200,000원 = 기말 매출채권 20,000,000원 × 1%

10 ① 유형자산의 감가상각방법에는 정액법, 체감잔액법(예를 들면, 정률법 등), 연수합계법, 생산량비례법 등이 있다.

11 ① 출장 여비교통비와 거래처 대표자의 결혼식 화환 구입비(기업업무추진비)가 판매비와관리비에 해당한다. 지급이자는 영업외비용, 유형자산처분이익은 영업외수익이다.

12 ④ 임의적립금은 이익잉여금에 해당한다.

13 ② 유동부채 합계 9,200,000원 = 유동성장기부채 4,000,000원 + 미지급비용 1,400,000원 + 예수금 500,000원 + 외상매입금 3,300,000원
　　• 선급비용은 당좌자산에 해당하고, 장기차입금은 비유동부채에 해당한다.

14 ④ 건설중인자산은 유형자산에 해당한다.

15 ③ 건물 내부의 조명기구를 교체하는 지출은 수선유지를 위한 수익적지출에 해당하며 이는 자본적지출에 해당하지 않으므로 발생한 기간의 비용으로 인식한다.

⊹ 실무시험 ⊹

01 [회사등록] 메뉴를 열어 수정입력한다.
　　• 사업자등록번호 : 646-40-01031 → 646-04-01031
　　• 종목 : 식료품 → 신발
　　• 사업장관할세무서 : 508.안동 → 212.강동

02 [전기분손익계산서]에서 수정한다.
　　• 여비교통비 500,000원 → 600,000원으로 수정
　　• 광고선전비 600,000원 → 700,000원으로 수정
　　• 기부금 600,000원 → 이자비용 600,000원으로 수정

03 [1] [계정과목및적요등록] 메뉴에서 812.여비교통비 계정의 현금적요란 5번에 "거래처 명절선물 대금 지급" 입력

[2] [거래처별초기이월] 메뉴에서 입력한다.
- 외상매출금 : ㈜사이버나라 20,000,000원 → 45,000,000원으로 수정
- 단기대여금 : ㈜해일 20,000,000원 → 10,000,000원으로 수정
  부림상사 30,000,000원 → 3,000,000원으로 수정

04 [일반전표입력] 메뉴에서 추가입력한다.

[1] 08월 01일 일반전표입력
(차) 단기매매증권	2,000,000원	(대) 보통예금	2,012,000원
수수료비용(984)	12,000원		

[2] 09월 02일 일반전표입력
(차) 상품	9,600,000원	(대) 외상매출금(푸름상회)	5,000,000원
		외상매입금(푸름상회)	4,600,000원

[3] 10월 05일 일반전표입력
(차) 비품	550,000원	(대) 현금	550,000원
또는 (출) 비품	550,000원		

[4] 10월 20일 일반전표입력
(차) 예수금	220,000원	(대) 보통예금	440,000원
복리후생비(판)	220,000원		

[5] 11월 01일 일반전표입력
(차) 광고선전비(판)	990,000원	(대) 당좌예금	990,000원

[6] 11월 30일 일반전표입력
(차) 보통예금	10,500,000원	(대) 정기예금	10,000,000원
		이자수익	500,000원

[7] 12월 05일 일반전표입력
(차) 수선비(판)	330,000원	(대) 미지급금(하나카드)	330,000원
		또는 미지급비용	

[8] 12월 15일 일반전표입력
(차) 선급금(에스파파상사)	1,000,000원	(대) 보통예금	1,000,000원

05 [일반전표입력] 메뉴에서 정정 또는 추가입력한다.

[1] 10월 27일 일반전표입력

수정 전 : (차) 보통예금   10,000,000원   (대) 자본금   10,000,000원

수정 후 : (차) 보통예금   10,000,000원   (대) 단기차입금(좋은은행) 10,000,000원

[2] 11월 16일 일반전표입력

수정 전 : (차) 기업업무추진비(판)   198,000원   (대) 보통예금   198,000원

수정 후 : (차) 상품   198,000원   (대) 보통예금   198,000원

06 결산정리사항을 입력한다.

[1] 12월 31일 일반전표입력

(차) 소모품비(판)   550,000원   (대) 소모품   550,000원

[2] 12월 31일 일반전표입력

(차) 선급비용   600,000원   (대) 보험료(판)   600,000원

• 선급비용 : 1,200,000원×6개월/12개월＝600,000원

[3] 12월 31일 일반전표입력

(차) 현금과부족   50,000원   (대) 잡이익   50,000원

[4] 12월 31일 일반전표입력

(차) 대손상각비(판)   1,748,200원   (대) 대손충당금(109)   1,281,200원

                                                      대손충당금(111)   467,000원

• 대손충당금(109) : 외상매출금 128,120,000원 × 1% ＝ 1,281,200원

• 대손충당금(111) : 받을어음 46,700,000원 × 1% ＝ 467,000원

또는 [결산자료입력] 메뉴 대손상각탭에서 추가설정액에 108.외상매출금 : 1,281,200원, 110.받을어음 : 467,000원 입력하고 결산반영 후 전표추가

또는 [결산자료입력] 메뉴 5).대손상각에서 외상매출금 1,281,200원, 받을어음 467,000원 입력 후 전표추가

07 [이론문제 답안작성] 메뉴에 입력한다.

[1] 4월, 24,150,000원(총계정원장 1월~6월 101.현금 조회)

[2] 158,800,000원(재무상태표 6월 유동부채 잔액 확인)

[3] 1,320,000원(총계정원장 1월~6월 811.복리후생비 조회, 2월 1,825,000원 － 6월 505,000원)

110회 전산회계 2급 기출문제 정답 및 해설

⋅⊹⋅ 이론시험 ⋅⊹⋅

· 정답 ·

01 ③	02 ②	03 ①	04 ②	05 ①	06 ④	07 ①	08 ②	09 ②	10 ③
11 ③	12 ④	13 ③	14 ①	15 ④					

01 ③
① (차) 현금(자산의 증가)	500,000원	(대) 임대료수익(수익의 발생)	500,000원
② (차) 상품(자산의 증가)	400,000원	(대) 외상매입금(부채의 발생)	400,000원
③ (차) 이자비용(비용의 발생)	80,000원	(대) 현금(자산의 감소)	80,000원
④ (차) 토지(자산의 증가)	80,000,000원	(대) 보통예금(자산의 감소)	80,000,000원

02 ② 선급비용은 유동자산에 해당한다.

03 ① 단기매매증권 취득 시 발생한 수수료는 별도의 비용으로 처리하고, 차량운반구 취득 시 발생한 취득세는 차량운반구의 원가에 포함한다.

04 ② 기초잔액이 대변에 기록되는 항목은 부채 또는 자본 항목이다. 보기 중 외상매입금만 부채 항목이다. 받을어음과 미수금은 자산에, 광고선전비는 비용에 해당한다.

05 ① 재산세는 유형자산의 보유기간 중 발생하는 지출로, 취득원가를 구성하지 않고 지출 즉시 비용으로 처리한다.

06 ④ 당좌차월은 단기차입금으로 유동부채에 해당한다. 당좌차월, 단기차입금 및 유동성장기차입금 등은 보고기간 종료일로부터 1년 이내에 결제되어야 하므로 영업주기와 관계없이 유동부채로 분류한다. 또한 비유동부채 중 보고기간 종료일로부터 1년 이내에 자원의 유출이 예상되는 부분은 유동부채로 분류한다.

07 ① 인출금 계정은 개인기업의 사업주가 개인적 용도로 지출한 금액을 처리하는 임시계정으로 결산기일에 자본금 계정으로 대체하여 마감한다.

08 ② 선급비용은 자산에 해당하므로 재무상태표상 계정과목에 해당한다.

09 ② 미지급비용이란 당기의 수익에 대응되는 비용으로서 아직 지급되지 않은 비용을 말한다.

10 ③ 수정 후 당기순이익 330,000원 = 수정 전 당기순이익 300,000원 + 차기분 보험료 30,000원
(차) 선급보험료(자산의 증가)　　30,000원　　(대) 보험료(비용의 감소)　　　　30,000원

11 ③ 영업외비용 4,000원 = 10년 만기 은행 차입금 이자 3,000원 + 사랑의열매 기부금 1,000원

12 ④ 기타의대손상각비는 영업외비용에 해당한다.

13 ③ 전기란 분개장의 거래 기록을 해당 계정의 원장에 옮겨 적는 것을 말한다.

14 ① (A) : 재무상태, (B) : 경영성과
- 재무상태표 : 일정 시점 현재 기업의 재무상태(자산, 부채, 자본)를 나타내는 보고서
- 손익계산서 : 일정 기간 동안의 기업의 경영성과(수익, 비용)를 나타내는 보고서
- 거래의 이중성 : 회계상 거래를 장부에 기록할 때 거래내용을 차변 요소와 대변 요소로 구분하여 각각 기록해야 한다는 것
- 대차평균의 원리 : 거래의 이중성에 따라 기록된 모든 회계상 거래는 차변과 대변의 금액이 항상 일치해야 한다는 것

15 ④ 연수합계법은 유형자산의 감가상각방법의 종류이다. 재고자산의 원가결정방법으로는 개별법, 선입선출법, 후입선출법, 이동평균법, 총평균법이 있다.

❖ 실무시험 ❖

01 [회사등록] 메뉴를 열어 수정입력한다.
- 종목 : 문구및잡화 → 전자제품
- 개업연월일 : 2010-01-05 → 2010-09-14
- 사업장관할세무서 : 145.관악 → 305.대전

02 [전기분손익계산서]에서 수정한다.
- 급여(801) : 20,000,000원 → 24,000,000원
- 복리후생비(811) : 1,500,000원 → 1,100,000원
- 잡이익(930) 3,000,000원 삭제 → 임대료(904) 3,000,000원 추가입력

03 [1] [거래처등록] 메뉴에 거래처코드를 98006으로 등록하여 나머지 항목 모두 입력
[2] [거래처별초기이월]메뉴에서 수정한다.
- 외상매출금 : 믿음전자 15,000,000원 → 20,000,000원으로 수정
리트상사 5,000,000원 삭제 → ㈜형제 5,000,000원 추가입력
- 외상매입금 : 중소상사 1,000,000원 → 12,000,000원으로 수정

04 [일반전표입력] 메뉴에 추가입력한다.
[1] 07월 16일 일반전표입력

(차) 보통예금	600,000원	(대) 선수금(우와상사)	600,000원

[2] 08월 04일 일반전표입력

(차) 비품	15,000,000원	(대) 미지급금(BC카드)	15,000,000원

[3] 08월 25일 일반전표입력

(차) 세금과공과(판)	120,000원	(대) 현금	120,000원
또는 (출) 세금과공과(판)	120,000원		

[4] 09월 06일 일반전표입력

(차) 당좌예금	1,764,000원	(대) 외상매출금(수분상사)	1,800,000원
매출할인(403)	36,000원		

[5] 09월 20일 일반전표입력

(차) 복리후생비(판)	200,000원	(대) 현금	200,000원
또는 (출) 복리후생비(판)	200,000원		

[6] 10월 05일 일반전표입력

(차) 광고선전비(판)	500,000원	(대) 미지급금(삼성카드)	500,000원
		또는 미지급비용	

[7] 10월 13일 일반전표입력

(차) 기부금	500,000원	(대) 현금	500,000원
또는 (출) 기부금	500,000원		

[8] 11월 01일 일반전표입력

(차) 예수금	190,000원	(대) 보통예금	380,000원
복리후생비(판)	190,000원		

05 [일반전표입력] 메뉴에서 정정 또는 추가입력한다.

[1] 08월 16일 일반전표입력

수정 전 : (차) 운반비	50,000원	(대) 현금	50,000원
수정 후 : (차) 상품	50,000원	(대) 현금	50,000원
또는 (출) 상품	50,000원		

※ 상품 매입 시 발생한 당사 부담 운반비는 상품계정으로 처리한다.

[2] 09월 30일 일반전표입력

수정 전 : (차) 장기차입금(농협은행) 11,000,000원		(대) 보통예금	11,000,000원
수정 후 : (차) 장기차입금(농협은행) 10,000,000원		(대) 보통예금	11,000,000원
이자비용	1,000,000원		

06 결산정리사항을 입력한다.

[1] 12월 31일 일반전표입력

(차) 소모품비(판)	70,000원	(대) 소모품	70,000원

[2] 12월 31일 일반전표입력

(차) 가수금	200,000원	(대) 외상매출금(강원상사)	200,000원

[3] 12월 31일 일반전표입력

(차) 현금과부족	100,000원	(대) 잡이익	100,000원

[4] 12월 31일 일반전표입력

(차) 감가상각비	1,100,000원	(대) 감가상각누계액(209)	600,000원
		감가상각누계액(213)	500,000원

또는 결산자료입력 메뉴에서 판매비와일반관리비의 감가상각비에 차량운반구 600,000원, 비품 500,000원 입력 후 전표추가

07 [이론문제 답안작성] 메뉴에 입력한다.

[1] 드림상사, 4,200,000원(거래처원장 1월~6월 108.외상매출금 조회)

[2] 2,524,000원(총계정원장 1월~6월 811.복리후생비 조회)

[3] 16,000,000원(재무상태표 6월 조회, 차량운반구 22,000,000원 - 차량운반구 감가상각누계액 6,000,000원)

111회 전산회계 2급 기출문제 정답 및 해설

✧ 이론시험 ✧

·정답·

01 ④	02 ①	03 ②	04 ④	05 ③	06 ③	07 ②	08 ④	09 ②	10 ④
11 ①	12 ③	13 ③	14 ①	15 ②

01 ④ 단식부기에 대한 설명이다.

02 ① '유형자산'은 재화의 생산, 용역의 제공, 타인에 대한 임대 또는 자체적으로 사용할 목적으로 보유하는 물리적 형체가 있는 자산으로서, 1년을 초과하여 사용할 것이 예상되는 자산을 말한다.
유형자산에 해당하는 것은 건물이다.

03 ② 현금및현금성자산은 통화 및 타인발행수표 등 통화대용증권과 당좌예금, 보통예금 및 큰 거래비용 없이 현금으로 전환이 용이하고 이자율 변동에 따른 가치변동의 위험이 경미한 금융상품으로서 취득 당시 만기일(또는 상환일)이 3개월 이내인 것을 말한다.

04 ④ 단식회계는 일정한 원칙이 없이 작성하는 회계이다.

05 ③ 판매하여 수익을 인식한 기간에 매출원가(비용)로 인식한다.

06 ③ 현금 수취 거래가 있었으나 그 내용이 확정되지 않은 경우 임시로 사용하는 계정과목은 가수금이다.

07 ② 회계처리 : (차) 기업업무추진비　　　　22,000원　(대) 현금　　　　　　　　　　22,000원

08 ④ 기말재고자산 금액이 증가하면 매출원가가 감소하고, 매출총이익은 증가한다.
- 매출원가 : 기초재고액 + 당기 매입액 − 기말재고액
- 매출총이익 = 순매출액 − 매출원가

구분	매출원가	매출총이익
기말재고 감소	증가	감소
기말재고 증가	감소	증가

09 ② 판매비와관리비에 해당하는 계정과목은 보험료, 세금과공과로 2개이다.
미수금과 선급비용은 자산항목, 미지급비용은 부채항목, 이자비용과 기부금은 영업외비용에 해당한다.

10 ④ 당기순이익 : 기말자본금 830,000원 − 기초자본금 820,000원 = 10,000원
- 기말자본금 : 유동자산(현금) 220,000원 + 비유동자산(건물) 700,000원 − 부채(외상매입금) 90,000원 = 830,000원

11 ① ① (차) 차량운반구(자산의 증가)   1,000,000원   (대) 현금(자산의 감소)   1,000,000원
② (차) 임차료(비용의 발생)   1,000,000원   (대) 현금(자산의 감소)   1,000,000원
③ (차) 현금(자산의 증가)   1,000,000원   (대) 이자수익(수익의 발생)   1,000,000원
④ (차) 상품(자산의 증가)   1,000,000원   (대) 외상매입금(부채의 증가)   1,000,000원

12 ③ 자본적 지출에 해당한다. ①, ②, ④는 수익적 지출에 해당한다.

13 ③ 개인기업의 대표자 소득세 납부는 인출금으로, 사옥 건물에 대한 재산세는 세금과공과로 처리한다.

14 ① 매입채무 50,000원 = 지급어음 20,000원 + 외상매입금 30,000원

15 ② 기초자본 180,000원 = 기말자본 200,000원 − 총수익 100,000원 + 총비용 80,000원

✛ 실무시험 ✛

01 [회사등록] 메뉴를 열어 수정입력한다.
- 대표자명 수정 : 이기호 → 박연원
- 업태 수정 : 제조 → 도소매
- 개업연월일 수정 : 2017.08.02. → 2012.02.02.

02 [전기분재무상태표]에서 수정한다.
- 미수금 600,000원 추가입력
- 지급어음 810,000원 → 8,100,000원으로 수정
- 단기차입금 500,000원 → 5,000,000원으로 수정

03 [1] [거래처별초기이월] 메뉴에서 수정한다.
- 외상매입금 : 고래전자 10,000,000원 → 12,000,000원으로 수정
  석류상사 27,000,000원 추가입력
- 미지급금 : 앨리스상사 2,500,000원 → 25,000,000원으로 수정

[2] [계정과목및적요등록] 메뉴에서 103.보통예금 계정의 현금적요란 5번에 "미수금 보통예금 입금" 입력

04 [일반전표입력] 메뉴에서 추가입력한다.

[1] 07월 13일 일반전표입력

(차) 보통예금	2,000,000원	(대) 대손충당금(109)	2,000,000원

[2] 08월 01일 일반전표입력

(차) 외상매입금(남선상사)	2,000,000원	(대) 받을어음(오름상사)	2,000,000원

[3] 08월 31일 일반전표입력

(차) 임차보증금(온천상가)	20,000,000원	(대) 보통예금	20,000,000원

[4] 09월 02일 일반전표입력

(차) 인출금	1,500,000원	(대) 미지급금(삼성카드)	1,500,000원
또는 자본금			

[5] 09월 16일 일반전표입력

(차) 현금	9,000,000원	(대) 차량운반구	10,000,000원
감가상각누계액(209)	2,000,000원	유형자산처분이익	1,000,000원

[6] 09월 30일 일반전표입력

(차) 보통예금	10,000,000원	(대) 장기차입금(우리은행)	10,000,000원

[7] 10월 02일 일반전표입력

(차) 상품	2,200,000원	(대) 외상매입금(포스코상사)	2,000,000원
		현금	200,000원

[8] 10월 29일 일반전표입력

(차) 선급금(효은상사)	1,000,000원	(대) 보통예금	1,000,000원

05 [일반전표입력] 메뉴에서 정정 또는 추가입력한다.

[1] 10월 05일 일반전표입력

수정 전 : (차) 수선비(판)	1,300,000원	(대) 현금	1,300,000원
수정 후 : (차) 건물	13,000,000원	(대) 현금	13,000,000원
또는 (출) 건물	13,000,000원		

[2] 10월 13일 일반전표입력

수정 전 : (차) 복리후생비(판)	400,000원	(대) 미지급금(삼성카드)	400,000원
수정 후 : (차) 기업업무추진비(판)	400,000원	(대) 미지급금(삼성카드)	400,000원

06 결산정리사항을 입력한다.

[1] 12월 31일 일반전표입력

(차) 미수수익	1,500,000원	(대) 이자수익	1,500,000원

[2] 12월 31일 일반전표입력

(차) 선급비용	120,000원	(대) 보험료(판)	120,000원

[3] 12월 31일 일반전표입력

(차) 단기매매증권	100,000원	(대) 단기매매증권평가이익	100,000원

• 단기매매증권평가이익 : (기말 공정가치 1,600원 − 취득원가 1,500원) × 1,000주 = 100,000원

[4] 12월 31일 일반전표입력

(차) 대손상각비	563,500원	(대) 대손충당금(외상매출금)	323,500원
		대손충당금(받을어음)	240,000원

• 외상매출금 : 322,350,000원 × 1% − 2,900,000원 = 323,500원

• 받을어음 : 28,300,000원 × 1% − 43,000원 = 240,000원

또는 [결산자료입력] 메뉴 5).대손상각에서 외상매출금 323,500원, 받을어음 240,000원 입력하고 결산반영 후 전표추가

07 [이론문제 답안작성] 메뉴에 입력한다.

[1] 3건(계정별원장 3월 108.외상매출금 조회)

[2] 5,200,000원(거래처원장 1월~6월 131.선급금 조회하여 1010.자담상사의 잔액 확인)

[3] 23,400,000원(총계정원장 1월~6월 101.현금 조회, 입금액 5월 44,000,000원 − 출금액 2월 20,600,000원)

112회 전산회계 2급 기출문제 정답 및 해설

÷ 이론시험 ÷

· 정답 ·

01 ②	02 ③	03 ①	04 ①	05 ④	06 ②	07 ③	08 ④	09 ①	10 ③
11 ①	12 ②	13 ③	14 ④	15 ②					

01 ② 손익계산서의 총비용과 총수익을 비교하여 당기순손익을 구하는 방법은 손익법이며, 재산법은 기초자본과 기말자본을 비교하여 당기순이익을 계산하는 방법이다.

02 ③ 당기 외상매입금 지급액 210,000원 = 기초 외상매입금 60,000원 + 당기 외상매입액 300,000원 − 매입환출 30,000원 − 기말 외상매입금 120,000원

외상매입금

매입환출	30,000원	기초액	60,000원
지급액	210,000원	외상매입액	300,000원
기말액	120,000원		
	360,000원		360,000원

03 ① 이자비용은 영업외비용에 속한다.

04 ① 유형자산의 처분은 결산 수정분개의 대상 항목이 아니다.

05 ④ 본사 건물 임차보증금은 유형자산에 속하지 않는 기타비유동자산이다.

06 ② 유동성이 높은 순서는 당좌자산＞재고자산＞유형자산＞기타비유동자산 순이다.

07 ③ 당기매매증권처분손익 300,000원 = 처분가액 1,900,000원 − 장부가액 1,600,000원
• 처분가액 : 매도금액 2,000,000원 − 매각 수수료 100,000원 = 1,900,000원

08 ④ 선급금은 당좌자산이다.

09 ① 매출채권(외상매출금, 받을어음)에 대해서 대손충당금 설정이 가능하다.
    • 지급어음, 미지급금, 선수금은 모두 부채 항목이다.

10 ③ 매출총이익 200,000원 = 순매출액 800,000원 − 매출원가 600,000원
    • 손익계정의 매입은 매출원가를 의미하며, 매출은 순매출액을 의미한다.

11 ① 재무제표는 재무상태표, 손익계산서, 현금흐름표, 자본변동표로 구성되며, 주석을 포함한다.

12 ② 자본 500,000원 = 자산 1,100,000원 − 부채 600,000원
    • 자산 : 현금 100,000원 + 상품 1,000,000원 = 1,100,000원
    • 부채 : 선수금 300,000원 + 외상매입금 200,000원 + 단기차입금 100,000원 = 600,000원

13 ③ 자본적 지출액은 취득원가에 가산되며 감가상각을 통해 비용으로 처리된다.

14 ④ (차) 보통예금(자산의 증가)   300,000원   (대) 이자수익(수익의 발생)   300,000원

15 ② 전기이월 잔액이 대변에 표시되는 계정은 부채 또는 자본이다. 보기 항목 중 미지급금(부채)만이
    적합하다. 미수금, 선급금, 외상매출금은 모두 자산계정이다.

∻ 실무시험 ∻

01 [회사등록] 메뉴를 열어 수정입력한다.
    • 사업자등록번호 : 350-52-35647 → 305-52-36547
    • 사업장주소 : 부산광역시 해운대구 중동 777 → 대전광역시 중구 대전천서로 7(옥계동)
    • 종목 : 신발 의류 잡화 → 문구 및 잡화

02 [전기분손익계산서]에서 수정한다.
    • 401.상품매출 227,000,000원 → 237,000,000원
    • 812.여비교통비 → 0811.복리후생비
    • 970.유형자산처분손실 12,000,000원 추가 입력

03 [1] [거래처별초기이월] 메뉴에서 수정한다.
- 받을어음 : 아진상사 2,000,000원 → 5,000,000원
- 외상매입금 : 대영상사 15,000,000원 → 20,000,000원
- 예수금 : 대전세무서 300,000원 추가 입력

[2] [거래처등록] 메뉴의 신용카드 탭에 거래처코드를 99603으로 등록하여 나머지 항목 모두 입력

04 [일반전표입력] 메뉴에서 추가입력한다.

[1] 08월 09일 일반전표입력

(차) 선급금((주)모닝)	200,000원	(대) 현금		200,000원

[2] 08월 20일 일반전표입력

(차) 차량운반구	7,300,000원	(대) 미지급금(삼성카드)		7,000,000원
		보통예금		300,000원

[3] 09월 25일 일반전표입력

(차) 급여(판)	3,700,000원	(대) 예수금		512,760원
		보통예금		3,187,240원

[4] 10월 02일 일반전표입력

(차) 기업업무추진비(판)	2,000,000원	(대) 미지급금(삼성카드)		3,000,000원
복리후생비(판)	1,000,000원			

[5] 11월 17일 일반전표입력

(차) 당좌예금	12,000,000원	(대) 상품매출		35,000,000원
받을어음((주)새로운)	23,000,000원			

[6] 12월 01일 일반전표입력

(차) 건물	15,000,000원	(대) 보통예금		15,000,000원

[7] 12월 27일 일반전표입력

(차) 수수료비용(판)	300,000원	(대) 현금		300,000원

[8] 12월 29일 일반전표입력

(차) 현금	30,000원	(대) 현금과부족		300,000원

05 [일반전표입력] 메뉴에서 정정 또는 추가입력한다.

[1] 07월 10일 일반전표입력

수정 전 : (차) 보통예금	200,000원	(대) 외상매출금(하진상사)	200,000원
수정 후 : (차) 보통예금	200,000원	(대) 선수금(하진상사)	200,000원

[2] 11월 25일 일반전표입력

수정 전 : (차) 세금과공과	200,000원	(대) 현금	200,000원
수정 후 : (차) 인출금	200,000원	(대) 현금	200,000원

06 결산정리사항을 입력한다.

[1] 12월 31일 일반전표입력

(차) 임차료(판)	500,000원	(대) 미지급비용	500,000원

[2] 12월 31일 일반전표입력

(차) 미수수익	300,000원	(대) 이자수익	300,000원

[3] 12월 31일 일반전표입력

(차) 보통예금	800,000원	(대) 단기차입금(기업은행)	800,000원

[4] 12월 31일 일반전표입력

(차) 감가상각비	5,500,000원	(대) 감가상각누계액(비품)	5,500,000원

또는 [결산자료입력] 메뉴 판매비와관리비 감가상각비 비품칸에 5,500,000원 입력하고 결산반영 후 전표추가

07 [이론문제 답안작성] 메뉴에 입력한다.

[1] 2월(현금출납장 1월~5월 조회하여 지출이 가장 많은 달을 확인)

[2] 12,000,000원(일월계표 월계표 탭에서 1월~6월 조회하여 급여 차변 현금액 확인)

[3] 5,000,000원(계정별원장 6월 1일~6월 30일, 계정과목 0110.받을어음 조회하여 확인)

113회 전산회계 2급 기출문제 정답 및 해설

÷ 이론시험 ÷

·정답·

01	④	02	①	03	②	04	③	05	②	06	①	07	②	08	④	09	③	10	①
11	②	12	④	13	①	14	③	15	④										

01 ④ (차) 통신비 　　　　50,000원(비용의 발생) 　(대) 보통예금 　　　　50,000원(자산의 감소)

02 ① 대변에 잔액이 남는 계정은 부채계정, 자본계정, 수익계정이다. 임대료 수입은 수익계정에 해당된다.

03 ② 기말상품재고액이 과대계상이므로 매출원가는 과소계상된다.
- 매출원가 = 기초상품재고액 + 당기상품순매입액 − 기말상품재고액
- 기말상품재고액은 차기이월 상품이므로 재고자산은 과대계상된다. 매출원가가 과소계상이면 매출총이익(매출액−매출원가)은 과대계상되고, 매출총이익이 과대이므로 당기순이익도 과대계상된다.

04 ③ 단기대여금은 유동자산 중 당좌자산에 해당한다. 유동성배열법에 의하여 재무상태표를 작성할 경우, 유동성이 높은 자산부터 나열하므로 비유동자산인 영업권(무형자산), 장기대여금(투자자산), 건물(유형자산)은 유동자산(당좌자산)인 단기대여금보다 아래에 나타난다.

05 ② 유형자산 중 토지와 건설중인자산을 제외한 모든 유형자산은 감가상각을 해야 한다.

06 ① 자본 1,000,000원 = 자산 1,400,000원 − 부채 400,000원
- 자산 : 현금 300,000원 + 대여금 100,000원 + 선급금 200,000원 + 재고자산 800,000원 = 1,400,000원
- 부채 : 매입채무 100,000원 + 사채 300,000원 = 400,000원

재무상태표

현　　　　금	300,000	매 입 채 무	100,000
대　여　금	100,000	사　　　　채	300,000
선　급　금	200,000	자　본　금	1,000,000
재 고 자 산	800,000		
	1,400,000		1,400,000

07 ② 일정 시점의 기업이 보유하고 있는 자산, 부채, 자본에 대한 정보를 제공하는 재무보고서는 재무상태표이다. 보기 중 매출원가, 이자비용, 급여는 일정 기간 동안의 기업 경영 성과에 대한 정보를 제공하는 손익계산서를 구성하는 계정과목이다.

08 ④ 우표는 비용에 해당하며, 통신비 계정으로 처리한다.

09 ③ 기말 대손충당금 잔액 10,000원 = 기말 매출채권 1,000,000원 × 1%
  • 기말 매출채권 : 기초 매출채권 500,000원 + 당기 매출액 2,000,000원 − 당기 회수액 1,500,000원 = 1,000,000원

10 ① 부채 100,000원 = 선수금 70,000원 + 선수수익 30,000원
  • 선수금과 선수수익이 부채계정에 해당하고 그 외 계정은 자산계정에 해당한다.

11 ② 거래 발생 → (가. 분개) → 전기 → 수정 전 시산표 작성 → (나. 결산 정리 분개) → 수정 후 시산표 작성 → (다. 각종 장부 마감) → 결산보고서 작성

12 ④ 매입부대비용은 재고자산 취득원가에 가산하는 계정으로 차감하는 계정이 아니다.

13 ① 보험료는 판매비와관리비로 영업외비용에 해당하지 않는다.

14 ③ 후입선출법에 대한 설명이다.

15 ④ 취득가액 1,040,000원 = 토지 1,000,000원 + 취득세 40,000원
  • 무상으로 취득한 자산의 취득가액은 공정가치로 하며, 취득 과정에서 발생한 취득세, 수수료 등은 취득원가에 가산한다.

✛ 실무시험 ✛

01 [회사등록] 메뉴를 열어 수정입력한다.
- 대표자명 : 최연제 → 정성찬 수정
- 종목 : 스포츠 용품 → 문구 및 잡화 수정
- 개업연월일 : 2018-07-14 → 2018-04-08 수정

02 [전기분손익계산서]에서 수정한다.
- 급여 10,000,000원 → 20,000,000원으로 수정
- 임차료 2,100,000원 → 2,300,000원으로 수정
- 통신비 400,000원 → 운반비 400,000원으로 수정

03 [1] [계정과목및적요등록] 메뉴에서 146.상품 계정의 현금적요란 3번에 "수출용 상품 매입"을 입력한다.
[2] [거래처별초기이월] 메뉴에서 수정한다.
- 외상매입금 : 동오상사 10,000,000원 추가 입력
- 지급어음 : 디오상사 3,000,000원 → 3,500,000원으로 수정
  망도상사 3,000,000원 추가 입력

04 [일반전표입력] 메뉴에서 추가입력한다.
[1] 08월 10일 일반전표입력

(차) 현금	2,400,000원	(대) 외상매출금(수민상회)	2,400,000원

[2] 08월 25일 일반전표입력

(차) 기업업무추진비(판)	200,000원	(대) 현금	200,000원

[3] 09월 02일 일반전표입력

(차) 예수금	100,000원	(대) 보통예금	220,000원
복리후생비(판)	120,000원		

[4] 09월 20일 일반전표입력

(차) 세금과공과(판)	500,000원	(대) 현금	500,000원

[5] 09월 25일 일반전표입력

(차) 지급어음(가은상사)	3,500,000원	(대) 보통예금	3,500,000원

[6] 10월 05일 일반전표입력

(차) 현금	4,000,000원	(대) 상품매출	10,000,000원
외상매출금(한능협)	6,000,000원		

[7] 10월 20일 일반전표입력

    (차) 수도광열비(판)   30,000원   (대) 미지급금(삼성카드)   130,000원

         소모품비(판)   100,000원

[8] 11월 10일 일반전표입력

    (차) 선납세금   15,400원   (대) 이자수익   100,000원

         보통예금   84,600원

05 [일반전표입력] 메뉴에서 정정 또는 추가입력한다.

[1] 08월 06일 일반전표입력

    수정 전 : (차) 미지급금(신한카드)   6,000,000원   (대) 보통예금   6,000,000원

    수정 후 : (차) 미지급금(하나카드)   6,000,000원   (대) 보통예금   6,000,000원

[2] 10월 25일 일반전표입력

    수정 전 : (차) 급여   4,200,000원   (대) 보통예금   4,200,000원

    수정 후 : (차) 급여   4,200,000원   (대) 예수금   635,010원

                                        보통예금   3,564,990원

06 결산정리사항을 입력한다.

[1] 12월 31일 일반전표입력

    (차) 임차료(판)   18,000,000원   (대) 선급비용   18,000,000원

    • 24,000,000원 × 9/12 = 18,000,000원

[2] 12월 31일 일반전표입력

    (차) 외상매출금(미국BRIZ사)   2,000,000원   (대) 외화환산이익   2,000,000원

    • 외화환산이익 : (1,100원 × $20,000) − 20,000,000원 = 2,000,000원

[3] 12월 31일 일반전표입력

    (차) 세금과공과(판)   15,000원   (대) 현금과부족   15,000원

[4] 12월 31일 일반전표입력

    (차) 상품매출원가   129,100,000원   (대) 상품   129,100,000원

    • 매출원가 : 기초상품재고액 4,000,000원 + 당기상품매입액 129,600,000원 − 기말상품재고액

      4,500,000원 = 129,100,000원

    또는 [결산자료입력] 메뉴 기말상품재고액에 4,500,000원 입력하고 결산반영 후 전표추가

07 [이론문제 답안작성] 메뉴에 입력한다.

[1] 4,060,000원(거래처원장 1월~6월 계정과목 251.외상매입금 중 거래처 00120.어룡상사 차변합계

    확인)

[2] 4,984,300원(총계정원장 월별탭 1월~6월 0811.복리후생비(판) 차변 합계 확인)

[3] 86,188,000원(재무상태표 6월 조회, 유동자산 280,188,000원−유동부채 194,000,000원)

114회 전산회계 2급 기출문제 정답 및 해설

÷ 이론시험 ÷

·정답·

01 ③	02 ②	03 ②	04 ④	05 ④	06 ④	07 ③	08 ①	09 ④	10 ②
11 ④	12 ③	13 ①	14 ④	15 ④					

01 ③ 부채의 감소는 차변, 수익의 증가는 대변에 기록한다.

02 ② 잡이익
- 1월 30일 : (차) 현금 　　　　　　　　　100,000원 　(대) 현금과부족 　　　　　100,000원
- 7월 1일 : 　(차) 현금과부족 　　　　　70,000원 　(대) 이자수익 　　　　　　70,000원
- 12월 31일 : (차) 현금과부족 　　　　　30,000원 　(대) 잡이익 　　　　　　　30,000원

03 ② 화재나 사고로 손실이 발생한 경우 영업외비용 항목인 재해손실 계정으로 처리한다.
- 급여(①), 임차료(③), 복리후생비(④)는 모두 판매비와관리비 항목에 해당한다.

04 ④ 당기발생액 600,000원 = 당기 회수액 600,000원 + 기말잔액 300,000원 + 에누리액 100,000원 − 기초잔액 400,000원

외상매출금			
기 초 잔 액	400,000원	당 기 회 수 액	600,000원
당 기 발 생 액	600,000원	에 누 리 액	100,000원
		기 말 잔 액	300,000원

05 ④ 후입선출법의 특징을 설명한 자료들이다.

06 ④ 취득가액 10,000,000원 = 처분가액 12,000,000원 − 유형자산처분이익 7,000,000원 + 감가상각누계액 5,000,000원
- 유형자산처분이익 : 처분가액 12,000,000원 − (취득가액 10,000,000원 − 감가상각누계액 5,000,000원) = 7,000,000원

07 ③ 기말자본 1,800,000원 = 기초자본 1,300,000원 + 당기총수익 2,000,000원 - 당기총비용 1,500,000원

08 ① 손익을 이연하기 위한 계정과목은 선급비용과 선수수익이 있다.

09 ④ 비품은 유형자산에 해당한다.

10 ② (가) 선수수익, (나) 예수금

11 ④ 이자비용 발생에 해당하며 영업외비용으로 인식한다.

12 ③ 현금이 증가하고 외상매출금이 감소하는 분개로서 매출대금을 판매 즉시 수령하지 않고 외상으로 처리한 후, 현금을 수령한 시점에 발생한 분개이다.

13 ① 시산표는 결산을 확정하기 전에 분개장으로부터 총계정원장의 각 계정으로 정확하게 전기되었는지를 확인하기 위해서 대차평균의 원리를 이용하여 작성하는 집계표이다.

14 ④ 기말 재고자산 600,000원 = 창고 보관 재고액 500,000원 + 위탁 재고자산 100,000원
  • 수탁자에게 보내고 판매 후 남은 적송품도 회사의 재고자산이며, 위수탁판매 수수료는 판매관리비에 해당한다.

15 ④ 매출총이익 1,100,000원 = 매출액 2,000,000원 - 매출원가 900,000원
  • 매출원가 : 200,000원 + 1,000,000원 - 300,000원 = 900,000원
  • 판매사원에 대한 급여는 판매관리비로 분류한다.

⊹ 실무시험 ⊹

01 [회사등록] 메뉴를 열어 수정입력한다.
- 대표자명 정정 : 안병남 → 이두일
- 개업연월일 수정 : 2016년 10월 05일 → 2014년 01월 24일
- 관할세무서 수정 : 508.안동 → 305.대전

02 [전기분재무상태표]에서 수정한다.
- 받을어음 : 69,300,000원 → 65,000,000원으로 수정
- 감가상각누계액(209) : 11,750,000원 → 10,750,000원으로 수정
- 장기차입금 116,350,000원 추가 입력

03 [1] [거래처등록] 메뉴의 금융기관 탭에서 거래처코드를 98100으로 등록하여 나머지 항목 모두 입력
[2] [거래처별초기이월] 메뉴에서 수정한다.
- 외상매출금 : 태양마트 15,000,000원 → 34,000,000원으로 수정
- 단기차입금 : 은산상사 35,000,000원 → 20,000,000원으로 수정
  종로상사 5,000,000원 삭제 → 일류상사 3,000,000원 추가

04 [일반전표입력] 메뉴에서 추가입력한다.
[1] 07월 03일 일반전표입력

| (차) 단기차입금(대전상사) | 8,000,000원 | (대) 당좌예금 | 8,000,000원 |

[2] 07월 10일 일반전표입력

| (차) 여비교통비(판) | 50,000원 | (대) 현금 | 50,000원 |

[3] 08월 05일 일반전표입력

| (차) 대손충당금(109) | 900,000원 | (대) 외상매출금(능곡가구) | 5,000,000원 |
| 대손상각비 | 4,100,000원 | | |

[4] 08월 13일 일반전표입력

| (차) 토지 | 1,000,000원 | (대) 현금 | 1,000,000원 |

[5] 09월 25일 일반전표입력

| (차) 임차료(판) | 750,000원 | (대) 보통예금 | 800,000원 |
| 건물관리비(판) | 50,000원 | | |

[6] 10월 24일 일반전표입력

| (차) 잡급(판) | 100,000원 | (대) 현금 | 100,000원 |

[7] 11월 15일 일반전표입력

| (차) 선급금(아린상사) | 4,500,000원 | (대) 당좌예금 | 4,500,000원 |

[8] 11월 23일 일반전표입력

    (차) 차량운반구   20,000,000원   (대) 미지급금(국민카드)   20,000,000원

05 [일반전표입력] 메뉴에서 정정 또는 추가입력한다.

[1] 08월 16일 일반전표입력

    수정 전 : (차) 임차료(판)   1,000,000원   (대) 보통예금   1,000,000원

    수정 후 : (차) 임차보증금(경의상사) 1,000,000원   (대) 보통예금   1,000,000원

[2] 09월 30일 일반전표입력

    수정 전 : (차) 토지   300,000원   (대) 보통예금   300,000원

    수정 후 : (차) 세금과공과(판)   300,000원   (대) 보통예금   300,000원

06 결산정리사항을 입력한다.

[1] 12월 31일 일반전표입력

    (차) 이자비용   360,000원   (대) 미지급비용   360,000원

[2] 12월 31일 일반전표입력

    (차) 외상매입금((주)디자인가구) 500,000원   (대) 가지급금   500,000원

[3] 12월 31일 일반전표입력

    (차)소모품비(판)   400,000원   (대) 소모품   400,000원

[4] 12월 31일 일반전표입력

    (차) 대손상각비(판)   4,431,400원   (대) 대손충당금(109)   3,081,400원

                                               대손충당금(111)   1,350,000원

- 대손충당금(109) : 외상매출금 154,070,000원 × 2% - 0원 = 3,081,400원
- 대손충당금(111) : 받을어음 100,000,000원 × 2% - 650,000원 = 1,350,000원

또는 [결산자료입력] 메뉴 판매비와관리비 5).대손상각에 외상매출금 3,081,400원 입력, 받을어음 1,350,000원 입력하고 결산반영 후 전표추가

07 [이론문제 답안작성] 메뉴에 입력한다.

[1] 130,000,000원(재무상태표 2025년 4월 252.지급어음 금액 확인)

[2] 60,000,000원(일월계표 일계표탭에서 5월 1일~5월 31일 108.외상매출금 대변금액 확인)

[3] 5월, 300,000원(총계정원장 1월~6월 811.복리후생비 차변금액 확인)

115회 전산회계 2급 기출문제 정답 및 해설

✛ 이론시험 ✛

·정답·

01 ③	02 ②	03 ④	04 ①	05 ④	06 ④	07 ④	08 ②	09 ④	10 ①
11 ①	12 ③	13 ①	14 ④	15 ②					

01 ③ 30,000원 + 70,000원 = 100,000원
- 현금및현금성자산
  - 통화(주화, 지폐), 통화대용증권(자기앞수표 등)
  - 요구불예금(당좌예금, 보통예금 등)
  - 취득 당시 만기가 3개월 이내에 도래하는 금융상품
- 당좌개설보증금은 사용이 제한된 예금으로서 단기투자자산이다.

02 ② 거래 발생 → (가. 분개) → 전기 → 수정 전 시산표 작성 → (나. 결산 정리 분개) → 수정 후 시산표 작성 → (다. 각종 장부 마감) → 결산보고서 작성

03 ④ 손익 계정의 자본금 80,000원은 당기순이익이다.
- 매출총이익 : 매출액 260,000원 − 상품매출원가 120,000원 = 140,000원

04 ① 미지급금, 미지급비용 모두 부채에 해당한다.

05 ④ 자산, 부채, 자본 항목에 속하는 계정과목은 차기이월로 마감한다.

06 ④ 보유 중에 발생한 수선유지비는 당기 비용인 수선비로 처리한다.
- 유형자산의 취득원가를 구성하는 항목은 다음과 같다.
  (1) 설치장소 준비를 위한 지출
  (2) 외부 운송 및 취급비
  (3) 설치비
  (4) 설계와 관련하여 전문가에게 지급하는 수수료
  (5) 유형자산의 취득과 관련하여 국·공채 등을 불가피하게 매입하는 경우 당해 채권의 매입금액과 일반기업회계기준에 따라 평가한 현재가치와의 차액
  (6) 자본화대상인 차입원가

    (7) 취득세, 등록세 등 유형자산의 취득과 직접 관련된 제세공과금

    (8) 해당 유형자산의 경제적 사용이 종료된 후에 원상회복을 위하여 그 자산을 제거, 해체하거나 또는 부지를 복원하는 데 소요될 것으로 추정되는 원가가 충당부채의 인식요건을 충족하는 경우 그 지출의 현재가치(이하 '복구원가'라 한다.)

    (9) 유형자산이 정상적으로 작동되는지 여부를 시험하는 과정에서 발생하는 원가. 단, 시험과정에서 생산된 재화(◎ 장비의 시험과정에서 생산된 시제품)의 순매각금액(매각금액에서 매각부대원가를 뺀 금액)은 당해 원가에서 차감한다.

07 ④ 다, 라

이자비용과 유형자산처분손실은 영업외비용에 해당한다.

08 ② 자산 항목의 잔액은 차변에 기록하고, 부채 항목의 잔액은 대변에 기록한다. 선급금은 자산 항목이므로 차변에 기록되는 것이 올바르다.

09 ④ 연수합계법

- 통상적으로 상호 교환될 수 없는 재고항목이나 특정 프로젝트별로 생산되는 제품 또는 서비스의 원가는 개별법을 사용하여 결정한다(일반기업회계기준 7.12).
- 문단 7.12가 적용되지 않는 재고자산의 단위원가는 선입선출법이나 가중평균법 또는 후입선출법을 사용하여 결정한다(일반기업회계기준 7.13).

10 ① 상품 판매에 대한 의무의 이행 없이 계약금을 먼저 받은 것은 선수금이며 부채에 해당한다.

11 ① (가) 재무상태표, (나) 손익계산서에 대한 설명이다.

12 ③ 건설중인자산은 원칙적으로 감가상각을 하지 않는다.

13 ① 당기 순매입액 42,000원 = 당기 상품매입액 50,000원 - 매입할인 8,000원

14 ④ 기말자본 460,000원 = 기초자본 300,000원 + 당기순이익 160,000원

15 ② 소득세는 영업외비용에 해당하지 않는다.

✛ 실무시험 ✛

01 [회사등록] 메뉴를 열어 수정입력한다.
- 업태 수정입력 : 제조 → 도소매
- 종목 수정입력 : 금속제품 → 신발
- 개업연월일 : 2015년 9월 23일 → 2011년 9월 23일

02 [전기분손익계산서]에서 수정한다.
- 매출원가>당기상품매입액 : 180,000,000원 → 190,000,000원으로 수정
- 판매비와관리비>수수료비용 : 2,000,000원 → 2,700,000원으로 수정
- 영업외비용>잡손실 : 300,000원 추가 입력

03 [1] [계정과목및적요등록] 메뉴에서 판매비와관리비 803.상여금계정과목의 현금적요란 2번에 "명절 특별 상여금 지급"을 입력한다.
[2] [거래처별초기이월] 메뉴에서 수정한다.
- 외상매출금 : 폴로전자 4,200,000원 → 15,800,000원으로 수정
  예진상회 2,200,000원 → 13,000,000원으로 수정
- 지급어음 : 주언상사 3,400,000원 추가 입력

04 [일반전표입력] 메뉴에서 추가입력한다.

[1] 07월 29일 일반전표입력

(차) 수선비(판)	150,000원	(대) 미지급금(국민카드)	150,000원

[2] 08월 18일 일반전표입력

(차) 이자비용	900,000원	(대) 보통예금	900,000원

[3] 08월 31일 일반전표입력

(차) 외상매입금(넥사상사)	3,000,000원	(대) 현금	3,000,000원

[4] 09월 20일 일반전표입력

(차) 기부금	500,000원	(대) 현금	500,000원

[5] 10월 15일 일반전표입력

(차) 임차보증금(동작빌딩)	10,000,000원	(대) 보통예금	10,000,000원

[6] 11월 04일 일반전표입력

(차) 감가상각누계액(207)	10,000,000원	(대) 기계장치	20,000,000원
보통예금	10,000,000원		

[7] 12월 01일 일반전표입력

(차) 차량운반구	32,100,000원	(대) 보통예금	32,100,000원

[8] 12월 10일 일반전표입력

(차) 기업업무추진비(판)   100,000원   (대) 현금   100,000원

05 [일반전표입력] 메뉴에서 정정 또는 추가입력한다.

[1] 10월 25일 일반전표입력

수정 전 : (차) 건물   5,000,000원   (대) 현금   5,000,000원

수정 후 : (차) 수선비(판)   5,000,000원   (대) 현금   5,000,000원

[2] 11월 10일 일반전표입력

수정 전 : (차) 장기차입금(신한은행)   1,000,000원   (대) 보통예금   1,000,000원

수정 후 : (차) 이자비용   1,000,000원   (대) 보통예금   1,000,000원

06 결산정리사항을 입력한다.

[1] 12월 31일 일반전표입력

(차) 미수수익   300,000원   (대) 임대료   300,000원

[2] 12월 31일 일반전표입력

(차) 단기매매증권평가손실   200,000원   (대) 단기매매증권   200,000원

• 단기매매증권평가손실 : (6,000원 − 4,000원) × 100주 = 200,000원

[3] 12월 31일 일반전표입력

(차) 선급비용   450,000원   (대) 보험료(판)   450,000원

• 선급비용 : 600,000원 × 9개월/12개월 = 450,000원

[4] 12월 31일 일반전표입력

(차) 감가상각비(판)   1,100,000원   (대) 감가상각누계액(209)   600,000원

감가상각누계액(213)   500,000원

또는 [결산자료입력] 메뉴에서 판매비와관리비 감가상각비란에 차량운반구 600,000원, 비품 500,000원 입력 후 전표추가

07 [이론문제 답안작성] 메뉴에 입력한다.

[1] 247,210,500원(재무상태표 2025년 6월 당좌자산 금액 확인)

[2] 1,650,000원(총계정원장 1월 1일~6월 30일, 833.광고선전비 금액 확인)

[3] ① 10,500,000원 ② 500,000원(거래처원장 1월 1일~6월 30일 계정과목 전체조회, 거래처 00111. 유화산업 계정과목별 잔액 확인)

AUTHOR
저자 소개

공경태
약력
- 충북대학교 일반대학원 회계학과 경영학박사(세무회계 전공)
- 서울디지털대학교 세무회계학과 교수
- 한국산업인력공단 과정평가형(사무자동화산업기사/전산회계운용사) 국가기술자격 시험출제위원 및 외부심사평가위원
- 한국생산성본부 ERP 정보관리사 시험출제위원
- 한국공인회계사회 FAT/TAT 시험출제 및 선정위원, 채점위원장
- 전국상업경진대회 시험출제 및 감수위원
- 직업훈련교사 회계 1급, ERP 정보관리사 1급(인사·회계·생산·물류), 전산세무 1급, TAT 1급 등 다수 자격증 보유
- 직업훈련교사 독공회계 1급, ERP 정보관리사

저서
- 독공 전산세무 1,2급, 독공 전산회계 1,2급, 독공 TAT(세무실무) 1,2급, 독공 FAT(회계실무) 1,2급 (박문각출판)

박병규
약력
- 수원대학교 회계학과 졸업
- 인성회계직업전문학원 대표 회계강사
- 직업능력개발교사(회계, 재무, 생산관리, 일반판매, e-비지니스)
- 전산회계운용사 1급, 전산세무 1급, TAT(세무정보처리) 1급, ERP 정보관리사 1급(인사·회계·생산·물류) 등 자격증 보유

저서
- 독공 전산세무 1,2급, 독공 전산회계 1,2급, 독공 TAT(세무실무) 1,2급, 독공 FAT(회계실무) 1,2급 (박문각출판)

수상내역
- 2022년 직업능력의 달 "국무총리 표창장"
- 제21회, 제22회 전국 전산회계 경진대회 표창장
- 제8회 공인회계사회 TAT 2급 "AT Award 표창장"

강만성
약력
- 전주대학교 경상대학 졸업(회계학 전공)
- 한길IT경영아카데미학원 원장 겸 대표강사(회계,세무)
- 前 대영직업전문학교 전산세무 전임강사, 논산새일센터 전임강사(회계), 前 익산새일센터 전임강사(세무)

저서
- 독공 전산세무 1,2급, 독공 전산회계 1,2급, 독공 TAT(세무실무) 1,2급, 독공 FAT(회계실무) 1,2급 (박문각출판)

정혜숙
약력
- 충북대학교 일반대학원 회계학과 경영학 석사(회계학 전공)
- 한국기술교육대학교 직업능력개발원 전공역량보수교육 교수
- 한국산업인력공단 과정평가형(전산회계운용사) 국가기술자격 시험출제위원 및 외부심사평가위원
- 한국생산성본부 ERP 정보관리사 시험출제위원
- 전국상업경진대회 시험출제 및 감수위원
- 한국세무사회 자격시험 T/F위원
- 성결대학교 교양학부, 대한상공회의소 인천인력개발원 외 다수 강의
- 에듀윌, EBS 플러스2 교육방송 ERP 정보관리사 생산·물류, AT자격시험 온라인 강의

저서
- 독공 전산세무 1,2급, 독공 전산회계 1,2급, 독공 TAT(세무실무) 1,2급, 독공 FAT(회계실무) 1,2급 (박문각출판)

김현상
약력
- 회계학 박사
- 두풍회계직업전문학교 학장
- 대구대학교, 선린대학교 겸임교수, 동국대학교, 울산대학교 출강
- 한국회계학회, 한국전산회계학회, 한국산업정보학회 회원

상훈사항
- 직업훈련기관 대표 고용노동부장관 표창

저서 및 논문
- 독공 전산세무 1,2급, 독공 전산회계 1,2급, 독공 TAT(세무실무) 1,2급, 독공 FAT(회계실무) 1,2급 (박문각출판)
- 김현상의 회계실무강좌 (경영과 회계)
- 월별세무업무 실무해설 (경영과 회계)
- 기업회계와 세무회계실무해설 (경영과 회계)
- 생활속의 세금이야기 생활세금 (경영과 회계)
- ERP 실무 -ERP실무2급용 핵심ERP (도서출판 글로벌)
- 개인의 성격유형이 ERP수용에 미치는 영향에 관한 탐색적 연구 (한국산업정보학회 최우수논문상)
- 회계처리 형태에 따른 회계정보 활용에 관한 연구 (한국전산회계학회 전산회계연구)
- ERP 시스템의 내부통제와 품질요인의 관계에 관한 연구 (한국전산회계학회)

이동하
약력
- 경일대학교 경영학박사(세무,회계학)
- 구미직업능력개발학원 원장
- 내일뉴스 발행인
- 구미대학교 스마트경영과 겸임교수

기타
- 구미직업능력개발학원 고용노동부 우수훈련기관 선정 (2019년~2022년, 2023년~2027년)

제4판 인쇄 2025. 1. 10. | **제4판 발행** 2025. 1. 15. | **편저자** 공경태, 김현상, 박병규, 정혜숙, 강만성, 이동하

발행인 박 용 | **발행처** (주)박문각출판 | **등록** 2015년 4월 29일 제2019-000137호

주소 06654 서울시 서초구 효령로 283 서경 B/D 4층 | **팩스** (02)723-6870

전화 교재 문의 (02)723-6869

저자와의
협의하에
인지생략

정가 20,000원
ISBN 979-11-7262-256-5